莱特湾海战

第二次世界大战最大海空战

周明 李巍 著

上海社会科学院出版社

图书在版编目（CIP）数据

莱特湾海战：第二次世界大战最大海空战 / 周明，李巍著 . — 上海：上海社会科学院出版社，2020
ISBN 978-7-5520-3010-5

Ⅰ . ①莱… Ⅱ . ①周… ②李… Ⅲ . ①太平洋战争—海战—史料 Ⅳ . ① E195.2

中国版本图书馆 CIP 数据核字（2020）第 008326 号

莱特湾海战：第二次世界大战最大海空战

著　　者：周　明　李　巍
责任编辑：霍　覃
封面设计：舒正序
出版发行：上海社会科学院出版社
　　　　　上海市顺昌路 622 号　邮编 200025
　　　　　电话总机 021-63315947　销售热线 021-53063735
　　　　　http://www.sassp.cn　E-mail:sassp@sassp.cn
印　　刷：上海双宁印刷有限公司
开　　本：710 毫米 ×1000 毫米　1/16
印　　张：18.5
字　　数：362 千字
版　　次：2020 年 4 月第 1 版　2020 年 4 月第 1 次印刷

ISBN 978-7-5520-3010-5/E·022　　定价：62.00 元

目录 CONTENTS

第七章　最后的战列舰对决 /173

第八章　跌宕起伏的海战大剧 /197

第九章　航母竟然成了诱饵 /237

前　言

发生在1944年10月菲律宾莱特湾的那一场规模空前的海空大战，因为海战发生地而被命名为莱特湾海战。

这是一场名副其实的大海战，从作战地域来看，南北长1 800千米，东西宽1 000千米，方圆将近180万平方千米；从作战时间来讲，持续三天四夜；从作战方式来说，海战、空战，飞机、军舰、潜艇，三维空间的相互交战，无所不及；使用的武器，从各种口径的舰炮，各种级别的炸弹、鱼雷、水雷、火箭……林林总总，几乎包括了当时所有的武器种类；从投入兵力来看，双方参战的主要军舰就多达282艘，飞机数千架；从战果来讲，战沉军舰32艘，排水量达到34.2万吨。所以无论从哪方面看，莱特湾海战都堪称世界海战之最。

莱特湾海战不但是一场大海战，更是一场伟大的海战，美国著名的西蒙舒斯特出版公司出版的权威的《第二次世界大战百科全书》里，就把莱特湾海战评价为“世界上有史以来最伟大的海战”。

之所以被誉为“伟大”，是因为这场海战不但规模空前宏大，而且战役过程之曲折复杂，也是前所未有，其跌宕起伏，甚至绝不比任何一出经典的戏剧逊色，更是在人类海战历史上留下了最为浓墨重彩的篇章。

在这场大海战中，还出现了很多世界之最，美国海军的航母第一次被舰炮击沉，日本海军第一次组织了自杀式攻击的“神风特攻”，还有人类海战史上最后一次战列舰之间的海上对决……

对战争进程来说，莱特湾海战是随着美军在菲律宾莱特岛登陆而爆发的，因为一旦美军在菲律宾登陆并确实控制了菲律宾，那么日本从东南亚到本土的海上交通线就会被彻底切断，日本发动战争的重要目的就是夺取东南亚的资源，如果这些宝贵的资源无法运回本土，那么战争对于日本也就毫无意义了。所以日军在美军登陆后就立即反应，孤注一掷，几乎投入了联合舰队的全部力量，而且是以不考虑退路的典型的武士道决死方式来展开了这场海上决战。

日军在这场决定战争命运的海战中，曾经距离胜利只有一步之遥，但最后还是功亏一篑以惨败而告终，随着这场海战的落幕，日本在这场战争中的最终失败也就无可挽回了，正如时任日本海军大臣的米内光政在看到了莱特湾海战的结果之后所说的：“这就是终结。”

围绕着这场海战，权衡利弊的战略决策，谋划周密的作战计划，精心设计的诈术欺骗，看破迷雾的分析判断，错综复杂的矛盾冲突，峰回路转的战役进程，孤注一掷的疯狂豪赌，临危不惧的英勇无畏……给后人留下了一座堪称是汇集了战略决策、战术运用以及作战经验的财富宝库。

但是很奇怪，也很令人费解的是，如此重要的一场海战，知名度却远远不如斯大林格勒战役、诺曼底登陆战，甚至都不如太平洋战争中的中途岛海战。

原因就是，这场海战实在太复杂，说是一场海战，其实是由四场相对独立但又密切有关的海战组成，作战区域不同但却互有呼应，时间上有交错更有因果联系，在战役的发展上，更是相互关联，相互影响，复杂程度可以说是前所未见。所以能够全方位地对这场大海战进行全面的梳理，从战略层面、战术层面、战斗层面，以及相关的舰艇、装备、将领等方面进行叙述的相关书籍和文章并不多，数量远远不如斯大林格勒战役、诺曼底登陆战役或者中途岛战役，所以很多人对莱特湾海战的了解都只是停留在很肤浅的层面，只不过是对这场海战有个粗线条的了解。这样一来，相关这场大海战更深入更细致的讨论自然也就不多了，因此也就直接导致了这场原本应该在人类战争史册上大书特书的伟大海战，反而少有人提起，即便有所涉及，也多是蜻蜓点水式的浅尝即止，流于表面化，根本没能对这场大海战与整个战争进程发展之间内在的密切的联系，美军之所以最终选择菲律宾和莱特岛作为进攻目标，日本海军之所以会采用如此近乎于疯狂的战役计划，双方多支舰队相互运动、相互影响所产生的战役态势以及战役结局进行全方位的深入阐述和分析，因此读者较难对这场大海战形成比较清晰明了的认识。

所以，本书可以说是填补了这一空白。

对于这场规模宏大意义深远的海空大战，本书不但有战场上的殊死拼杀，而且在战略层面的考虑和筹谋，同时对相关涉及的双方将领、普通官兵以及参战的主要舰艇、飞机和武器装备都有非常详尽的分析和解读。

本书通过对大量资料的搜集、整理和分析，全方位全景式地描述了这场大海战的来龙去脉（从战略决策、战役部署到作战经过）；对于涉及的双方相关人物（从高级将领到普通官兵），双方的各种武器装备（从军舰到飞机），也都进行了深入介绍，从而使读者对莱特湾海战能有一个全面而清晰的了解，因此本书堪称是全景式叙述莱特湾海战的力作，对于研究这场著名的海空大战和这段铁血历史是一本难得的史料。

第一章　燃烧的大洋

美国一心想要介入

1941 年 12 月 7 日（夏威夷时间），日本海军突击舰队偷袭珍珠港，太平洋战争就此爆发，美国随即对德意日轴心国宣战，第二次世界大战由此进入了全新的阶段。

说起太平洋战争的爆发，主流观点都是日本蓄意挑起战争，但如果仔细梳理分析当时美国的一系列战略举动，美国显然并没有那么无辜。

首先，现在基本上公认第二次世界大战是第一次世界大战的延续，由于对战败国的苛刻处置和战胜国之间的利益分配不满，二十年的和平本质上就是短暂的休战，第二次世界大战的爆发在第一次世界大战结束时就已经埋下了伏笔。

对第一次世界大战的结局不满的主要是德国、日本和美国，作为战败国的德国自然不用说了，日本和美国都因为得到的利益太少而非常不满，所以日本和美国都希望来一场新的世界大战，重新洗牌。

只不过美国国内盛行"孤立主义"，广大民众都只想凭借美国与欧洲、亚洲有大西洋、太平洋相隔的地理优势，可以远离战火，根本不愿意介入欧洲和亚洲的战争。1937 年 10 月 5 日，就在卢沟桥事变三个月后，美国总统罗斯福在旧金山发表了著名的"防疫演说"，还只是不指名地批评了日本侵略，就遭到了舆论的一片质疑和指责，美国"孤立主义"思想影响之强，可见一斑。

▲ 1935 年德国重整军备，战争的阴影再次笼罩欧洲。

但是美国高层还是希望能够早日参战。早在 1919 年，根据《凡尔赛和约》日本接管了德国在太平洋上的诸多权益和殖民地，对美国在西太平洋的殖民地菲律宾和关岛构成了严

▲ 罗斯福签署《中立法》。

重威胁。当时的美国总统威尔逊就说："日本控制了南洋群岛，实际上使我们对菲律宾的防御成为不可能。"

美国高层认为日本占领的马绍尔群岛、马里亚纳群岛和加罗林群岛是美国在太平洋向西发展的巨大障碍，美国和日本之间发生战争的可能性将会越来越大——这时还只是20世纪的20年代！

1924年，美国军方制订了对日作战的战略预案《橙色计划》，这一计划的核心要旨就是一旦与日本爆发战争，就将海军的大部分兵力调到太平洋，以菲律宾为基地，展开攻势作战，确保对西太平洋的控制权。

1935年3月，希特勒公开宣布不再接受《凡尔赛和约》关于限制德国武装的条款，实行普遍义务兵役制，积极开始扩军备战。五个月之后的1935年8月，美国国会通过《中立法》，规定："在两个或两个以上的外国之间，发生战争或战争在进行之中，总统应宣布此项事实，凡以军械、军火或战备，自美国之任何地方或其属地之任何地方输出而运至该交战国，或运至任何交战国所利用之任何中立国港口者，均为违法。"可以说，美国的《中立法》就是对希特勒撕毁《凡尔赛和约》的回应，也是"孤立主义"思想最典型的反映。

不过，进入20世纪30年代以后，太平洋上的战争阴霾越来越浓，在罗斯福等人的强烈推动下，美国也开始进行了一些备战的措施。1938年5月，美国国会通过了《海军扩建法》，在未来十年里拨款11.56亿美元，建造总吨位高达115万吨的18艘战列舰、8艘航母、45艘巡洋舰、150艘驱逐舰、56艘潜艇和3 000架海军飞机。

1939年又通过了陆海军拨款法案，追加建造2艘4.5万级的战列舰，并将陆军航空兵的规模扩大到9 000架作战飞机。

其次，美国逐步放弃了中立立场，开始越来越深地介入战争。

1939年9月1日，德国入侵波兰，第二次世界大战正式爆发。

尽管罗斯福总统在"孤立主义"的压力下不得不发表正式中立声明并宣布实施《中立法》，但是罗斯福在9月21日国会特别会议上提出了修改《中立法》的提议，随后国会经过激烈辩论，通过《中立法修正案》，取消原先的禁运条款，对武器装备和战略原料出口实行“现购自运”原则，也就是现金购买，自行负责运输。表面上看，这对于参战双方都是公平的，实际上这是打着中立的幌子偏向了英国，因为英国海军的实力远远胜过德国海军，如果是自行运输，德国海军既无法保障自己购买的物资安全运回德国，也无力阻挠英国将从美国购买的物资运回英国，这一原则其实就是利用英国的海上优势偏袒英国。

1940 年 8 月，美国和英国达成《驱逐舰换基地》协议，美国向英国提供 50 艘老旧驱逐舰，英国则把巴哈马群岛、牙买加、安提瓜、圣卢西亚、特立尼达和英属圭亚那等地的军事基地租给美国使用 99 年，同时将纽芬兰的阿根夏和百慕大岛基地无偿提供给美国使用。

从表面上看，美国提供的 50 艘驱逐舰都是第一次世界大战时期建造的超龄战舰，舰龄长性能差，和这些基地 99 年的租借权相比，根本无法同日而语。就算英国对护航战舰的需求再急迫，这样的交易也是亏大了。

但是老谋深算的英国首相丘吉尔之所以愿意拿这些基地来换 50 艘老旧驱逐舰，真正的用意就是让美国进一步突破《中立法》的限制，更深地介入战争。罗斯福也希望逐步摆脱《中立法》的桎梏，对于这样得了大便宜的交易自然是不会拒绝的。

到了 1941 年 1 月，看到英国海军面对德国潜艇以“狼群战术”展开的海上破交，疲于应付，美国提出由美国海军来承担部分大西洋海域的海上护航任务。仅仅一个月后的 1941 年 2 月，美国又宣布将护航海域从西经 60 度扩大到西经 26 度，并开始承担从纽芬兰的阿金夏至冰岛海域护航。这样一来，美国海军几乎承担了整个大西洋海域一半以上的护航任务，原先的中立立场已经荡然无存，实际上深深介入了战争。

从 1939 年底开始，英国一直以现金（黄金）来向美国购买武器和军用物资，但到 1941 年底，战争的巨大消耗使得曾经显赫一时的大英帝国也已经囊中羞涩，难以继续以现金来购买美国的武器装备。英国首相丘吉尔不得不写信向罗斯福总统求援。为了避免“孤立主义”思想和《中立法》的阻碍，罗斯福最终提出了“租借”的

▲ 丘吉尔（左）和罗斯福（右）。

设想。

▲ 美国用 50 艘驱逐舰换英国多个基地。

1941 年 2 月，美国国会通过了《租借法案》，3 月 11 日经罗斯福签署开始生效。

根据这一法案，美国开始以“租借”的名义免费（少量有偿）向英国、苏联、中国等反法西斯国家提供武装装备和其他物资，从 1941 年 3 月到 1945 年 8 月，美国总计向各同盟国提供了总价值约 500 亿美元（相当于今天的 7 200 亿美元）的物资。

1941 年 9 月 4 日，正在冰岛东南海域执行护航任务的美国海军“格里尔”号驱逐舰（USS Greer，舷号 DD–145）与德国海军 U–652 号潜艇发生接触，并引导英军轰炸机向 U–652 号潜艇投下深水炸弹，U–652 号以为是“格里尔”号投下的深水炸弹，便向“格里尔”号发射了鱼雷，但未能命中，“格里尔”号随即对 U–652 号潜艇用深水炸弹进行还击，也没有命中。

9 月 11 日，罗斯福总统就“格里尔号事件”发表声明，宣布只要轴心国的潜艇进入美国所必须保护的海域，一经发现，不加警告立即攻击。毫无疑问，这已经是事实上的参战，不过只少了宣战的程序。

尽管希特勒不愿意给美国参战的口实，不顾潜艇部队司令邓尼茨的强烈反击，严令德军潜艇必须确定护航舰艇的国籍之后才能进行攻击，而且不得主动攻击美国军舰。

▲ 最早和德国潜艇交火的美国海军“格里尔”号驱逐舰。

但是，美国海军和德国潜艇的冲突还在进一步升级，1941 年 10 月 17 日，美国海军“卡尼”号（USS Kearny，舷号 DD–432）驱逐舰在冰岛附近海域为一支运输船队护航时被德军 U–568 号潜艇发射的鱼雷击中，虽然“卡尼”号没有沉没，但驱逐舰上有 11 人阵亡，22 人受伤。

10 月 31 日，美国海军“鲁本·詹姆斯”号（USS Reuben James，舷号 DD–245）驱逐舰在执行护航任务时被德军 U–552 号潜艇发射的鱼雷击沉，导致舰上官兵 100 人阵亡。

到了此时，美国不但直接参与了海上护航，而且出现了人员伤亡，甚至还有军舰沉没，已经和实质参战并无二致，只是由于德国对美国如此明显介入战争都始终不对美国宣战，加上美国国内的“孤立主义”的影响，美国还是不能如愿真正参加到战争中。

美国终于参战了

“东方不亮西方亮”，由于德国不理会美国的一再介入，就是不给美国参战的口实，美国只好改弦更张，将开战的目标转到了日本。而日本在亚洲的不断扩张，更是成为美国最好的借口。

1939 年 3 月，日军占领海南岛和南海诸岛，美国随即宣布《美日通商航海条约》于 1940 年 1 月期满之后，将不再续约。其实，这已经是个非常明显的信号了。

1940 年 6 月，日本发表了建立“大东亚共荣圈”的声明，将东起澳大利亚、新西兰，西到印度的广大地区都纳入了“大东亚共荣圈”，美国在亚洲的殖民地菲律宾和关岛也在其中，这自然引起了美国的严重不安。6 月 30 日，罗斯福命令结束年度例行训练的太平洋舰队不返回美国西海岸的母港，而是留驻在珍珠港。这既是对日本在亚太地区不断扩张的威慑，也是准备一旦与日本开战的预先部署。7 月，美国宣布对日本禁运航空燃料、润滑油和高熔点废金属。

1940 年 9 月 23 日，日本出兵占领法属印度支那北部。三天后的 9 月 26 日，美国就宣布对日本禁运废钢铁。可不要小看废钢铁，当时日本的炼钢技术比较落后，美国的废钢铁是

▲ 1940 年 9 月日军侵占法属印度支那。

▲ 1941 年 4 月，日本和苏联签署《日苏中立条约》。

日本非常重要的炼钢原料。

1930 年 12 月，美国宣布对日本禁运铁矿石、生铁、钢材等战略原料。

1941 年 7 月 23 日，日本出兵占领法属印度支那南部。这一行动已经将日本“南进”战略的企图彻底明朗，因为法属印度支那南部是进攻东南亚最理想的跳板，用当时日本海军军令部总长永野修身海军大将的话来说：“占领印支南部就是日美战争！”美国也清楚地意识到了这一点，时任美国陆军部长的史汀生就回忆说：“从 1941 年 8 月开始，美国对日本的态度完全改变了！”如果说之前美国高层对日本还有一些绥靖政策的话，那么从这个时间节点开始，美国就开始转入了准备与日本开战的立场。一周后的 8 月 1 日，美国宣布冻结日本在美国的全部财产，并对日本实施石油禁运。这是对日本最致命的制裁，因为日本没有石油，所需的石油基本依赖进口，而且绝大部分进口石油都来自美国——1939 年日本进口石油的 90.8% 来自美国。所以美国对日本禁运石油，等于掐断了日本战时经济的生命线。

对于日本在侵略中国之后下一步继续在亚太地区的扩张方向，历来就有“北进”和“南进”两种意见。其实，这根本不需要争论，日本一定也只能选择“南进”战略，因为对于资源匮乏的日本来说，发动战争的目的就是为了获得资源。所以日本绝不可能耗费宝贵的资源，去占领绵延 2 000 千米宽广的西伯利亚荒原。只有拥有丰富资源的东南亚才是日本所想要的目标。所以早在 1940 年 7 月，日本就已经确定了“北守南攻”的大战略。1941 年 4 月，日本和苏联签署《日苏中立条约》，日本可以不再有北线与苏联开战的顾虑，从而能够全力准备南进作战。等到美国对日本开始实施石油禁运后，日本国内要求与美国开战一决胜负的呼声甚嚣尘上，能够解决石油禁运的途径只有两条，一是和美国谈判，做出一定让步后美国重新恢复向日本出口石油；二是出兵占领荷属东印度（今印度尼西亚）的油田，而这一行动的前提必然就是——和美国、英国开战！

所以，日本当时采取的是“两条腿”走路的策略，一面和美国展开谈判，一面进行战争准备。9 月 6 日，日本御前会议决定，同美国的谈判最晚到 10 月底，如果到了这个期限，还不能通过谈判解决，就向英美开战。在这两条道路中，和很多主流观点不同，日本实际上更希望通过谈判来解决，因为毕竟要和拥有强大国力的美国开战，日本多少还是有些底气不足，特别是作为和美国开战主力的海军，其中反对战争的高级将领就不少，就连山本五十六也是很坚定的反战派，以至于陆军中的激进分子甚至扬言要暗杀他。

▲ 日本驻美大使野村吉三郎。

早在 1941 年 2 月，日本任命退役海军大将，与罗斯福总统有着深厚私人交情，著名的亲美派人士野村吉三郎出任驻美大使。从 4 月开始，野村吉三郎就作为日本政府的代表在华盛顿与美国开始秘密进行“日美谅解方案”的会谈。7 月，日本首相近卫文麿致信罗斯福，表示日美两国之间没有不可以用谈判解决的问题，并保证日本不会侵害英美在东南亚的利益。11 月又派曾任驻美领事，还娶了美国人为妻，公认的亲美派人士来栖三郎为特使，和野村吉三郎一起与美国谈判。在谈判中，日本的态度远比美国要有诚意，甚至将和纳粹德国签署轴心国协议时附加的秘密协定——即便德国向美国宣战，日本也有权选择是否与美国开战——都向美国和盘托出。

▲ 日本与美国谈判的两位代表野村和来栖。

10 月 16 日，近卫文麿内阁总辞职。第二天，重臣会议就提名强硬主战派将领东条英机出任首相。对于这个臭名昭著的军国主义分子担任首相，很多人认为这就是日本决心与英美开战发动太平洋战争的铁证，但恰恰相反，重臣会议推举当时还没有很高声望的东条英机，就是看中了他是最著名的主战派，一旦和美国达成谈判，那么由他来说服军方放弃战争，要比让一个主和派首相来说服军方，更容易让军方接受。但最终和美国的谈判没有达成，日本也走上了战争之路，东条英机后来更是身兼首相、陆军大臣、内务大臣、参谋部总长四个

▲ 日本陆军著名的主战派东条英机。

重量级职位，集军政大权于一身，开启了日本的军国主义时代，也将日本带上了罪恶深重的不归之路。

11 月 5 日，日本御前会议才做出了与英美开战的最终决策，日军大本营随即发布《海军一号令》，命令海军各部队必须于 12 月上旬之前完成一切作战准备。

不过，日本还是留了一手，将与美国的谈判最后期限推迟到 12 月 1 日，只要在这个期限前谈判还能取得成功，还是放弃战争。之所以选择 12 月 1 日作为最后期限，因为美国是从 8 月 1 日开始石油禁运，在这之前的七个月里，日本已经进口了 222.5 万桶石油，比 1939 年全年石油进口量还多了 8 万桶。即便如此，这些有限的石油储备也最多只能维持到 1942 年 4 月，所以如果到了 12 月 1 日谈判还不能成功，就没有多少石油储备能继续支撑战争消耗了。

参加偷袭珍珠港行动的部队从 1941 年 8 月就开始了紧张的战前训练，但策划偷袭珍珠港的日本海军联合舰队司令长官山本五十六海军大将，在 11 月初突击舰队出发前，就再三严令所有参战军官，如果接到谈判成功舰队返航的命令后，就必须要无条件服从。只有在谈判不成功的情况下，才能按计划对珍珠港展开进攻。

这一切都说明，日本更希望通过谈判来解决。

反而美国实际上在宣布对日本石油禁运的 8 月 1 日，就已经决定要和日本开战了。美国当时已经破译了日本外务省的密码，对日本谈判代表野村和来栖与国内的所有无线电通信都了如指掌，特别是掌握了日本 12 月 1 日是决定与美国开战的最后期限，所以美国对这轮谈判完全是在为加紧战争准备而争取时间。

▲ 美国国务卿赫尔。

直到 11 月 26 日，美国国务卿科德尔·赫尔才把最后通牒交给野村和来栖：

一、日本从 1931 年九一八事变以来侵占的中国和印度支那撤军；

二、美日两国只承认重庆的国民政府，不得以任何方式支持其他政权；

三、美、英、日、中、苏、荷、泰等国缔结一项多边互不侵犯条约，以重新确立《九国公约》精神，取代三国同盟条约。

这份史称《赫尔备忘录》的最后通牒所提出的条件是日本绝对不可能接受的，战争到此时已经是箭在弦上不可避免了。美国之所以抛出《赫尔备忘录》，就是要让日本先开第一枪，从而让日本背负发动战争的责任，同时也可以消除国内“孤立主义”的反对和阻挠。

▲ 1941 年 12 月 7 日，日本偷袭珍珠港。

正如美国所愿，日本海军的突击舰队于 1941 年 12 月 7 日 8 时（夏威夷时间）对美国海军太平洋舰队驻地的珍珠港进行了突然袭击，给美军造成了巨大损失：4 艘战列舰、1 艘靶船和 1 艘布雷舰被炸沉，4 艘战列舰、3 艘巡洋舰、3 艘驱逐舰和 4 艘其他船只被炸伤，282 架飞机被击毁，2 334 人阵亡，1 337 人受伤。在短短两小时的时间里，美军遭到如此重大的人员伤亡，在历史上也是从未有过，这个单位时间里的最高伤亡纪录一直到今天都没被打破。

日军的损失极其轻微，损失 29 架飞机和 5 艘袖珍潜艇，阵亡 64 人（其中 55 名空勤人员和 9 名潜艇艇员），1 名潜艇艇员被俘。

尽管山本五十六一再要求必须在开战前向美国递交宣战通牒，山本曾经在美国留学、工作多年，对美国注重国际法规则的风气非常了解，所以他坚决反对像在甲午战争和日俄战争那样不宣而战，日本高层也同意了他的意见。但是为了不给美国有准备的时间，日本将递交宣战通牒的时间一再推后，最终只比开战时间提前半小时。但在实际操作中，因为种种原因，当宣战通牒递交到美国政府的时候已经是华盛顿时间 12 月 7 日 14 时 20 分（夏威夷时间 9 时 20 分），而此时日军在珍珠港的攻击行动已经开始八十分钟了！于是这场袭击就成了真正的偷袭，无耻的不宣而战，不但让美国国内的“孤立主义”思想在一夜之间烟消云散，而且激发起了美国军民一致的同仇敌忾。

12 月 8 日，罗斯福在美国国会发表了宣战演讲，美国国会参议院全票通过，众议院除了一名著名的和平主义女议员珍妮特·兰金反对外，也都同意宣战。就这样，美国终于加入同盟国阵营对德意日轴心国作战。

另外，还要看到，美国在参战后采取的是“先欧后亚”战略，军事力量和资源

▲ 12 月 8 日罗斯福在国会演讲，要求对日本宣战。

都优先给欧洲战场。如果说美国参战是为了向日本讨还血债，那么应该是“先亚后欧”才对呀。所以，美国参战根本就不是为了日本的偷袭，更多的是为了在欧洲的利益，当时美国在欧洲的利益要远远大于亚洲。看清了这一点，日本偷袭珍珠港挑起太平洋战争，完全是被美国下了套，当然日本自己的侵略野心也是其心甘情愿跳入战争火坑的重要动力。

胜利来得太容易了

几乎所有人都以为日军偷袭珍珠港是打响了太平洋战争的第一枪，但实际上，日军在东南亚的登陆行动比珍珠港还要早：统一以东京时间来看，在珍珠港日军第一波突击机群的领队长机渊田美津雄海军中佐发出“突！突！突！”的攻击命令是在 8 日凌晨 3 时 17 分，而日军在马来亚的哥打巴鲁登陆是在 8 日凌晨 2 时 15 分，要比珍珠港早了近一个小时。

日军对马来亚的进攻，投入了第 5、第 18 和近卫师团，从陆上和海上两个方向发动进攻，陆上是从法属印度支那南下，海上则分别在哥打巴鲁以及泰国的北大年和宋卡三处登陆。

▲ 1942 年 1 月，日军侵占马来亚。

除了在哥打巴鲁遭到抵抗外，在另外两地的登陆都没有遭到抵抗，日军上岸后推进非常迅速，1942 年 1 月 11 日侵占马来亚首府吉隆坡，随后继续推进，至 1 月 31 日仅仅用了 55

▲ 英国海军“威尔士亲王”号战列舰被日军飞机击沉。

天就侵占了整个马来亚半岛。

美军在菲律宾的陆军航空兵有200多架作战飞机，其中35架是当时性能最先进的B–17“空中堡垒”轰炸机，是一支实力雄厚的空中力量。尽管珍珠港遭到袭击后，美军陆军参谋长马歇尔和陆军航空兵司令阿诺德都曾经提醒驻菲律宾的航空部队谨防日军突袭。美军远东航空兵司令刘易斯·布里尔顿少将也要求立即出动B–17轰炸日军在台湾的机场，但远东美军总司令麦克阿瑟的参谋长萨瑟兰少将却没有同意，只同意先派3架B–17前去侦察。此时，台南、高雄机场正被大雾笼罩，日军飞机无法起飞，攻击日军机场的绝好机会就这样错失了。

12月8日上午，由于错误的空袭警报，美军在菲律宾的作战飞机匆忙起飞，结果是虚惊一场。当这些飞机因为燃油耗尽而返回机场着陆不久，日军飞机却突然飞临机场进行了猛烈轰炸，美军有103架飞机（其中18架B–17和55架P–40战斗机）被炸毁，损失惨重，就此丧失了制空权。此后一周，日军不断对美军机场实施压制性空袭，美军飞机接连遭到损失，而B–17虽然几次出击但因为缺乏战斗机护航，不但没有取得战果还损失了3架。最后只好将仅剩的14架B–17撤往澳大利亚，其他美军战机也基本损失殆尽。

英国远东舰队的主力由“威尔士亲王”号战列舰、“反击”号战列巡洋舰和4艘驱逐舰组成的Z编队12月9日从新加坡出动，拦截日军登陆编队，结果被日军侦察机发现，驻西贡（今越南胡志明市）的日本海军岸基航空兵出动了总共75架次鱼雷机和轰炸机进行了5个波次攻击，就将“威尔士亲王”号和“反击”号击沉，英军包括东方舰队司令菲利普斯海军中将在内840人丧生，日军仅有4架飞机被击落，27架飞机被击伤，损失空勤人员27人。

至此，盟军在太平洋上最具战力的三支核心力量——珍珠港的美国海军太平洋舰队、菲律宾的美国陆军航空兵和新加坡的英国海军Z编队，都在日军的攻击下遭到重创，接下来日军在太平洋上的攻势便再无大的阻挠，一路狂飙突进，可以说是横扫千军如卷席。

▲ 1941 年 12 月 25 日，日军侵占香港。

除了马来亚这个东南亚攻略作战的重点方向以外，日军对东南亚各地的进攻也都极为顺利：

1941 年 12 月 10 日，日军侵占吉尔伯特群岛；

12 月 12 日，日军侵占关岛；

12 月 24 日，日军侵占威克岛；

12 月 25 日，日军侵占香港。

1942 年 1 月 16 日，日军入侵缅甸，3 月 8 日侵占仰光，4 月 29 日侵占腊戍，切断了中国抗战的生命线滇缅公路；

2 月 4 日，日军侵占俾斯麦群岛，该群岛中的新不列颠岛首府拉包尔拥有设施完备的港口和机场，是西南太平洋最重要的海空基地，也落入日军之手；

2 月 15 日，日军侵占新加坡；

3 月 8 日，荷属东印度向日本投降，日军发动战争最觊觎的目标——远东最大规模的苏门答腊油田和炼油厂落入日本之手；

同日，日军在新几内亚岛的莱城和萨拉莫阿登陆；

3 月 30 日，日军在布干维尔岛、布喀岛和肖特兰岛登陆；

4 月 8 日，日军侵占阿德米勒尔提群岛。

菲律宾是一个由 7 000 多个大小岛屿组成的岛国，位于中国东海，东临太平洋，南与荷属东印度相邻，西南则隔南中国海与马来半岛遥遥相望，战略地位相当重要。1898 年成为美国殖民地，由此成为美国在西太平洋最重要的桥头堡，也是日军东南亚作战的重要目标。

▲ 日军侵占东印度油田。

12 月 8 日，日军先遣部队首先在巴坦岛登陆，并于 9 日

▲ 搭乘鱼雷艇离开菲律宾的麦克阿瑟。

又在甘米银岛登陆。

12 月 10 日，日军在吕宋岛西北维甘登陆；12 日在吕宋岛东南黎牙实比登陆；20 日在棉兰老岛达沃登陆。至此，日军控制了沿海地区的机场，掌握了吕宋岛的制空权，为主力部队登陆创造了有利条件。

随后日军主力分别于 22 日和 24 日在仁牙因和达蒙弯登陆，在先遣部队的策应下对马尼拉实施向心攻击，并于 1942 年 1 月 6 日占领马尼拉。

2 月 22 日，罗斯福总统和陆军参谋长马歇尔联名命令远东美军总司令麦克阿瑟前往澳大利亚担任西南太平洋盟军总司令，这实际上是为了不让麦克阿瑟继续留在菲律宾成为日军俘虏。3 月 11 日麦克阿瑟乘坐鱼雷艇偷越日军海上封锁，到达棉兰老岛德尔蒙特，随后乘 B--17 飞往澳大利亚。乔纳森 · 温赖特陆军中将接任远东美军总司令，指挥在巴丹半岛和哥黎希律岛的作战。这两个地方也是美菲军最后的抵抗据点，但在日军围攻下，分别坚持到 4 月 9 日和 5 月 7 日也先后投降，至此日军占领菲律宾全境。

罗斯福将麦克阿瑟调离危在旦夕的菲律宾是非常明智的，因为这样一位卓有声望的高级将领阵亡或者被俘，对于已经节节败退的盟军来说，更是严重的打击，而熟悉远东事务的麦克阿瑟在未来的对日作战，也一定会发挥巨大的作用。与菲律宾有着极深情结的麦克阿瑟，在日后的大反攻中坚持在菲律宾登陆，以实现他在离开菲律宾时庄重的许诺："我一定会回来的！"从而也就使莱特湾海战的爆发成为必然。

日军不但在太平洋上攻城掠地，而且兵锋还前出到印度洋，3 月 27 日占领安达曼群岛。

到 1942 年 4 月，只经过短短 5 个月，日军就占领了西起缅甸、安达曼群岛，南到爪哇岛、新几内亚岛、所罗门群岛，东至吉尔伯特群岛、威克岛一线的广阔地区，侵占的总面积达到 380 万平方千米，人口 1.5 亿。同时重创了在这一地区的盟军海空力量，击沉盟军各类舰艇 115 艘，在空中击落盟军飞机 461 架，在地面击毁盟军飞机 1 076 架，盟军伤亡约 5 万人，被俘约 25 万人。而日军仅仅损失各种小型

美军在太平洋战场的两大战区

1942年3月16日，美国参谋长会议联席会议在对太平洋的形势进行了研究分析之后，决定将太平洋战场划分为西南太平洋战区和太平洋战区。

西南太平洋战区的范围是赤道以北的东经130度以西、北纬20度以南，赤道以南的东经160度以西。

除了上述区域以外的太平洋地区都属于太平洋战区，太平洋战区又下辖北太平洋战区、中太平洋战区和南太平洋战区三个二级战区。

西南太平洋战区总司令为麦克阿瑟陆军上将，太平洋战区总司令为太平洋舰队总司令尼米兹海军上将。

麦克阿瑟和尼米兹分别统辖整个战区范围内的所有盟军陆海空军部队。美国的参谋长联席会议则通过陆军参谋长和海军作战部长分别对两人实施战略指挥。

由于这两大战区不仅仅只是美军，也包括了英、荷、澳、新等同盟国部队，还需要得到相关国家的批准，所以对麦克阿瑟和尼米兹战区总司令的任命分别是在4月18日和5月8日才正式发布。因为获得了战区范围内所有盟国部队的指挥权，所以实际上这两大战区也就成为盟军的西南太平洋战区和太平洋战区。

舰艇27艘——巡洋舰以上舰艇没有损失1艘！损失飞机562架，人员伤亡也很小，阵亡约7 000人，负伤1.4万人。可以说取得了空前的大捷。

日军的进攻势头被遏制了

胜利来得如此之快，战果如此之大，进程如此之顺利，都是日本始料未及的，反倒让日本在突如其来的胜利面前有些手足无措了。

对下一步的战略行动，日军高层出现了各种意见，有的觉得应该转攻为守，巩固占领区；有的则要求继续乘胜进军，进一步扩大占领区。如果要继续进攻，又要向哪里进攻，也有不同意见。海军军令部的胃口最大，竟然提出要进攻澳大利亚，这可把陆军参谋本部吓坏了，进攻澳大利亚了至少需要10个师团，陆军现在哪里还抽得出这么多部队？而且运送进攻部队和补给物资的船只也至少需要300万吨，这也是根本无法实现的。军令部只好退而求其次，改为占领斐济、萨摩亚和新科里多尼亚，切断美国和澳大利亚之间的联系，这样需要的地面部队最多也就两个师团，陆军才勉强同意。

但海军联合舰队则坚决要求以消灭美军太平洋舰队为首要目标，主张进攻夏威夷和中途岛，引诱美军太平洋舰队出动，再一举歼灭。

就在日军高层还在为下一步战略方向争执不下之时，战场形势的发展却瞬息万变，根本容不得慢慢讨论。为了确保西南太平洋重镇拉包尔的安全态势，同时也对澳大利亚北部形成威慑，并进一步压缩盟军海空力量在西南太平洋地区的活动范围，联合舰队抽调了第 5 战队、第 5 航空战队和第 27 驱逐舰大队给南洋部队，于 5 月初发起新几内亚岛莫尔兹比港的登陆行动。

美军通过破译日军密码，掌握了日军进攻莫尔兹比港的情报，立即派出由弗莱彻海军少将指挥，以 2 艘航母为核心的第 17 特混编队前往迎战。

5 月 7 日和 8 日，双方都以舰载机展开对攻，史称“珊瑚海海战”，最终美军“列克星顿”号（USS Lexington，舷号 CV–2，标准排水量 3.8 万吨）航母、1 艘驱逐舰和 1 艘油船被击沉，“约克城”号（USS Yorktown，舷号 CV–5，标准排水量 2 万吨）航母受伤，损失飞机 74 架。日军“祥凤”号（标准排水量 1.1 万吨）轻型航母被击沉，“翔鹤”号（标准排水量 2.5 万吨）航母受伤，损失飞机 100 架。

从纸面上看，双方基本打个平手，美军的损失还略大一些，但是日军进攻莫尔兹比港的企图被挫败，登陆编队不得不放弃原计划后撤。这也是日军在太平洋战争开始以来第一次进攻被击退，日军此前势如破竹如入无人之地的嚣张气焰被遏制了。

美军的反击其实比珊瑚海海战还要早就开始了，对日本最有力的反击莫过于对日本本土的袭击了，但由于当时日军进展很快，轰炸机从任何一处盟军控制下的机场起飞都无法到达日本本土，而使用航母舰载机的话，因为舰载机的航程较小，航母必须要进入日本近海并停留到舰载机返航，这段时间里完全可能遭到日本海军优势兵力的攻击，美军太平洋舰队主力已经在珍珠港遭到重创，现在是再也承受不了人的损失了。所以最后美军极富创造性地想出了一个妙计——使用航母搭载陆军航

▲ 珊瑚海海战中的美军航母。

▲ 杜立特驾驶 B-25 从航母上起飞。

空兵的 B-25“米切尔”轰炸机，航母在起飞 B-25 之后就立即掉头返航，B-25 完成轰炸任务后则直接飞往中国浙江沿海机场降落。

1942 年 4 月 18 日，美军最优秀的飞行员詹姆斯·杜立特中校率领 16 架 B-25 从“大黄蜂”号（USS Hornet，舷号 CV-8，标准排水量 2 万吨）航母上起飞，对东京、名古屋和神户进行了轰炸，投弹量总共只有 14.5 吨，对日本造成的物质损失微乎其微，而 16 架 B-25 除了 1 架因故障飞往苏联海参崴迫降并被扣留外，其余 15 架 B-25 都在中国沿海地区坠毁，75 名空勤人员中 3 人在跳伞或迫降时死亡，8 人被俘（其中 3 人被日军枪决，1 人病死在日军监狱，最后只有 4 人活到了战争结束），其余 64 人都得到中国军民的全力救助，最后都辗转回到了大后方。

虽然杜立特的空袭造成的损失很小，但是对日本上下的震动却是极其惊骇的，联合舰队司令长官山本五十六海军大将为此还亲自向天皇请罪。这场空袭终于使日军高层对于下一步行动目标的争论就此平息，一致同意进攻美军航母在太平洋上最重要的基地——中途岛，以此彻底解除日本本土遭到空袭的威胁。

日本海军并没有元气大伤

为了夺取小小的中途岛——由沙岛和东岛两个小岛围成一个直径约 10 千米的圆形环礁，陆地总面积才只有 4.7 平方千米，因为地处北美洲至亚洲的太平洋航线中点而得名。日本海军联合舰队可以说是倾巢而出，投入了航空母舰 8 艘、水上飞机母舰 5 艘、战列舰 11 艘、重巡洋舰 13 艘、轻巡洋舰 9 艘、驱逐舰 68 艘、潜艇 24 艘、扫雷舰 5 艘、运输舰 16 艘、后勤补给舰 21 艘，作战飞机 700 架，陆军 8 600 人，海军 2.3 万人的庞大兵力来执行这一计划。日本海军为这次行动出动的舰艇准备的燃料就超过了和平时期海军一整年消耗的燃料！甚至还有人说，日军所有参战舰艇的甲板面积加在一起都超过了中途岛的总面积！

▲日本联合舰队司令长官山本五十六。

美军成功破译了日军密码，完全掌握着日军的行动计划，所以中太平洋战区总司令尼米兹海军上将尽一切努力向中途岛调集兵力，到6月初，中途岛的守备部队增至3 000人，飞机也从24架猛增至121架，以至于有人笑称，这么多飞机压在小小的中途岛上，只怕中途岛要有沉没的危险了！

海上舰队方面，美军集结了两支航母特混编队，合计航母3艘（233架舰载机）、重巡洋舰7艘、轻巡洋舰1艘、驱逐舰14艘，由弗莱彻海军少将统一指挥。

即便加上在日军佯攻方向阿留申群岛的舰艇部队，美军参战总兵力也不过是航母3艘、重巡洋舰9艘、轻巡洋舰4艘、驱逐舰28艘、潜艇4艘。

双方的实力差距如此悬殊，但是战役结果却令人大跌眼镜——日军不但没能在中途岛登陆，而且“赤城”号（标准排水量3.6万吨）、“加贺”号（标准排水量3.8万吨）、“苍龙”号（标准排水量1.6万吨）和“飞龙”号（标准排水量1.7万吨）4艘航母、“三隅”号重巡洋舰被击沉，损失飞机322架，阵亡3 507人。美军只有“约克城”号航母和“哈曼”号驱逐舰被击沉，损失飞机147架，阵亡307人。

这样的兵力对比，这样的战役结局，为什么看上去应该是稳操胜券毫无悬念的战役，最后却输得如此之惨？

对于这样令人难以置信的结局，很多资料尤其是日方资料，都将日军的惨败归咎于“命运五分钟”，也就是说当美军的SBD“无畏”俯冲轰炸机攻击日军航母时，日军航母正在为第二攻击波的飞机进行加油换弹，再过五分钟就可以完成所有准备工作起飞，那时美军飞机的攻击就不会这样致命，胜负的结局很可能完全改变。

但是，仔细一分析，日军第1航空舰队司令南云忠一海军中将是在8时55分下令原来在甲板上准备起飞的第二攻击波的飞机送回机库，卸下攻击陆地目标的炸弹换上攻击军舰的鱼雷（因为侦察机报告发现了美军的航母舰队，所以第二攻击波的目标就从中途岛改为美军航母）。正常情况下，将甲板上的飞机送回机库，卸下炸弹，换上鱼雷，最后再重新送到甲板上，整个过程最少需要两小时，也就是说在10时55分之前，日军根本不可能完成第二攻击波的起飞准备，而美军飞机在10时20分就已经开始投弹了！

所以“命运五分钟”的说法其实就是日本人“本来我们能赢，只是运气差了点”的心态折射，说到底就是给自己的惨败找块遮羞布而已。

看似不可能的结果，其实仔细分析，就知道这是必然的结果，日军的中途岛作战必然失败，只是运气确实差了一点，输得太惨了。

因为，日军虽然投入的兵力非常庞大，但是整个作战计划却太过复杂，计划越复杂就越容易出状况，再加上日军在兵力部署上的严重失误，一旦实际作战和计划出现偏差，就连一点补救的机会都没有了。

日军失利的真正原因就在这个作战计划上。首先是联合舰队司令长官山本五十六，由于山本曾担任过“赤城”号航母舰长、海军航空本部技术部长、第1航空战队司令、海军航空本部部长，又策划指挥了偷袭珍珠港，所以很多人都认为山本是比较早认识到航母和舰载机在现代海战中的作用的航空派，但实际上山本的骨子里还是巨舰大炮派，这就注定了在中途岛的战役部署上对于航母的轻视，“瑞鹤”号和“翔鹤”号两艘航母，因为在一个月前的珊瑚海海战中受伤，以及需要补充飞行员而在本土休整，最多两个月就能恢复战力，但山本并没有等这两艘航母归队之后再发动中途岛作战，这也说明了山本对美军的轻视，同时对航母还是不够重视。

在中途岛海战中山本还是将战列舰作为决战的主力，航母不过是作为开路先锋，先用航母去袭击中途岛，既可以削弱美军实力，又能够作为诱饵将美军舰队引出来，然后自己再亲自率领由战列舰为核心的主力舰队与之进行传统的海上决战，正是基于这样的考虑，才会将战列舰舰队远远地布置在最后面，以保障决战主力的安全。在南云的航母舰队向中途岛开进途中，山本的联合舰队监听到在中途岛附近海域出现了美军航母的无线电信号，如此重要的情报，山本出于保障战列舰舰队的绝对安全必须实行无线电静默的考虑，竟然没有通知南云，直接导致南云还以为中途岛附近根本没有美军航母舰队，等到发现了美军航母舰队，就自然手足无措应对失当了。

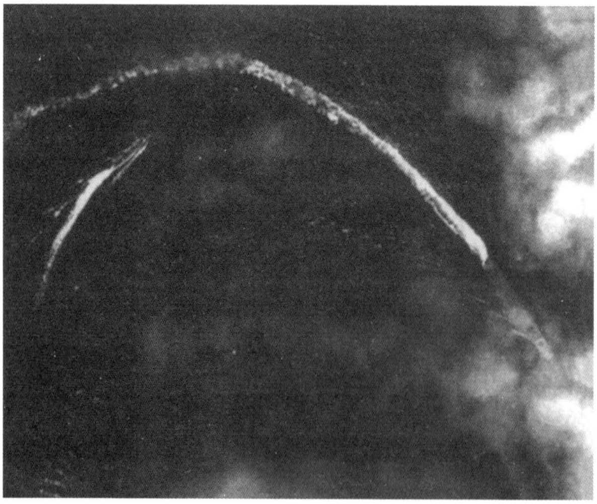
▲ 日本“赤城”号航母正在进行大角度急转躲避空袭。

具体负责制订作战计划的联合舰队先任参谋黑岛龟人海军大佐为了显摆自己的能耐，将整个计划搞得无比复杂繁琐，明明实力远远超过美军，却还要大费周折搞声东击西的花招，先要去佯攻阿留申群岛，就是在中途岛的主攻方向，还是犯了分散兵力的兵家大忌，兵分三路：第一路是登陆舰队，第二路是南云的航母舰队，第三路就是山本亲自指挥的战列舰舰队，而且三支舰队之间距离都很大，特别是南云航母舰队和山本战列舰舰队距离足有300海里，也就是要至少航行十小时，一旦出现状况，根本无法及时支援。

▲ 激战中的“约克城”号航母。

结果真正在最重要的中途岛主攻方向，实际上只有4艘航母和266架舰载机（另外航母上还搭载准备在占领中途岛后进驻岛上机场的56架飞机，总共322架），而美军3艘航母有233架舰载机，再加上中途岛岸基航空兵的121架飞机，总共354架，在飞机数量上已经超过了日军！

而且日军4艘航母既要对付中途岛的岸基航空兵，还要同时对付美军航母舰载机，正如南云所说，就像让一只猎狗同时去追两只兔子，不手忙脚乱才怪呢，最后很可能是一只兔子也追不到。

早在5月1日，在联合舰队组织中途岛作战图上推演中，就遇到当第1航空舰队攻击中途岛时，美军的2艘航母突然出现，对日军舰队发动了反击的情况，担任推演裁判的第4航空战队参谋奥宫正武少佐判定日军航母中弹9枚，“赤城”号和“加贺”号沉没。如此准确的警示，总裁判联合舰队参谋长宇垣缠少将却认为美军不可能有这么强悍的战斗力，所以大笔一挥将中弹9枚改为中弹3枚，只有“赤城”号受伤，这就将已经暴露出来的失败苗子轻轻放过。

当时日军实力几乎是美军的三倍，如果不是采用这样复杂而且故弄玄虚的计划，自己分散了兵力，而是把全部航母和舰艇都集中在中途岛方向，根本不需要什么声东击西的花样，就是最简单的全军出击，以泰山压顶之势直扑中途岛，美军就是破译了密码，知道日军来袭的方向和时间，面对悬殊的实力对比，也很难有翻盘的机会。日军只要凭借数量上的绝对优势，堂堂正正强攻硬打，如果美军航母舰队避战就直取中途岛，如果美军航母迎战，那就来个一锅烩。所以，日军在中途岛海战中的失败，根子就在这个计划上，当日军这个计划出台之时，就已经注定了失败的结局。

中途岛一战日军第1航空舰队4艘航母全被美军击沉，所以很多人都觉得日本海军航空兵就此元气大伤，但其实并不是这么回事。

首先是航母，虽然日军损失了4艘航母，但还有“瑞鹤”号、“翔鹤”号、“龙骧”号、“祥凤”号、“瑞凤”号和“隼鹰”号等6艘航母，而美军在太平洋上只有“企业”号、“大黄蜂”号和“黄蜂”号3艘航母，即便加上因伤还在本土修理的“萨拉托加”号，航母数量优势依然在日军一边。

其次，比航母更重要的飞行员。此战日军总共损失舰载机322架，其中空战损失只有39架，其余283架都是随航母沉没而损失的，飞行员损失只有110人，其中在空战中损失81人，航母沉没时损失29人。日军4艘航母上的编制飞行员再加上准备作为中途岛岸基航空兵的飞行员，总共约有700人，损失110人只占参战飞行员总数的15%，远远谈不上损失惨重。反而倒是美军此战损失的飞行员多达208人，几乎是日军的两倍。

不过日军采取的是精兵路线，飞行学员就是百里挑一精选出来的，飞行学员完成飞行训练的过程中淘汰率更是达到了50%，这样精挑细选再经过高淘汰率严格培训出来的飞行员，绝对都是精英，所以战争初期日军飞行员的素质普遍要超过美军、英军，战斗机飞行员就不用说了，加上零式的出色性能，300架零式就已经能够横扫东南亚，打得盟军飞行员都有了“零式恐惧症”，看到零式就望风而逃。日军鱼雷机飞行员也都是高手，在击沉英军“威尔士亲王”号战列舰的战斗中，发射15枚鱼雷，命中7枚，命中率高达46.7%，这样高的命中率简直是不可想象的。水平轰炸机飞行员同样在击沉英军“威尔士亲王”号战列舰的战斗中表现不俗，3 000米高度水平投弹命中率达到7.7%，在当时都是非常罕见的高水准了。

▲ 美军的“无畏”式俯冲轰炸机。

可见日军最重要的战略资源——飞行员在中途岛之战中并没有太大损失，所以日军在中途岛海战中的损失远远没有达到元气大伤的程度。

真正让日军流尽最后一滴血的，是从1942年8月到1943年1月的瓜达尔卡纳尔岛（简称瓜岛，下同）争夺战，战前日军培养的精锐飞行员才逐渐损失殆尽，从 1943 年下半年开始，日军熟练飞行员数量开始出现短缺，只好用缩短飞行学员训练时间的办法来加快飞行员的补充，但这种饮鸩止渴式的方法带来的恶果就是训练不足的菜鸟飞行员在战斗中损失速度很快，只好再缩短后续飞行学员的训练，最终导致了越缩短训练时间，新手飞行员损失越快，新飞行员损失越快，就要更进一步缩短训练的恶性循环。而美军后续经过充足训练的新飞行员源源不断投入战场，此消彼长之间，日本海军航空兵流干了最后的鲜血，最后沦落到只能用经过十几小时飞行训练的“菜鸟”飞行员驾驶飞机进行自杀攻击了。

中途岛之后紧接着就是耗尽日军精英飞行员的瓜岛之战了。

瓜岛争夺战把日军给拖垮了

自从在珊瑚海海战、中途岛海战中，日本海军接连损失了 5 艘航母，一方面使日军更加深刻认识到航母和舰载机对于海战的重要作用，另一方面由于航母和舰载航空兵损失巨大，在之后的作战中也就不得不更加倚重岸基航空兵。所以在接下来的作战中，日军联合舰队的参谋通常以最前沿的岸基航空兵机场为圆心，向南 700 千米半径选择下一个进攻的岛屿目标。在夺取新的岛屿后立即修筑机场，将岸基航空兵前推 700 千米。然后再向南 700 千米半径选择新的岛屿目标，就这样逐次以 700 千米距离前推。之所以以 700 千米为基准，是因为当时日军主力战斗机零式的最大航程是 2 200 千米，如果带副油箱则可以达到 3 300 千米，预留在目标岛屿上空进行空战的燃料，700 千米半径是最合理的。不过在占领拉包尔之后，在下一个 700 千米半径范围没有找到有价值的岛屿，想到一路推进都很顺利，于是负责筹划作战计划的参谋干脆步子迈得更大一些，把半径扩大到了 1 000 千米，这才找到了下一个岛屿目标——所罗门群岛。

▲ 海滩上的日军尸体。

但是这样一来，零式从拉包尔飞到所罗门群岛几乎就是最大航程的边缘了，不但在所罗门群岛上空滞空时间最多也就十五分钟，这点时间要进行空战显然不够，而且由于航程太远，飞行员飞到所罗门群岛时就已经相当疲惫了，直接影响判断力和反应力；如果飞机在空战中受伤，坚持飞过如此漫长的航程回到拉包尔自然也是百般艰辛。这个航程太远的问题，就是此后日军岸基航空兵在瓜岛争夺战中损失惨重的关键原因。

最初，日军是计划在所罗门群岛首府所在的图拉吉岛上修建机场，后来发现30海里外的瓜岛地形条件更适合建机场，于是就决定改在瓜岛上修筑机场。

美军发现日军在瓜岛上修建机场，立即感到如芒在背，因为一旦瓜岛机场开始启用，日军从瓜岛机场起飞的飞机能够到达圣埃斯皮里图岛、埃法特岛、新喀里多尼亚岛一线，严重威胁了美国至澳大利亚的海上交通线。在这之前，太平洋战区司令尼米兹和西南太平洋战区司令麦克阿瑟都认为拉包尔已经成为日军在南太平洋的核心基地，扭转战局的关键就是尽快夺取拉包尔。但是在具体战术上两人却存在分歧，麦克阿瑟主张集中最大兵力在俾斯麦群岛组织登陆作战，一举攻占拉包尔。尼米兹则认为日军在拉包尔的防御相当坚固，部署有近700架岸基飞机，还随时能得到包括4艘航母在内的联合舰队的支援。而美军此时在太平洋上只有3艘航母，实力比日军弱得多，不能贸然行动。所以主张先在所罗门群岛南部岛屿登陆，修建机场，然后在岸基航空兵支援下逐步推进，步步为营，最终夺取拉包尔。

最终美国参谋长联席会议采纳尼米兹的方案，于1942年4月1日通过了代号为“瞭望塔”的作战计划，该计划分为三个阶段，第一阶段由尼米兹指挥攻占圣克鲁斯群岛和图拉吉岛。第二阶段由麦克阿瑟指挥，攻占所罗门群岛其余岛屿，并肃清新几内亚岛东部莱城、萨拉莫阿地区的日军。第三阶段仍由麦克阿瑟指挥，攻占新不列颠岛和新爱尔兰岛，进而夺取拉包尔。

▲ 美军中太平洋战区司令兼太平洋舰队司令尼米兹。

就在美军加紧进行“瞭望塔”作战准备时，发现日军开始在瓜岛上修建机场，参谋长联席会议立即将“瞭望塔”作战的第一阶段作战目标改为瓜岛和图拉吉岛，最重要的目标当然就是瓜岛机场。

8月7日，美军海军陆战队第1师（简称陆战1师）同时在瓜岛和图拉吉岛登陆，歼灭了两个岛上约3 700人的日军（主要是修建机场的工兵），顺利夺取了即将完工的机场。美军随即接手建造，于8月17日建成完工。美军将这个机场命名为亨德森机场，以纪念在中途岛战役中牺牲的海军陆战队航空兵中队长亨德森少校。美军在亨德森派驻了约60架各种型号作战飞机，最高峰时飞机数量更是超过了100架。虽然美军飞机数量并不多，战斗机性能也比日军的零式稍逊一筹，但是美军占有地利，凭借所罗门群岛海岸监视哨的有效预警通报，可以在日机到来前两个小时得到报告，通常在日机来临前半小时起飞，在日机飞行航线上抢占有利高度和位置，以逸待劳，占尽优势，从而牢牢掌握了瓜岛地区的制空权。在此后的瓜岛之战中，亨德森机场就成了双方争夺的焦点。

日军得知美军在瓜岛登陆后，在拉包尔的8舰队司令三川军一海军中将，立即率领5艘重巡洋舰、2艘轻巡洋舰、1艘驱逐舰于8月7日晚驶离拉包尔南下。尽管美军的侦察机和潜艇都曾发现了三川舰队，但是由于种种原因都没有引起警觉。导致瓜岛海域的美军舰队在毫无警报的情况下遭到了三川舰队的突然攻击，美军被击沉巡洋舰4艘，击伤巡洋舰1艘，驱逐舰2艘，伤亡1 732人。日军仅“鸟海”号和“青叶”号巡洋舰轻伤，亡35人，伤51人。

这次海战，美军称为萨沃岛海战，日军则称为第一次所罗门海战，是日美两军为争夺瓜岛而进行的第一场海战，日军取得了一边倒的胜利，但三川只顾攻击美军军舰，却没有攻击已经失去保护的运输船，实在是一大失策。

由于美军担任海空掩护的航母编队司令弗莱彻中将，借口舰载机损失和油料不足，在8日黄昏就撤离了瓜岛，再加上水面舰艇在8日晚的海战中损失惨重，所以美军登陆编队司令特纳少将于9日黄昏带着未卸完的一多半物资、陆战1师约1 000人的后备队和大多数的重装备撤离瓜岛。在两天的时间里，总共卸下4个基数的弹药和可供岛上部队使用37天的给养。这完全归功于美军有“战斗装载”的标准，也就是运输船装载物资根据战斗需要先后次序装载，最先使用的物资放在最上面，能够最先卸下来。这就保证了美军在瓜岛作战的基本物资需要，这是美军战争前就根据多次演习中所暴露出的问题而特别制定的，这时就显示出了效果，如果没有这一标准，陆战1师根本无法凭借两天所卸载的物资来作战。

▲ 决定瓜岛战役胜败的亨德森机场。

随着登陆编队的军舰和运输船撤离瓜岛，美军在瓜岛和图拉吉岛就只剩下陆战1师的

1.6 万人，陆战 1 师师长范德格里夫特少将很清楚，瓜岛之战的胜利取决于瓜岛的制海权，而制海权又取决于制空权，在美军航母仍处于劣势的情况下，瓜岛的机场就是成败的关键，因此他特别要求将修建机场所需的设备、机械优先卸下，以便能尽快建成机场，并极其明智地以机场为核心建立防御体系，这就使美军从一开始便占据了有利位置。

海上战斗的硝烟刚刚散去，围绕机场的陆上战斗就开始了，8 月 16 日，日军一木支队先头部队约 1 000 人在一木清直大佐率领下搭乘 6 艘驱逐舰从特鲁克起航，于 8 月 18 日夜登上瓜岛，一木骄横自负，认为美军不堪一击，不等后续部队到达，就留下 125 人留守滩头，率领 900 余人向机场扑去。

8 月 21 日凌晨 1 时，500 名日军向泰纳鲁河河口的美军阵地发起了进攻。由于之前美军曾经消灭一支日军的侦察分队，所以对日军的进攻早有准备，在日军可能的进攻地点架设了带刺铁丝网，布置了机枪火力点。美军等日军接近到很近距离才开始射击，美军火力非常猛烈，日军顿时尸横遍地，血流成河，冲锋立刻被打退。5 时，一木又组织第二次冲锋，日军不顾伤亡猛冲，在美军机枪火力下一批一批倒下去，根本无法突破美军的防线。经过半夜的激战，日军损失惨重，却毫无进展。天亮后，一木指挥残部在河对岸构筑工事，与美军对峙。美军派出一个营绕到日军背后，实施两面夹击，日军根本无力抵挡美军攻击，向海边溃退。一路上倒下的伤兵呼天喊地，美军本着人道主义精神派出了医护人员前往救助，日军伤兵竟拉响手榴弹与医护人员同归于尽，范德格里夫特闻讯勃然大怒，下令对投降者不予生命保障，并出动 5 辆轻型坦克进行最后的扫荡，美军坦克用 37 毫米大炮和机枪逐一消灭残余日军，并直接从日军死尸和伤兵身上碾过。一木身负重伤在美军坦克冲过来之前，在海滩上烧毁了军旗，然后剖腹自杀。其残部仅剩数十人退往太午角一带的丛林。泰纳鲁河战斗以日军的彻底失败告终，美军阵亡 35 人，伤 75 人。日军在战场上留下的尸体就达 800 余具。

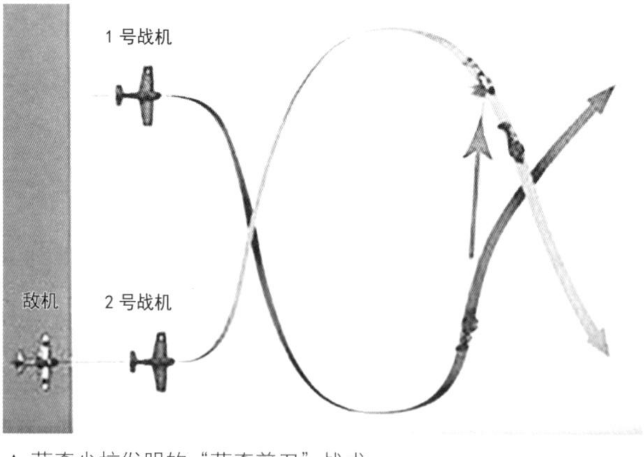

▲ 萨奇少校发明的“萨奇剪刀”战术。

在空中，美军推广了萨奇少校发明的“萨奇剪刀”战术，一定程度上抵消了日军零式战斗机在性能上的优势。8 月 30 日，日军 18 架零式战斗机掩护 6 架一式轰炸机来袭，美军起飞

8 架 F4F 和 11 架 P–39 战斗机迎战，在激烈空战中美军击落了 14 架日机，自己仅损失 4 架 P–39，这是日军零式战斗机自开战以来第一次失败的空战，彻底粉碎了“零式无敌”的神话。

自从美军代号“仙人掌航空队”的岸基航空兵进驻瓜岛后，战场形势立刻改观，由于美军岸基飞机的巨大威胁，日军只能使用驱逐舰在夜间高速通过“槽海”，把部队和物资送上瓜岛，返回时顺路再炮击机场。因为日军的驱逐舰几乎每天都准时出动，被美军称作“东京特快”。就这样，美军掌握了制空权，日军控制了制海权；美军凭借岸基飞机在白天能控制瓜岛附近海域和天空，日军则依靠其水面舰艇部队出色的夜战水平，成为黑夜的主人。

此后海上又接连爆发了 8 月 24 日的所罗门群岛以东海战、10 月 11 日的埃斯佩兰斯角海战、10 月 26 日的圣克鲁斯群岛海战、11 月 12 日至 14 日的瓜岛以北海战、11 月 30 日的塔萨法隆格海战等五次大规模海战，再加上其他二十余次小规模海战，日军总共损失了包括 1 艘航母、2 艘战列舰、3 艘重巡洋舰、1 艘轻巡洋舰、11 艘驱逐舰、6 艘潜艇在内的 24 艘舰艇（13.49 万吨）和 16 艘运输船（8.5 万吨），日本海军伤亡高达 2.5 万人。美军损失了包括 2 艘航母、6 艘重巡洋舰、2 艘轻巡洋舰、14 艘驱逐舰在内的 24 艘舰艇（12.62 万吨）和 3 艘运输船（1.2 万吨），美国海军阵亡约 3 300 人，伤约 2 500 人。

从纸面上看双方损失大致相当，但是美国赢得了最宝贵的时间，巨大的工业潜力全面动员起来了。就以航母为例，瓜岛战役开始时，美军在太平洋上有 4 艘航母，日军有 6 艘航母。在战役中美军损失了 2 艘航母，日军 1 艘航母被击沉，3 艘航母被重创，也只剩下 2 艘可以作战。但到了 1943 年底，美军在太平洋上已经有 10 多艘航母，而日军直到 1944 年 3 月才有 1 艘新的航母服役，从航母数量此消彼长的变化中就可看出日军和美国拼消耗的战略是多么愚蠢！

▲ 东所罗门海战中负伤军舰冒出的滚滚浓烟。

战争前，美国的工业总产值就相当于日本的 9 倍，1940 年美国钢铁产量为 6 076.5 万吨，日本则仅有 685.6 万吨，只相当于美国的 11%；开战后，美国工业能力的提升也比日本高得多，如果以1940年的工业产值指数为100，至1942年美国已达到136，而日本仅为102，差距进一步拉大。1942年底，美国的军事工业就相当于德、意、日三国的总和。在争夺瓜岛期间，美国的造舰能力是日本的3.7倍，飞机生产是日本的6倍，这就是瓜岛战役的后期，美军不断得到修复和新建舰艇、飞机的补充，军事力量不断增强，而日本在作战中损失的舰艇、飞机却无法及时补充，军事力量不断削弱的根本原因。

在陆上战场，日军对美军在瓜岛上到底有多少兵力一直判断有误，最初认为美军不会超过2 000人，实际上美军在瓜岛有1万人，在图拉吉岛有6 000人，共1.6万人。因此日军认为夺回瓜岛易如反掌，第一次上岛仅一木支队的先头部队1 000人，初战失利后，第二次上岛约1 500人，再战失利之后，第三次增兵约3 500人，形成兵家大忌的逐次添兵的“加油”战术，导致攻击一再失利。到10月下旬，日军判断瓜岛美军约7 500人，实际上此时岛上的美军已经高达2.3万人，所以日军虽然投入了第2师团主力2万人，在兵力上仍然不占优势，火力更是远远不及美军，进攻自然以失利告终。直到战役结束，日军仍未能正确查明美军的实力，这对日军的兵力使用有着极大的负面影响。

在瓜岛的地面作战中，美军参战兵力最多时达到6万人，阵亡1 592人，负伤4 200余人。日军投入瓜岛的陆军兵力约3.6万人，战斗中阵亡约1.4万人，因伤病致死或下落不明的有9 000余人，合计死亡近2.38万人，还有1 000余人被俘。

瓜岛是个海岛，需要大量的运输船来运送部队、装备和补给，日军瓜岛地面部队兵力、重装备的不足，补给的极度匮乏，和日本运输船舶的数量不足有着密切的关系。因此在战役后期，日本军方强烈要求政府增加征用民船的数量，但这是关系到日本这个岛国的国力与战争全局的重大问题，日本政府企划院认为，民船的数量有限，如果军方扩大征用的数量，必将影响到日本国内生产原料的运输，进而影响到军事工业生产，也就必将对整个战局的发展产生不利影响。由于运输能力严重不足，导致瓜岛上的日军补给

▲ 日军飞机的超低空编队，1943年以后这样飞行技术高超的飞行员已经所剩无几。

供应几乎断绝，在日军战史中，瓜岛最著名的标签就是“饥饿之岛”。

为争夺瓜岛制空权而进行的空战中，美军进驻瓜岛的“仙人掌航空队”——由陆军航空兵、海军航空兵和海军陆战队航空兵混编的空中力量，先后就有六个战斗机中队参战，涌现出十大著名的王牌飞行员。在六个月的瓜岛之战中，美军总共损失飞机约 250 架（其中空战损失 118 架），日军总共损失飞机 892 架（其中空战损失 427 架），损失飞行员 2 362 人——日本海军航空兵正是在瓜岛流尽了鲜血，尤其是损失的飞行员基本上都是战前技术熟练训练有素的精英，所以进入 1943 年之后，日军飞行员的飞行技术水平就大幅跳水，技术高超的尖子飞行员已经所剩无几，而且飞行员的损失，更是日军无法弥补的。到瓜岛战役结束时日军兵力上的优势已荡然无存，双方的战略态势也随之改变。中途岛海战日军的失败是太平洋战场的转折，战局开始向着不利于日本而有利于美国方面发展，日军战略主动权逐步丧失；而瓜岛战役，日军不仅没有实现重新夺回战略主动的作战企图，反而军事实力进一步受到削弱，最终完全丧失了战略主动权，陷入了被动的局面。此后，日军不得不从战略进攻转为战略防御，处处设防，步步被动，直至战败。而美国则通过瓜岛战役，逐步改善了不利的战略态势，赢得了动员人力、物力的时间，为太平洋战场上即将开始的战略进攻创造了有利条件。

随着瓜岛战役的失败，日军失去的不仅仅是瓜岛，还有舰艇和飞机的惨重损失，大大削弱了日军的战略防御力量，对战争的发展进程有着巨大的影响。正如山本五十六在日记中写道：“我们最初的作战是何其辉煌！自中途岛以来我们的作战是多么糟糕！”

美军开始反攻了

进入 1943 年，美国终于熬过了最艰难的岁月，完成了战争动员，从和平状态转换频率到了战时状态，庞大的工业全面被激发出来，仅仅新建运输船 1943 年一年就高达 1 920 万吨！正是凭借如此雄厚的工业实力，美国迅速完成了扩军备战，即便是在“先欧后亚”总战略下居于次要位置的太平洋战场，美军依然开始了反攻。

反攻从北、中、南三个方向进行。

北太平洋方向，日军在 1942 年 6 月中途岛战役期间作为佯攻占领了阿留申群岛西部的基斯卡岛和阿图岛，尽管这两个小岛面积并不大，而且地处偏远，也没什

▲ 美军在阿图岛登陆。

么资源，但却是美国在第二次世界大战中唯一被占领的领土，事关美军的荣誉，所以美军急切想夺回这两个岛。

美军首先对这两个小岛组织了严密的海空封锁，使得日军仅能通过潜艇给岛上运送极为有限的补给，两个岛上的日军基本已经陷入了孤立无援的地步。

1943 年 5 月，美军第 7 步兵师在海军北太平洋部队的支援和掩护下，在阿图岛登陆，经过大半个月苦战，美军肃清了岛上约 2 000 名日军，完全收复阿图岛。这样一来，基斯卡岛上的日军就更加孤立了，因此日军只好于 7 月分几批将基斯卡岛上的约 6 000 名官兵撤回。由于日军这次撤退准备充分组织周密，所以美军竟然毫无察觉，8 月 17 日，2.9 万美军和 5 300 名加军在猛烈炮火掩护下登上基斯卡岛，才发现岛上已经根本没有日军踪影。

美军本来在收复基斯卡岛和阿图岛时还曾打算继续沿千岛群岛向日本本土北部推进，但最终考虑到北太平洋地区气候恶劣，大部队行动后勤供应难以保障，加上日本维持战争的生命线是在南方，从背面进攻意义不大，所以美军也就放弃了从北面继续进攻日本本土的计划，也就是在收复了两个被占岛屿后，美军实际上放弃从北面进攻日本。

这样，进攻日本主要就是中、南两条路线了，围绕这两条进攻路线，美军高层一直都有分歧和争论。

▲ 美军在新几内亚岛向纵深推进。

中太平洋方向，也就是从珍珠港向西的进攻路线，这也是尼米兹为代表的一些将领所主张的进攻路线。他们认为，沿新几内亚群岛、菲律宾群岛从南到北的进攻路线，岛屿众多，而且岛屿面积都比较大，日军部署的防御力量也更强，沿这条进攻轴线必然会遭到日军非常顽强的抵抗，加上每向前推进一步都要在己方岸基航空兵的作战半径之内，所以肯定会限制进军的速度，与其这样不如直接横渡中太平洋，拦腰切断日军从南太平洋到本土的生命线，这才是日军的要害所在。而且中太平洋进攻路线相对南太平洋路线要短，这就意味着可以大大节约兵力和运输船只，同时中太平洋上的岛屿面积都比较小，即便日军防御坚固，也限于客观条件无法部署更多部队，进攻部队所遇到的抵抗也就相对会较轻。加上中太平洋上的岛屿之间距离都比较大，难以相互支援，也便于美军集中力量各个击破。

不过，任何事情都是有利有弊的，由于各个岛屿之间距离较远，岸基航空兵的作用就相对有限，更多的是要依赖航母舰队来牢牢掌握制海权制空权，这也是决定中太平洋推进速度的关键原因。

而南太平洋方向，也就是从几内亚群岛、菲律宾群岛一路向北，是以麦克阿瑟为代表的一些将领的观点，他们认为从这条进攻轴线可以充分利用盟军已经在南太平洋和西南太平洋上建立的一系列基地，从而能够始终得到岸基航空兵的有力支援，并且可以根据实际情况，选择进攻目标，而对另外一些日军重兵设防岛屿目标则可以采取海空封锁而不予进攻，也就是实施跳岛作战。

由于确定对日本进攻的主方向，实在太过重大，所以美国参谋长联席会议非常慎重，决定暂时还是采取“双管齐下”的折中方案，反攻从两条路线同时进行。既然在南太平洋方向的反攻已经开始，自然不能就此停手。而如果只有一条进攻路线，日军不但可以进行正面堵截，而且还可以威胁进攻部队的侧翼，因此同时开辟从珍珠港向西的中太平洋进攻路线，也就能成为最理想的配合和呼应，既可以减轻南太平洋方向的压力，掩护南太平洋方向的侧翼，还可以迷惑日军，使其无法判断哪里才是真正的主攻方向——实际上美军自己也并没有明确哪里是主攻哪里是助攻。然后根据战局的发展，再确定哪条路线才是主攻。

瓜岛是美军在南太平洋反攻的序幕，大幕既然已经拉开，自然不会就此停下来，1943 年 2 月日军撤出瓜岛之后，美军就决定继续沿所罗门群岛向北，第一个目标是在瓜岛和新乔治亚岛之间的拉塞尔群岛，在瓜岛战役期间，这里曾被日军作

▲ 美军军官正在研究战局。

▲ 美军飞机轰炸拉包尔。

为运输船只的中继站来使用。就在美军集结兵力准备发动登陆作战时发现日军也已经从拉塞尔群岛撤走了，所以美军于2月20日就兵不血刃拿下了拉塞尔群岛。

美军随即就在拉塞尔群岛上修建机场、码头，进驻飞机和舰艇，并进而以此为基地频繁出动袭击周边海域的日军交通线，为下一步夺取新乔治亚岛西北部的蒙达机场创造条件。蒙达机场是日军在南太平洋地区重要的航空作战支撑点，从拉包尔起飞的日军飞机在袭击了所罗门群岛以南盟军目标后，可以在蒙达机场加油再返回拉包尔，从而大大提高日军空中力量在所罗门群岛南部的作战效率，反过来如果蒙达机场在美军手里，就能有效掩护美军向所罗门群岛北部进军的作战行动，所以蒙达机场自然也就成了美军势在必得的目标。

美军在一系列的出击行动中发现日军在距离蒙达机场还不到10千米的伦多瓦岛防御比较薄弱，因此当机立断于6月30日在伦多瓦岛登陆并一举占领。随即美军在伦多瓦岛上设立炮兵阵地，炮击蒙达机场。7月5日美军在新乔治亚岛登陆，并于8月4日攻占蒙达机场。

美军原计划是在占领蒙达机场之后，就在附近的科隆班加拉岛登陆，夺取该岛东南部的韦拉机场。但发现日军在蒙达机场作战的后期，不断向科隆班加拉岛运送兵力和物资，加强科隆班加拉岛的防御。因此尼米兹决定改变计划，绕过日军重点防御的科隆班加拉岛，转而进攻韦拉拉韦拉岛。8月15日，美军在韦拉拉韦拉岛登陆，并立即开始修建机场。

在美国参谋长联席会议1942年的计划中，“瞭望塔”行动的终极目标就是日军在南太平洋的头号堡垒拉包尔，但根据在所罗门群岛一系列作战的经验，美军对这一计划进行了修正，不是攻占而是跳过拉包尔，直接进攻下一个目标，对拉包尔只使用海空兵力进行封锁和“软化”。为了达成这一目标，就必须将岸基航空兵的前进基地进一步前推，这样占领布干维尔岛，并在岛上修建机场就被提上了议事日程。

考虑到日军在布干维尔岛南部防御比较强，该岛中部又有海拔3 000米并有大片原始森林覆盖下的连绵山脉，所以美军决定干脆在布干维尔岛北部登陆。11月1日，美军在布干维尔岛北部托罗基纳角登陆。日军虽然竭力组织反击，并在布干维尔岛北部和美军展开了几次激烈的海空战，但美军还是站稳了脚跟，上岸的登陆部队超过了3.3万人。到12月底，美军不但在布干维尔岛北部建成了机场，还将岛上的日军压缩到40平方千米的狭小区域。

此后，美军又在1944年2月和3月相继占领了拉包尔以东的格林群岛和埃米劳岛，对拉包尔形成了包围。

在西南太平洋，日军在1942年5月从海上进攻莫尔兹比港失败后并不甘心，又在1942年7月在巴布亚半岛西北部的布纳登陆，企图从陆上夺取莫尔兹比港。麦克阿瑟一边调集部队前往布纳一线抵挡日军进攻，一边又在莫尔兹比港以东的米尔恩湾加强防御——因为美军掌握了确切情报，日军即将要在米尔恩湾登陆。

8月25日，日军在米尔恩湾登陆，立即遭到美澳军迎头痛击，经过十多天战斗，日军损失惨重又难以取得进展，不得不放弃登陆企图，将已经登陆的部队全部撤回。同时在布纳一线的日军在美澳军的打击下也只能逐步后撤。至1943年1月盟军终于将日军从巴布亚半岛的大部分地区逐走，彻底解除了对莫尔兹比港的威胁。

在布纳战役同时，盟军又于1943年8月在所罗门海的基里威纳岛和伍德拉克岛登陆，并迅速修建机场，进一步强化了对拉包尔和布干维尔岛的封锁。

9月，盟军又在莱城以东的布斯河河口登陆，同时在莱城西北的纳扎布机场实施了伞降，对莱城日军形成两面夹击，迫使日军于9月15日放弃莱城。随后盟军又在芬什哈芬登陆以扩大战果，到12月底占领了除西奥地区以外的整个胡翁半岛。

至此，哈尔西指挥的盟军部队在所罗门群岛、布干维尔岛一线，麦克阿瑟指挥的盟军在新几内亚岛一线，两路大军分进合击，汇成了盟军在南太平洋的钳形攻势。

控制胡翁半岛后，盟军继续进军。于1942年12月在新不列颠岛的格洛斯特角和马加斯特角登陆，在盟军强大压力下，从莱城撤到西奥的日军不得不继续西撤，和其他地区后撤的日军重新在马丹组织防御。因此盟军于1944年1月在赛多尔登陆，切断了西奥日军撤向马丹的退路，粉碎了日军在马丹集结兵力的企图，并迫使西奥日军不得不绕道原始森林后撤，导致有数万日军因补给断绝而死于原始森林的撤退途中。

1943年2月，麦克阿瑟指挥的盟军在阿德米勒尔提群岛的马努斯岛登陆，与占领埃米劳岛的哈尔西部队会师，至此南太平洋上盟军的两支铁钳终于合拢，南太平

▲ 美军在塔拉瓦岛战役付出了很大代价。

洋上即便还有几处日军盘踞的据点，但在盟军严密海空封锁下已经构不成什么威胁，南太平洋已经成为盟军后方。哈尔西指挥的南太平洋部队也进行了调整，所辖陆军和部分海军舰艇部队转归麦克阿瑟的西南太平洋战区，哈尔西和部分海军舰艇、海军陆战队部队则仍归尼米兹的中太平洋战区。

在中太平洋方向，美军于 1943 年 11 月发起了吉尔伯特群岛登陆战。

美军第 27 步兵师首先轻松占领了马金岛。但是海军陆战队第 2 师在塔拉瓦岛的战斗却极为惨烈，为了攻占这个总面积仅有 1.18 平方千米的小岛，经过了三天激战，歼灭了岛上约 4 000 名日军，但美军也付出了阵亡 1 013 人，伤 2 072 人（其中海军陆战队死 984 人，伤 2 001 人）的巨大代价。

三天后，尼米兹亲临塔拉瓦岛视察，并为有功的将士授勋。当时大量的死尸都还来不及掩埋，空气中弥漫着尸体的恶臭，面对弹痕累累、尸横遍野的战场，连这位身经百战的海军上将都不无感慨地说："我从未见到过如此狰狞的战场！"

接着美军又攻占了吉尔伯特群岛的第三个环礁阿贝马马岛，达成了战役预期计划。

1943 年 1 月，美军接着在马绍尔群岛登陆。

1 月 3 日，不费吹灰之力就拿下马朱罗环礁，并迅速将马朱罗环礁建设成舰艇维护保养基地，在接下来的战争中，马朱罗环礁就成了美军在中太平洋最重要的前线舰艇后勤保障基地。

随后美军又以极其轻微的代价占领了罗伊—那慕尔岛，但在夸贾林岛却遭到了日军顽强抵抗，经过五天的苦战，歼灭了在岛上的约 5 100 名日军，付出了阵亡 177 人，伤 1 037 人的代价，才攻占了这个面积仅有 16.4 平方千米的弹丸小岛。

紧接着，美军马不停蹄于 1943 年 2 月攻占埃尼威托克环礁，至此完全控制了整个马绍尔群岛。

第二章　进攻方向的争论

突破绝对国防圈

当美军在中太平洋接连攻占吉尔泊特群岛、马绍尔群岛之后，下一个进攻目标没有任何悬念，就是马里亚纳群岛了。

马里亚纳群岛的地理位置极其重要，位于琉球群岛、中国台湾岛和菲律宾以东，硫黄列岛以南，加罗林群岛以北，正扼中太平洋航道的咽喉，亚洲与美洲的海上交通要冲，是美军进攻日本本土的必经之路。如果马里亚纳群岛被美军占领，日本本土与东南亚的海上生命线就将被切断，中国台湾岛和菲律宾也将处在美军打击范围下，更严重的是美军 B–29 轰炸机从马里亚纳起飞可以直接轰炸日本本土，正因为马里亚纳群岛如此至关重要，所以被日军大本营确定为必须坚决守卫的“绝对国防圈”，并誉为“太平洋的防波堤”。

美军登陆部队是海军陆战队第 3 军（下辖海军陆战队第 3 师和暂编第 1 旅）和海军陆战队第 5 军（下辖海军陆战队第 2 师、第 4 师），负责海空支援的是斯普鲁恩斯指挥的第五舰队。

6 月 15 日，美军在马里亚纳群岛的第二大岛塞班岛登陆。

马里亚纳群岛对日军而言，是保护本土最重要的屏障，正是兵法上所说的“攻其所必救”的“必救”之地，所以日军立即投入了联合舰队的主力——第一机动舰队，这支 1944 年 2 月由第二、第三舰队合并组成的舰队，几乎包括了联合舰队所有主要水面舰艇，共有航母 9 艘、战列舰 5 艘、巡洋舰 14 艘、驱逐舰 31 艘、舰载机 439 架，由小泽治三郎海军中将任司令。日军投入这支主力舰队的目的不言而喻，就是和美军决一死战。

日军大本营深知这支舰队虽然拥有 9 艘航母，但与美军太平洋舰队的航母舰队相比，无论是数量还是性能，无论是舰载机还是飞行员，差距都非常悬殊，所以决定以第一航空舰队改编的第五岸基航空队，与之配合作战，以求充分发挥舰载航空兵与岸基航空兵的协同威力。不过如今的这支第一航空舰队并不是那支战争初期偷袭珍珠港、纵横太平洋的航母舰队第一航空舰队，而是 1943 年 7 月刚刚成立的岸基航空兵部队。它由角田觉治海军中将指挥，成立伊始就受到日军大本营的特别重

美军第三舰队和第五舰队

按照美国海军的规定，太平洋地区的部队都是单数番号，大西洋地区的部队则是双数番号，不过在战争中由于部队调动频繁，两大洋部队也有相互调动，所以这一规定也就没有那么严格了。

在太平洋地区的两大战区各拥有一支舰队，麦克阿瑟的西南太平洋战区是第七舰队，而尼米兹的太平洋战区所属的舰队就有点复杂了。

这支舰队在哈尔西指挥下，番号是第三舰队；而在斯普鲁恩斯指挥下，番号却改成了第五舰队。实际上是同一支舰队，两个指挥班底，两个番号。而这支舰队所辖部队，也因为舰队番号的变更也随之变更，如米切尔中将指挥的航母编队，是这支舰队中最具战斗力的部队，在哈尔西的第三舰队时使用第38特混舰队的番号，而到斯普鲁恩斯指挥时，又改用第58特混舰队的番号。

当哈尔西率领第三舰队在前线作战，斯普鲁恩斯就带着自己的指挥参谋团队在后方筹划下一个战役。一个战役结束，两人就互换，哈尔西到后方，斯普鲁恩斯则到前线执掌舰队帅印，如此循环。

这种就像换马车夫但不换马车的模式，保证了舰队一级的指挥、参谋团队有足够的时间和精力进行战役的策划和准备，从而能够最大限度发挥出舰队的作战效率。同时，也迷惑日军的情报判断。日军一直都以为美军在中太平洋上有两支同样实力雄厚的舰队。

视，从其他部队抽调一些有战斗经验的老飞行员作为骨干，并尽可能为其配备最新式的装备。岸基航空兵部队一直作为大本营的直属部队在国内训练，原计划训练一年，1944年2月马绍尔群岛失守后，不得不提前结束训练，调到中太平洋地区，其中技术熟练的飞行员调到马里亚纳，技术尚不熟练的则调到菲律宾一边训练一边备战，原第五岸基航空队共有飞机1 092架，后又将其他一些具有战斗经验的航空兵部队调入，使其飞机数量增至1 600架，但因不断的战斗消耗，至1944年5月，仅剩530架。

小泽率领第一机动舰队杀向马里亚纳群岛，他计划利用日机作战半径大于美机的优势，与美军舰队保持一定距离，先以马里亚纳群岛的岸基航空兵攻击美军，再以航母舰载机从超远距离起飞，攻击完美军后在马里亚纳群岛机场降落，这样就能使日军舰队始终处在美军攻击范围之外。表面上这是个不错的计划，但马里亚纳群岛上的绝大部分岸基航空兵已经被美军消灭，而岛上的日军为了保全面子，没有如实将情况通报给小泽，致使这一计划从一开始就建立在自欺欺人的基础上。

6月19日，日军第一机动舰队先后出动4个攻击波总共286架次飞机攻击美军舰队，在美军战斗机和军舰高射炮的联合打击下，损失 192 架。另外有 50 架飞机在攻击美军舰队之后不返回航母，而是到关岛降落，准备再从关岛起飞对美军来个“穿梭”攻击，但这批飞机在关岛降落时遭到美军飞机攻击，不但有 26 架被击落，而且因为机场跑道因美军轰炸而被严重破坏，所以降落的日机几乎没有一架不受伤，因而无法再次起飞。这样一来，不但“穿梭”攻击落空，而且航母上的舰载机只剩下了 102 架。而美军仅仅损失了 23 架战斗机，2 艘航母和 2 艘战列舰被击伤。

▲ 在马里亚纳海战中被击沉的“飞鹰”号航母。

6 月 20 日，美军第三舰队出动 216 架飞机攻击日军舰队，日军战斗机全力拦截，尽管日机数量上、性能上以及飞行员素质上都比美军差，被击落 40 余架，仍相当顽强拼死苦战，协同水面舰只的防空火力击落美机 20 架，美机突破日机空中拦截后，对日军舰队进行了猛烈攻击，击沉了“飞鹰”号航母，击伤了“瑞鹤”号、“隼鹰”号和“千代田”号航母，“榛名”号战列舰和“摩耶”号巡洋舰。

美军舰载机返回航母时已经是夜间，由于飞行员没有夜间着舰训练，加上燃料基本用完，在着舰时秩序混乱，因为各种事故损失了 80 余架，远远超过了战斗损失。

在这场有史以来规模最大的航母间海战中，美军仅 2 艘航母、2 艘战列舰和 1 艘巡洋舰受轻伤，无一艘军舰沉没，舰载机损失 117 架。日军被击沉航母 3 艘、油船 2 艘，被击伤航母 3 艘、战列舰、巡洋舰和油船各 1 艘，舰载机损失 404 架，占全部舰载机的 92%；岸基飞机损失 247 架，几乎全军覆没。

由于美军重创了日军主力舰队，彻底断绝了马里亚纳群岛守军的外援，登陆作战也就比较顺利，7 月 9 日占领塞班岛，7 月 21 日在马里亚纳群岛第一大岛关岛登陆，8 月 12 日占领关岛，7 月 24 日在马里亚纳群岛第三大岛提尼安岛登陆，8 月 12 日占领提尼安岛。

美军占领马里亚纳群岛，突破了日军“绝对国防圈”，不但进一步确立了在太平洋上的战略优势，而且美军 B–29 战略轰炸机从马里亚纳起飞可以直接空袭日本本土，最终摧毁日本战争机器的战略轰炸就此拉开帷幕。战争末期向日本投掷原子

▲ 美军第五舰队司令斯普鲁恩斯。

弹的 B-29 也是从马里亚纳群岛的提尼安岛起飞的。

马里亚纳群岛的失陷，极大震撼了日本，加剧了其统治阶层的内部矛盾，对发动战争的东条英机内阁不信任和反感情绪高涨，在国内的巨大压力下，东条内阁于战役进行中的 7 月 18 日被迫辞职，驻朝鲜占领军总督，有着“高丽之虎”绰号的陆军大将小矶国昭接任首相，组织新内阁。战后，日本最后一任战时内阁首相近卫文麿在接受美军审讯时，承认当马里亚纳群岛战役失败后，他就确信日本的战败已经不可避免！

尽管斯普鲁恩斯指挥第五舰队在海战中取得了辉煌胜利，但是由于他比较谨慎持重，在 6 月 20 日给予日军舰队重创之后，出于保护登陆滩头的考虑，并没有乘胜组织追击，让日军舰队得以逃过全军覆没的厄运，所以受到了质疑和批评。在接下来的莱特湾海战中，指挥第三舰队的哈尔西置登陆滩头于不顾，率领整个舰队追击日军舰队，尽管哈尔西的个性就更为鲁莽，但不能不说，对斯普鲁恩斯的批评，对哈尔西多少还是有些影响的。

日军在英帕尔的惨败

在太平洋上的战火如火如荼之时，进入 1944 年亚洲大陆上的战火也同样开始了新的一轮高潮。

1944 年 1 月，缅甸英军部队为配合中国驻印军在缅北地区的反攻，在若开地区发动了局部攻势，至 2 月挫败了日军的反击，击毙日军约 7 000 人，取得自太平洋战争开始以来对日军地面作战的首次胜利。

但日军并没有认清此消彼长的战争形势，依然对英军极为轻视。日军大本营于 1944 年 1 月 7 日下达了“大陆指第 1 776 号”，同意驻缅甸的第 15 军发动代号为“乌号作战”的英帕尔战役。

日军第 15 军司令官牟田口廉也陆军中将，是日军中著名的强硬少壮派，素有“小东条”之称。1937 年 7 月 7 日，正是时任华北驻屯军步兵旅团第 1 联队联队长牟田口廉也下令向宛平城和卢沟桥的中国守军开火，挑起了全面侵华战争，而他也因此一路高升，短短六七年间就升到了军司令官。此次英帕尔战役也是在他一手推动下才得以批准。

▲ 日军第 15 军司令官牟田口廉也。

英帕尔是印度和缅甸交界处的一座边境城市，正处在吉大港到印度东部阿萨姆邦的交通咽喉，坐落在英帕尔平原上，周围则是曼尼普尔山脉。1942 年英军从缅甸撤到这里，就开始大力经营，此时已经成为英军在印缅边境最重要的桥头堡，各种设施一应俱全，囤积了大量粮食、弹药、燃料等作战物资，是英军反攻缅甸最重要的前进基地。同样，也是日军进攻印度最理想的跳板，不过之前即便德国多次请求，日军也一直没有进攻印度的打算，毕竟进攻印度所需要投入的兵力和物资是日军难以承受的。但 1943 年以后，随着在太平洋战场上的局势越来越恶化，日军也不得不将目光转向了印缅战场。

随着日军要在英帕尔地区发动大规模进攻的迹象越来越明显，英军也加强了作战准备。盟军东南亚战区总司令路易斯·蒙巴顿的应对之策是放弃亲敦江西岸阵地，依托英帕尔周围山地组织防御，诱使日军深入，使其不但补给线拉长，而且处于背靠亲敦江作战的不利态势。而且只要坚持到雨季，大雨、暴涨的河水都将使日军穿越丛林的脆弱补给线雪上加霜，一旦日军补给断绝，就必然不战而溃——蒙巴顿的这一招可谓是正打在日军的七寸之上，后勤补给历来是日军的短板，而这次英帕尔作战，牟田口廉也对后勤的轻视更是达到了顶点，他竟然提出了效仿蒙古军队基本没有后勤，只依赖随军携带的活牛活羊的“成吉思汗式”作战，征发了大量牛、羊、大象甚至猴子来运输物资，一厢情愿地认为这些牲畜既可以驮运物资，也可以宰杀作为食物，一举两得。而每个士兵只携带 20 天口粮、240 发子弹和 6 颗手榴弹。行动真正开始后，完全不是他所设想的那样，这些牲畜都没有经过训练，行军途中随时发脾气，要么不走，要么乱走，一遇到盟军飞机空袭，要么一哄而散，要么狂奔暴走，连驮的物资也一起损失了，进一步加剧了日军本来就很紧张的物资匮乏情况。

▲ 盟军东南亚战司总司令蒙巴顿。

3 月 8 日，日军渡过亲敦江正式发起英帕尔作战，总共投入 3 个师团，约 8.5 万人，以及 1 个印度国民师 7 000 人。第 33 师团负责从正面进攻英帕尔，第 15 师团则是轻装，从北面向英帕尔迂回穿插，第 31 师团进攻北面的科希马。驻守亲敦江西岸的第 17 英印师按照预定计划且战且退，所以日军攻势一开始还很顺利。

3月28日，日军第33师团就达到了距离英帕尔西南仅20千米的比辛普尔地区，切断了通往英帕尔南部的通道。4月8日，第15师团则占领了英帕尔和科希马之间的密宣，切断了英帕尔北部地区的交通。至此日军对英帕尔形成了南北两翼钳形攻击的态势。负责指挥英帕尔作战的英军第14集团军司令威廉·约瑟夫·斯利姆急电蒙巴顿求援，而此时英缅地区的英军主力还在距离英帕尔足足500千米之遥的若开地区，似乎远水解不了近渴，但盟军拥有强大的空运力量，蒙巴顿立即向英帕尔空运第5、第7英印师，甚至还一度暂停了“驼峰”空运，将运输机全部用来空运援军。

同时，第17、20英印师也撤到了英帕尔，在周围山地上建立了防御阵地，并击退了日军多次进攻。经过连日激战，到5月初，日军虽然在几个地段突破了英军防线，但却无法彻底撕开英军防线，而此时日军已经是强弩之末了，部队疲惫不堪，补给逐渐枯竭，战斗力急剧下降。相反，英军补给非常充足，不但粮食弹药供应充足，就连香烟都能保证，胜负的天平已经开始向英军倾斜了。

5月15日，英军开始反攻。第17英印师第48旅楔入日军第33师团后方，在钦定至英帕尔公路33号路碑处建立了防线。日军第33师团立即组织后方部队进行反扑，但都被英军击退。第48旅还乘势进军，推进到莫伊朗，严重威胁着第33师团的后路。

6月初日军缅甸方面军司令官河边正三陆军大将视察前线，他认为战局已经呈现胶着状态，这对于缺乏后勤补给的日军来说，已经没有胜利的希望了。但牟田口廉也反对半途而废，坚决要求继续下去。他也知道目前已经陷入僵局，就改变战术，将从北面迂回的第15师团作为主攻，继续向英帕尔进攻。但在英军顽强防御下，弹尽粮绝的日军进攻越来越疲软。

▲ 英军在英帕尔地区发起反击。

而在北线的科希马，这个距离英帕尔约80千米的小城是从缅甸进入印度阿萨姆邦的门户。英军认为这里地势险峻，丛林茂密，不便于展开大部队，所以只部署了1个营的守军，而日军却投入了整整1

▲ 日军遭到惨败，丢下被摧毁的坦克和满地的尸体。

个师团！局势极为严峻，蒙巴顿紧急从第 5、第 7 英印师抽调部队增援科希马，但日军还是于 4 月 6 日攻占科希马。这让英军大为紧张，一面对日军加强空袭，一面从后方增调援军。4 月 10 日英军在强大空中支援下攻入科希马，并将周围高地上的日军全部击退。至 4 月 18 日，英军在英帕尔和科希马地区的总兵力已达 12 万，开始全面反攻。

此时第 15 军的 3 个师团长都对战局失去了信心，牟田口廉也相继撤换了 3 个师团长，这在日军历史上也是前所未有的，但这依然无法改变战局，到 6 月 26 日，日军终于接受现实开始撤退。日军撤退途中由于饥饿、疲惫加上疾病流行，又是在雨季的丛林中行军，一路上都不断有人倒下，因此日军将这条撤退之路称为“白骨之路”，最终撤回亲敦江东岸的只有 3 万余人。日军自己都认为这是日本陆军历史上最大的惨败。如果不是雨季阻碍了英军的追击，恐怕日军很可能会全军覆没。但即便如此侥幸渡过亲敦江的日军也已经基本丧失战斗力，只得一路退到缅泰边境的山区。英军阵亡 1.2 万人，负伤 2.8 万人，不但彻底挫败了日军进攻，还收复了亲敦江东岸平原，取得了空前胜利。

缅北反攻打通中印公路

英帕尔方向是印缅战场的南翼，缅北滇西就是印缅战场的北翼。

自从 1942 年中国远征军失利后，同盟国就在考虑反攻缅北，重新打通中国的国际交通线。1942 年 12 月中印公路正式动工，以取代因为缅甸被日军占领而断绝的滇缅公路，成为中国新的国际交通生命线，为中国运输抗战所必需的各种战略物资。1943 年 1 月，中国驻印军进至雷多，开始为中印公路的修筑提供掩护。2 月，中印公路越过印缅边境，进入缅甸境内，同时驻印军也随着中印公路的修筑进入当年远征军最为锥心刺骨的兵败伤心地——野人山。

▲ 中国远征军强渡怒江，揭开滇西反攻的序幕。

3 月，中国远征军长官司令部在云南楚雄成立，由陈诚担任远征军司令长官，这意味着驻印军从印度向东，远征军从滇西向西，东西对进打通中印公路的战略开始付诸实施。

10 月，驻印军进入胡康河谷，发起缅北攻势。至 1944 年 3 月，攻占胡康河谷行政中心孟关和日军第 18 师团司令部所在地瓦鲁班，取得了胡康河谷战役的全胜。

1944 年 4 月，驻印军发起孟拱河谷战役。日军也打响了英帕尔战役，英国要求中国尽快从滇西发动攻势，牵制日军，减轻英帕尔方向的压力。在英国的强烈要求下，美国也要求中国尽快出动远征军，不然就将停止供应援助物资。而此时在中国战场的日军发起了在整个抗战期间规模最大的战役——“一号作战”。

4 月 28 日，驻印军两个团和美军第 5 307 支队组成中美混合突击部队远程奔袭缅北重镇密支那。

5 月 11 日，中国远征军强渡怒江，拉开了滇西反攻的序幕。

6 月 4 日至 5 日，中国远征军第 11 集团军和第 72 军分别开始围攻松山和龙陵。6 月 20 日，远征军第 20 集团军开始围攻腾冲。

6 月 25 日，驻印军攻占孟拱。8 月 5 日，在经历了四个月的激战之后，驻印军攻占密支那，胜利实现缅北反攻第一阶段作战。

9 月 7 日、14 日 和 11 月 3 日，滇西三大重镇松山、腾冲和龙陵相继被远征军收复。

11 月 7 日，驻印军突破日军伊洛瓦底江防线。12 月 15 日攻占八莫，12 日收复雷允，终于从印度杀回了滇西。随后继

▲ 中印公路通车。

续进军，连下万好、南坎。

1945 年 1 月 12 日，驻印军新编第 38 师与远征军第 53 军 130 师在雷允以南的猛卯胜利会师。

1 月 20 日，远征军攻占畹町，至此收复了滇西的全部沦陷国土。

1 月 27 日，驻印军攻占芒友，至此中印公路全线打通，缅北反攻取得全胜。此战，驻印军伤亡 2 万多人，歼灭日军 4.8 万余人；远征军伤亡 6 万余人，歼灭日军 2.1 万余人，完成了反攻缅北的全面胜利，滇缅印战区也因此成为抗战历史上中国军队对日本军队唯一取得完胜彻底击溃日寇的战区。

远征军和驻印军

很多人都把抗战时期在滇西印缅地区的中国军队统称为远征军，有的甚至把驻印军也说成了远征军，实际上远征军和驻印军完全是两个概念，而且抗战中在这个地区还有过两支远征军。

抗战爆发后，中国沿海地区很快就被日军占领，海上与国际社会的联系被全部切断。只剩下陆上的西北国际交通线、滇越铁路和滇缅公路这三条了，由于 1941 年 4 月苏联和日本签署《苏日中立友好条约》，接着 6 月德国入侵苏联，苏联在战争中损失也很大，还需要美英援助，根本没有力量援助中国，即便是美英的援助如果走苏联再从西北国际交通线到中国，也实在太漫长了。滇越铁路随着日军 1940 年 9 月占领法属印度支那也就被切断了。这样中国与国际联系就只剩下了滇缅公路，因此滇缅公路也就成了中国抗战名副其实的生命线。

1941 年 12 月 8 日，日本偷袭珍珠港，太平洋战争爆发。日军进攻东南亚，目标之一就是占领缅甸，切断滇缅公路。

考虑到英国在缅甸的力量不足，所以中国提出愿意派部队进入缅甸协助英军与日军作战。但是和中国将缅甸视为生命线不同，英国在亚洲最重要的殖民地是印度，所以英国的总体战略中，必要时是可以牺牲缅甸来集中力量确保印度。另外，英国也担心中国军队进入缅甸会影响其在缅甸的殖民统治，所以一开始并没有同意中国的建议。直到 1942 年 2 月，缅甸局势日趋危急，英国才同意中国军队入缅参战。

1942 年 2 月 16 日，国民政府军事委员会下令成立中国远征军第一路军，下辖第 5 军、第 6 军、第 66 军共 3 个军 10 个师约 10 万人，由司令长官罗卓英和中国战区参谋长史迪威美国陆军中将共同指挥，同时还要接受驻缅英军总司令赫顿（旧译作胡敦）指挥。

这就是第一支中国远征军，也叫“中国赴缅远征军”或者“中国援缅远征军”，简称远征军。

第一次远征军（1942 年 3 月至 5 月）编制

远征军第一路司令长官：卫立煌（未到任，由罗卓英继任），中国战区参谋长：史迪威

第 5 军军长：杜聿明

第 200 师师长：戴安澜（阵亡）

新编第 22 师师长：廖耀湘

第 96 师师长：余韶

第 6 军军长：甘丽初

第 49 师师长：彭壁生

第 93 师师长：吕国铨

暂编第 55 师师长：陈勉吾

第 66 军军长：张轸

新编第 38 师师长：孙立人

新编第 28 师师长：刘伯龙

新编第 29 师师长：马维骥

司令长官部直辖第 36 师师长：李志鹏

3 月 1 日，中国远征军进入缅甸，先后进行了同古、仁安羌等战役，但日军于 3 月 8 日占领仰光，也就是滇缅公路的起点，远征军入缅作战所要保卫的最重要的目标已经失去了。

4 月 28 日，日军攻占腊戍，切断了远征军后路。腊戍失守是远征军失败的重要节点——1942 年 6 月在云南保山召开的缅甸战役检讨会议上，就将腊戍失守确定为导致远征军崩溃的主要原因，并追究第 66 军在腊戍不战而溃的责任，第 66 军军长张轸、新编第 28 师师长刘伯龙、新编第 29 师师长马维骥革职查办，第 66 军及新编第 29 师番号撤销。

▲ 1942 年远征军入缅。

5 月 1 日，日军攻占曼德勒，缅甸战场的全面失败已经无可挽回，5 月 2 日才接替赫顿出任缅甸英军总司令还不到两个月的哈罗德·亚历山大上将下令全线退却。

远征军也只好分路撤退，其中新第 38 师撤到印度；第 5 军第 200 师和第 66 军从滇缅公路撤回云南；第 6 军约 1 万人从景栋小路撤

回国内；新第96师翻越高黎贡山撤回云南。最为坎坷艰辛的是第5军军部直属部队和新第22师，在野人山原始森林中艰难跋涉了114天，整个行程超过600千米，1.5万人最终只有约2 000人活着到了印度。

▲ 驻印军。

10万远征军最后只有4万人幸存，损失的6万人中，战斗损失还不到1万人，其余5万人都是在撤退中损失的，实在令人扼腕痛惜。

第一支远征军就此以失败告终。

撤退到印度的新第38师和新第22师，在印度兰姆伽重新进行整训，换装美式装备，并于1943年8月整编为中国驻印军，由史迪威任总指挥，罗卓英任副总指挥。此后又由国内通过驼峰航线的返程运输机运来补充兵员，于1944年8月扩编成新第1军和新第6军，共2个军5个师约6万人，副总指挥也改由郑洞国担任。

中国驻印军（1943年8月至1944年7月）编制

总指挥：史迪威（索尔登继任），副总指挥：罗卓英

新编第22师师长：廖耀湘

新编第38师师长：孙立人

1944年8月以后

总指挥：索尔登，副总指挥：郑洞国

新编第1军军长：孙立人

新编第38师师长：李鸿

新编第30师师长：唐守治

新编第6军军长：廖耀湘

新编第22师师长：李涛

第14师师长：龙天武

第50师师长：潘裕昆

当时美国援助中国的武器装备，计划分为三部分，在印度的驻印军若干个师称为“X部队”；在滇西的30个师称为“Y部队”；在广西桂林的30个师称为“Z部队”。

最后只有驻印军的5个师可以算是真正实现了美械，甚至还有2个坦克营，分别装备M4A4“谢尔曼”中型坦克和M3A3“斯图亚特”轻型坦克，不过最后“谢尔曼”坦克没有带回国。

而相比之下，滇西的“Y部队”的重武器装备严重缺编，通常1个军才有1个75毫米山炮营，还不如驻印军1个师的炮兵力量。

所以，驻印军才是真正的美械装备部队，不仅火炮多，而且还有大量的火箭筒、火焰喷射器以及步话机和机动车辆。

1943年2月1日，中国又在云南重建远征军，由陈诚为司令长官（后由卫立煌接任），下辖第11、20集团军，共5个军19个师约18万人（后有2个师调入准驻印军）。

第二次远征军（1943年2月至1945年3月）编制

司令长官：陈诚（卫立煌继任）

第11集团军总司令：宋希濂

第2军军长：王凌云

第9师师长：张金廷

第33师师长：杨宝

第76师师长：夏德贵

第6军军长：黄杰

预备第2师师长：顾葆裕

新编第39师师长：洪行

第71军军长：钟彬

新编第28师师长：刘又军

第87师师长：张邵勋

第88师师长：胡家骥

集团军直辖第36师师长：李志鹏

第200师师长：高吉人

第20集团军总司令：霍揆彰

第53军军长：周福成

第116师师长：赵镇藩

第130师师长：张玉挺

▲ 驻印军（左）和远征军（右）。

第 54 军军长：方天

第 14 师师长：龙天武（调入驻印军）

第 50 师师长：潘裕昆（调入驻印军）

第 198 师师长：叶佩高

远征军司令部直属部队

第 8 军军长：何绍周

荣誉第 1 师师长：汪波

第 82 师师长：王伯勋

第 103 师师长：熊绶春

直属第 93 师师长：吕国铨

可见，远征军前后出现了两次，第一次是 1942 年 3 月至 5 月的入缅远征军，第二次是 1943 年 2 月至 1945 年 3 月的滇西远征军，而驻印军则是 1942 年 7 月至 1945 年 2 月，在印度整训接收美式装备和训练，并由印度反攻缅北的那支部队。

唯一有重叠的就是新第 22 师和新第 38 师，在 1942 年 2 月到 5 月是属于第一次的入缅远征军，入缅作战失败退到印度后才成为驻印军，所以这两个师既有远征军又有驻印军的经历，不过在时间上并没有重合，而是切分得很清楚，具体什么时间属于什么部队，是非常清楚的。

一败涂地的豫湘桂战役

缅北滇西战事胜利实现了打通中印公路的预期目标，但同时在中国战场上却一败涂地。

1943 年下半年，日本所面临的战局也日趋严峻。日军参谋本部作战部长真田穰一郎少将和作战课长服部卓四郎大佐判断美军如果在太平洋上继续发展攻势，那么从东南亚到日本本土的海上交通线迟早将被切断。这样一来，从马来亚、泰国、越南经中国到朝鲜釜山的大陆交通线就将成为坚持东亚大陆作战的生命线。而这样一条大陆交通线，目前还未完全贯通，其中在中国河南、湖南、江西及广西等地还为中国军队所控制，因此打通大陆交通线，将是保障东亚大陆作战的关键。

1944 年 1 月 24 日，经日本天皇批准，由日军大本营向中国派遣军下达了打通大陆交通线的“大陆命 921 号”作战命令，战役代号“一号作战”。因为此次大会战主要是在河南、湖南和广西进行，所以中国称之为“豫湘桂会战”。此次战役目的就在于击溃中国军队，占领和确保平汉铁路南段与湘桂、粤汉铁路及其沿线要地，摧毁中国主要空军基地以制止其空军活动。整个作战分三步，第一步 1944 年 4 月以华北方面军投入 4 个师团发动河南作战，预计 1 个半月打通平汉线；第二步 1944 年 6 月以华中的第 11 军为主，广东的第 23 军为辅总共投入 10 至 12 个师团发动湖南作战，预计 5 个月打通粤汉线中段；第三步 1945 年 1 月以第 23 军发动广西作战，预计 1 至 2 个月打通湘桂线和粤汉线南段。为确保战役胜利，日军大本营还命令南方方面军在缅甸、越南发动攻势，当面牵制中国军队，以策应“一号作战”。日军为“一号作战”投入总兵力达到了 51 万，火炮 1 500 门、坦克 800 辆、汽车 15 500 辆，是整个抗战期间日军动用兵力最多的战役。

1944 年 4 月 17 日，日军第 12 军首先从河南中牟县发起攻击，战至 18 日凌晨，守军暂编第 27 师的阵地被突破。日军随即兵分两路，第 7 混成旅团沿新黄河西岸向柴桥攻击前进，第 37 师团则分路向郑州、新郑、尉氏推进。19 日拂晓，日军第 37 师团的先头部队第 22 联队第 1 大队就进至郑州车站，并袭占了郑州北门附近的一段城墙。当晚日军第 7 混成旅团和第 37 师团的主力在尉氏会合，形成了对郑州的合围，郑州守军暂编第 15 军只得弃城突围。日军在占领郑州后乘势发展进攻，于 21 日攻占新郑。

在黄河铁路桥正面战线的日军也在中牟方向开始进攻，将守军注意力吸引到侧翼后于 19 日凌晨在猛烈炮火掩护下向邙山以下的汉王城发起攻击，中午攻占汉王城。日军撕开中国军队正面防线后，第 62 师团沿平汉路直趋郑州，第 110 师团则向密县推进。二梯队的战车第 3 师团和第 9 独立旅团等部也于 20 日拂晓渡过黄河，24 日攻占密县，25 日攻占虎牢关。

▲ 日军为“一号作战”集结的坦克和步兵。

4 月 29 日夜日军第 62 师团突破中国军队颍河防线，30 日拂晓，日军开始猛攻许昌，5 月 1 日侵占许昌。随即南下于 5 月 5 日攻占郾城，9 日在确山与从信阳北上的日军第 11 军独立步兵第 11 旅团会师，至此完全控制了北起黄河铁桥，南至信阳以北长台关，长约 310 千米的铁路及其两侧地区，实现了打通平汉路的目标。

此后第一战区虽然组织了反击，但被日军击退，部队损失惨重，登封地区的主阵地也全部被日军占领。随后日军继续突进，于5月25日占领洛阳。

▲ 日军在“一号作战”中的战车师团。

河南作战（中方称为豫中会战）短短30多天里，中国军队伤亡约15万人，包括洛阳、郑州、许昌在内38座城镇沦陷，日军伤亡仅3 300人。

接着，在华中地区的日军于5月26日兵分三路开始湖南作战，迅速突破中国军队第一线阵地，渡过新墙河；6月1日，东路日军先后攻占通城、麦市、南江、龙门驿及平江，中路日军相继攻占杨林街、黄沙街、关王桥。

6月6日，日军已进抵沅江、捞刀河、永安市一线，并占领湘阴。随后，中国军队对进至宁乡、浏阳地区的日军发起猛烈反击，虽然给日军造成一定伤亡，但仍未能阻止日军的推进。到6月16日，日军已到达长沙外围。由于守军部署失误，被日军迅速占领制高点岳麓山，随后日军居高临下发起总攻，曾经三次挫败日军进犯的长沙这次只坚守了三天就沦陷了。

日军继续南下，兵锋直指粤汉、湘桂铁路交汇的重镇衡阳。日军针对中国军队两翼夹击的“天炉战法”，在两翼部署重兵，击退了中国军队的侧翼反击。同时正面日军于6月23日起猛攻衡阳，守军第10军不满编，总兵力仅1.8万人，却从6月23日到8月8日，整整抗击了日军数倍于己的兵力47天，最终因弹尽援绝而含恨放下武器。

日军经休整补充后，9月1日恢复进攻，于9月5日攻占祁阳，7日攻占零陵，13日攻占道县，14日不战而占全县。至此，日军实现了湖南作战的预期目标。

9月下旬，华南日军向广西桂林、柳州发起进攻，9月24日攻占梧州。雷州半岛的日军也从廉江北进，与南下日军形成南北对进之势。11月4日开始进攻桂林，经过7天激战于11日占领桂林。另一路日军从11月9日起三面猛攻柳州，守军在日军巨大压力下被迫放弃柳州转移。

日军继续进军，于11月21日、24日接连攻占宾阳和南宁。12月2日攻占贵州

▲ 日军攻入衡阳。

独山。但中国军队从后方急调援军展开反击，于8日收复独山，迫使日军后退，在车河一线与日军形成对峙。

同时在越南的日军也大举北上，连续攻占龙州、宁明、明江，于12月10日与南宁南下的日军会师，完全打通了中越交通线，实现了“一号作战”的目标。

日军只用了大半年时间，打通了河南、湖南、广西之间原来被中国军队控制的铁路线，实现了大陆交通线的贯通。中国军队伤亡60余万，22万平方千米国土沦陷，在同盟国一片高歌猛进大反攻的1944年，居然还出现这样的大溃败，实在令人痛心疾首。

下一步打哪里？

1944年下半年，当太平洋上的两路盟军都取得了阶段性战果，尼米兹的中太平洋战区攻占了号称“太平洋的防波堤”的马里亚纳群岛，麦克阿瑟的西南太平洋战区则占领了新几内亚岛，可以说在太平洋上，盟军的局面已经豁然开朗。那么下一步进攻目标是哪里，很自然就提上了盟军高层的议事日程。

早在1944年6月马里亚纳群岛战役刚刚打响的时候，美国参谋长联席会议就已经开始考虑下一步的计划了，参谋长联席会议提出的方案是从马里亚纳群岛出发，进攻台湾或者小笠原群岛，或者干脆直接进攻日本本土。对于这样一个计划，身处前线的尼米兹和麦克阿瑟都表示反对，因为这样的行动风险实在太大了。

尽管在对参谋长联席会议的计划态度是一致的，但尼米兹和麦克阿瑟都有各自对下一步作战的看法，而且分歧很大。麦克阿瑟的计划是从新几内亚岛出发，沿菲律宾、日本轴线进攻，同时由尼米兹的中太平洋战区来保障西南太平洋战区的右翼。

7月，麦克阿瑟提出了具体的进攻时间表：

9月进攻帕劳（旧译作帛琉）群岛；

10 月 25 日进攻菲律宾的棉兰老岛；

11 月 15 日进攻菲律宾的莱特岛；

1945 年 1 月 15 日进攻菲律宾的吕宋岛；

2 月进攻吕宋岛南面的民都洛岛；

4 月攻占菲律宾首都马尼拉。

显然这个计划过程太复杂，而且花费的时间也比较长，所以自然遭到了很多人的反对。相比之下，尼米兹的计划就更简单明了，他的方案是先在菲律宾的棉兰老岛登陆，随后航空兵进驻岛上机场，压制、削弱菲律宾的日军航空兵，而不需要占领整个菲律宾。然后在中国东部沿海或者台湾岛登陆。

接下来的一段时间里，西南太平洋战区司令部和中太平洋战区司令部的参谋人员就各自为战，根据各自战区司令的设想开始有关作战计划的研究。西南太平洋战区司令部主要是对菲律宾作战进行全面审定，而中太平洋战区司令部则是围绕在中国台湾或者厦门登陆进行深入研究分析。

面对麦克阿瑟和尼米兹这两个方案，美军高层大多数人，包括陆海军的一把手，陆军参谋长马歇尔上将和海军作战部长欧内斯特·金上将都赞同尼米兹的方案，因为麦克阿瑟的计划显然还是在沿用已经被证明是陈腐呆板的“逐岛进攻”战术，不但浪费兵力，而且也更费时间。

中太平洋战区以海军为主，西南太平洋战区则是以陆军为主，两个战区的分歧不但是两种作战计划的争议，也是陆军和海军两大军种矛盾的体现。虽然一些人认为从中太平洋方向的进攻是对日作战的主攻方向，确实从地图上看，很明显从太平洋中部横切是打败日本的捷径，西南太平洋方向是绕远路，所以西南太平洋战区应该是保障中太平洋战区主攻方向的左翼安全，同时负责保卫澳大利亚。但实际上却并非如此，无论是投入的作战部队，还是分配的补给物资，两大战区基本是平分秋色，中太平洋战区的主攻地位丝毫看不出来。

▲ 麦克阿瑟和部下。

但同时也应该看到，这两个进攻方向并不是毫无关联的，而是相互独立但又相互策应，例如在西南太平洋战区包围拉包尔的行动，不但压制了日军

▲ 尼米兹和部下。

的岸基航空兵，大大削弱了日军的航母舰载机力量，还大大减轻了中太平洋战区对吉尔伯特群岛的进攻。而中太平洋战区第五舰队对帕劳群岛的空袭，也有力配合了西南太平洋战区对拉包尔的作战。

再如，西南太平洋战区部队进攻比阿岛，牵制了日军岸基航空兵，为中太平洋战区的马里亚纳群岛作战创造了有利条件。反过来，中太平洋战区部队在马里亚纳群岛的作战，又将日军舰队主力吸引过去，减轻了西南太平洋战区在比阿岛作战的压力。

所以实际上，两大战区的作战是密切协同、紧密配合、相辅相成的，甚至可以说非常默契。当一个战区部队开始一次战役行动，另一个战区部队也会迅速跟上，发起新的战役进行策应。虽然没有明确的主攻助攻的区别，但在事实上却形成了一个战区主攻另一个战区助攻的局面，在战略上起到协同配合的实际效果。

这次，就连陆军参谋长马歇尔都赞同尼米兹的计划，看来麦克阿瑟的计划就要被搁置了。

麦克阿瑟的大翻盘

麦克阿瑟马上就感觉到自己的计划会遭到否决，6 月 18 日他写信给马歇尔：“我坚定不移地认为，绕过菲律宾横渡太平洋直接进攻台湾岛是不可能的……菲律宾成千上万的游击队员正在敌后进行艰苦卓绝的战斗，如果我们绕过菲律宾，不尽早解救美军的被俘人员、侨民和忠诚的菲律宾人民，任其被日军欺凌宰割，那么将导致严重的心理反应，等于确认日本关于美国抛弃菲律宾、不愿让美国人流血去拯救他们的宣传是真实的，美国不信守尽早解救菲律宾的诺言，会在远东所有民族中失去威信，在今后许多年都会对美国产生不利影响……”他请求马歇尔同意他去华盛顿向参谋长联席会议当面陈述自己的计划，进行审核。

马歇尔很清楚菲律宾对麦克阿瑟的特殊意义——麦克阿瑟是美国少有的主张亚

洲为先战略的高级将领，他曾担任过驻菲律宾美军司令、菲律宾总督，甚至还得到菲律宾陆军元帅的军衔，太平洋初期因为美军在菲律宾的失败无法避免，罗斯福总统出于保护他的目的将他从菲律宾召回，离开菲律宾之前，麦克阿瑟发誓："我还会回来的！"可见，菲律宾对麦克阿瑟而言，不但是政治、军事上的考虑，还关系到名誉和信义。所以马歇尔告诫麦克阿瑟："我们必须谨慎地不要让个人感情和菲律宾的政治考虑超过我们伟大的目标，这个目标就是早日结束对日战争。"同时马歇尔还特别提醒麦克阿瑟"绕过并不是抛弃的同义词"，应该说马歇尔的答复算是很客气了，面对马歇尔这么温和的拒绝，麦克阿瑟还是不管不顾地在 7 月将进攻菲律宾的作战计划呈报给了参谋长联席会议。没想到，尼米兹对这个计划居然也表示了部分支持，因为尼米兹认为菲律宾在战争最后阶段对日本本土进攻时具有举足轻重的作用，所以占领菲律宾是非常必要的。不过他和麦克阿瑟的区别就在于，尼米兹认为不需要占领整个菲律宾，而只需要占领菲律宾 2 400 多个岛屿中两三个岛屿就足够了。

两位战区司令的意见如此一致，也让参谋长联席会议不得不慎重考虑了。

这时，还有一位重量级的人物出场了，他就是美国总统罗斯福。

7 月 26 日，罗斯福乘坐"巴尔的摩"号重巡洋舰抵达夏威夷，当面听取尼米兹、麦克阿瑟就太平洋战场的相关战略问题的汇报。

罗斯福考虑的不仅仅是战场上的政治、军事问题，他还要考虑国内的选战——就在前一天的 7 月 25 日，罗斯福刚刚被提名参加第四任总统竞选。而麦克阿瑟则是一个潜在的竞争对手，因为共和党曾经考虑推举麦克阿瑟作为总统候选人。而且麦克阿瑟还在私下表示，如果高层驳回了他的菲律宾进攻计划，他就会辞职。一旦麦克阿瑟辞职，作为一个深受美国民众爱戴的英雄式人物，一个极受舆论关注的新闻焦点人物，而且还是罗斯福反对派的政治人物，麦克阿瑟在选举的关键时刻辞职，必将给罗斯福带来相当不利的负面影响。

直到麦克阿瑟在一封信里公开批评了罗斯福，引起了一场政治风暴；而在这之前，麦克阿瑟一直是一个几乎默不作声的总统候选人，但民意调查显示，他的选举成绩并不差。不过这场政治风暴最终让麦克阿瑟宣布自己不是候选人。这才让罗斯福大大松了一口气，不过这也从一个侧面反映出麦克阿瑟在广大美国民众心目中还是很受支持的，这也不得不让罗斯福有所顾忌。

▲ 美国陆军参谋长马歇尔上将。

很多人在谈及这一事情时，总认为是麦克阿瑟用他过人的口才说服了罗斯福，但实际上并不是这样，作为见惯了政坛风雨的政治家，罗斯福怎么可能被几句话打动？他最终的决定绝对是多方面综合考虑的结果，对于这一点，麦克阿瑟很清楚，他在启程前往珍珠港时就对手下说，这次会面“纯粹是政治性的”，这是罗斯福在大选前的关键时刻，必须让美国人民更加清楚地认识到他是美国军队的最高统帅，这就是一场政治秀。

没有跟随总统前往珍珠港的参谋长联席会议成员也很清楚这一点，很担心罗斯福会受到压力而倾向麦克阿瑟，所以金上将还在罗斯福前往珍珠港之前，先一步视察珍珠港，并和尼米兹交换了意见。

7 月 26 日，麦克阿瑟乘坐自己的“巴丹”号专机从西南太平洋战区司令部所在地布里斯班飞抵珍珠港，他落地时比罗斯福乘坐的军舰抵达珍珠港要早了一个小时，但他却没有赶到码头迎接，而且在和总统见面时，穿着非正式的飞行夹克，而不是正式的制式军服，显然不够正规，对总统也不够尊重。

看到麦克阿瑟这样表现，罗斯福的陆海军总司令参谋长，也是事实上的参谋长联席会议主席威廉·莱希（旧译作李海）海军上将甚至担心这可能破坏这次很不容易才召开的会谈气氛，但他显然过虑了，罗斯福的气量远比他想的要大。在太平洋舰队司令部军官俱乐部豪华别墅举行的欢迎宴会上，气氛相当热烈而融洽。宴会后，罗斯福、莱希、尼米兹和麦克阿瑟开始会谈，罗斯福开门见山表示这次会谈的目的就是要“决定太平洋战争下一阶段的行动计划”。

尼米兹首先发言，他说明了利用台湾岛作为进攻日本本土的前进基地的优势，同时也表示，摧毁日军在菲律宾航空基地是进攻台湾岛的重要前提，但他也强调，这并不代表着需要占领整个菲律宾。

▲ 麦克阿瑟对菲律宾是志在必得。

麦克阿瑟的发言就要激情多了，他认为将 1700 万菲律宾人民从日军的铁蹄下解放出来是美国义不容辞的“道义义务”，同时也能为进攻日本本土提供比台湾岛更有利的前进基地，如果绕过菲律宾，不论是政治上还是军事上都会带来灾难性的后果。

“如果绕过菲律宾，美国舆论会谴责您，总统先生，而这一谴责是有道理的。”

讨论一直持续到第二天上午，罗斯福想从中了解两位战区司令对于菲律宾在最后进攻日本本土的作战中的作用，存在多大的分歧。尽管罗斯福还没有宣布自己最后的决定，但尼米兹已经意识到总统将会站在麦克阿瑟一边，而麦克阿瑟也清楚自己的计划得到了总统的支持。

▲ 从左到右：麦克阿瑟、罗斯福和尼米兹。

当麦克阿瑟的专机刚刚从珍珠港机场的跑道上腾空而起，麦克阿瑟就按捺不住心头的喜悦和得意，对自己的参谋长理查德·萨瑟兰少将说："我们赢了！"一回到布里斯班的司令部，麦克阿瑟就立即向手下的参谋人员宣布，总统已经批准了菲律宾作战计划。

罗斯福返回美国之后发表了一个简短的演讲，公开宣布"我和麦克阿瑟将军的意见完全一致"。对于日本来人说，这是一个再明显不过的信号，美军的下一个进攻目标无疑就是菲律宾。

计划没有变化快

罗斯福总统已经批准了麦克阿瑟进攻菲律宾的计划，陆军参谋长马歇尔也随之转变立场，开始支持麦克阿瑟的菲律宾作战计划，毕竟从这条路线进攻日本本土，陆军的作用会更大一些。参谋长联席会议主席莱希和陆军航空兵司令阿诺德上将则对日军在菲律宾众多的机场和实力雄厚的岸基航空兵以及坚固的陆上防御比较担心，所以参谋长联席会议还是不愿意实施菲律宾作战。

9月29日，欧内斯特·金上将在旧金山召集太平洋战区的高级将领——尼米兹、第五舰队司令斯普鲁恩斯上将、太平洋战区陆军航空兵司令哈蒙中将、第10集团军司令巴克纳中将、太平洋战区副参谋长福雷斯特·谢尔曼少将等人召开军事会议。此时，由于罗斯福公开支持麦克阿瑟的计划，参谋长联席会议的一些成员，尤其是陆军将领都改变了原先立场，转而支持麦克阿瑟。而金上将则是最坚决主张绕过菲律宾进攻台湾岛的，所以他召开这次军事会议，用意也很明显，就是希望能在太平洋战区的高级将领，尤其是海军将领争取支持者，然后以海军高级军事会议决议的形式来向参谋长联席会议施加压力，从而改变下一步进攻菲律宾的决定。

▲美国海军作战部长欧内斯特·金上将。

但是他没有想到，以尼米兹为代表的海军将领经过一段时间的认真分析研究，已经决定放弃原先进攻台湾岛的方案，也想利用这次军事会议提出他们的新方案——进攻硫黄岛和冲绳岛。这个新方案是斯普鲁恩斯最早提出的，虽然斯普鲁恩斯是水面舰艇军官出身，但他对航空作战却极有心得，他认为攻占硫黄岛和冲绳岛之后可以在这两个岛上修建机场，进驻战斗机和轰炸机，从而为进攻日本本土的海军舰队提供可靠的空中掩护。还有一个重要原因，是斯普鲁恩斯对进攻台湾岛明显信心不足。

尼米兹在会议上提出了这个新方案，他表示迅速攻占日本本土是最终目的，而要实现这一最终目的，完全可以不必按照之前进攻中国东部沿海或者台湾岛的方案，而是可以从吕宋岛、冲绳岛和马里亚纳群岛、小笠原群岛两个方向对日本本土展开进攻，因为这样对美军才最有利。因为攻占吕宋岛，就可以在菲律宾建立海空基地，封锁中国海的海上交通，并压制削弱日军在台湾的力量，为进攻冲绳岛创造条件。而如果攻占冲绳岛和小笠原群岛，则这两个岛屿作为进攻日本本土的跳板是非常有利的。相比之下，攻占台湾岛作为进攻日本本土的跳板，有利之处未必比冲绳岛和小笠原群岛更多，但付出的代价一定会更大。

尼米兹的建议得到了大部分与会者的赞同，最终金上将也接受了尼米兹的新方案，并作为海军高级军事会议的决议上报参谋长联席会议。

毋庸讳言，促使美国海军最终放弃在中国东部沿海和台湾岛登陆的重要原因，是中国军队在1944年的豫湘桂战役中的惨败，要知道1944年同盟国在各个战场上都转入了反攻，只有中国战场在同盟国阵营逐渐掌握战争主动的情况下，依然一溃千里，让美军感觉到中国的力量已经耗尽了，不再是可以有效发挥配合作用的可靠盟友，这样如果在中国东部沿海或台湾岛登陆，美军的压力会更大，付出的代价自然也会更大。

9月3日，在罗斯福总统批准菲律宾作战整整一个月后，参谋长联席会议才心不甘情不愿地批准了菲律宾作战计划，命令麦克阿瑟的西南太平洋战区部队在12月20日攻占吕宋岛，为接下来尼米兹的太平洋战区部队进攻硫黄岛提供支援。同时命令尼米兹的西南太平洋战区部队全力进攻吕宋岛提供必要支援，并在1945年1月20日之前攻占小笠原群岛至火山群岛一线的一至数个岛屿，在3月1日之前攻占琉球群岛的一至数个岛屿。

▲ 旧金山太平洋战区高级将领会议。

至此，进攻日本本土的主攻方向之争才最终确定。

8 月 26 日，哈尔西从斯普鲁恩斯手里接过了第五舰队指挥权，第五舰队也随即改称第三舰队，这也意味着美军在太平洋上的下一场战役即将开始。此时由于参谋长联席会议对下一场战役的计划还没有最终确定，但美军高层又不想因此暂停在太平洋上的作战行动，让日军得到喘息，因此仍希望中太平洋战区按原计划在 9 月 15 日发动对帕劳群岛的进攻。

为了给接下来的摩罗泰岛和贝里琉岛的登陆行动扫清障碍，马克 · 米切尔中将率快速航母部队——第 38 特混舰队于 8 月下旬就展开了一系列行动。第 38 特混舰队第 4 大队于 8 月 31 日到 9 月 2 日对小笠原群岛进行了多次空袭，以吸引日军注意，掩护第 38 特混舰队主力的行动。随后米切尔中将率领第 38 特混舰队的另外 3 个大队随后出动，第 4 大队在完成牵制行动也赶来和舰队主力会合。第 38 特混舰队的 4 个大队会师之后，于 9 月 6 日至 8 日对帕劳群岛和雅浦岛进行了空袭，接着又于 9 月 9 日到达棉兰老岛附近海域，出动舰载机对达沃、迪果斯、萨兰加尼、圣阿古斯丁和苏里高等地的日军机场进行了空袭。但由于棉兰老岛的日军岸基航空兵已经在 9 月初转移到菲律宾中部的宿务等地，所以留在这些机场上的飞机数量很少，在美军空袭中损失自然很小，仅有 5 架被击毁。日军在 9 日和 10 日两天时间仅派出 2 架飞机搜索美军舰队所在位置，没有组织任何反击。鉴于棉兰老岛日军航空兵力量极为薄弱，米切尔决定原计划对棉兰老岛进行连续四天空袭提前结束，于 9 月 11 日率舰队北上，准备转而攻击菲律宾中部地区日军航空兵。

第三舰队司令哈尔西上将乘坐“新泽西”号战列舰在 4 艘驱逐舰的伴随下，于 8 月 24 日从珍珠港启航，9 月 11 日在菲律宾以东海域和米切尔的第 38 特混舰队会合，开始直接指挥第 38 特混舰队。由于第三舰队的作战序列只有第 38 特混舰队，这样一来，米切尔的位置就比较尴尬了。

9 月 12 日，第 38 特混舰队在哈尔西的亲自指挥下，对宿务、巴奇洛等地日军机场进行空袭，全天出动舰载机约 1 200 架次。13 日，第 38 特混舰队除了继续空袭宿务等地以外，还将空袭范围扩大到黎牙买比、苏里高、塔克洛班、卡加延群岛等

哈尔西

▲ 哈尔西。

要说第二次世界大战最著名的美军将领，陆军一定是巴顿，而海军自然就非哈尔西莫属了。而且这两人看起来也很相似，都是满口粗话、桀骜不驯、鲁莽率直。不过，巴顿其实是真细心假大胆，最典型的是在1944年12月的阿登战役中，巴顿预计到德军可能会在阿登地区发动反击，所以早就做好了改变作战方向的预案，这才能在24小时内将整个集团军调转90度进攻方向。而哈尔西则是真正的鲁莽冲动，所以他的绰号"公牛"（或"蛮牛"）可谓名副其实。

小威廉·弗雷德里克·哈尔西，1882年10月出生于新泽西州。他父亲也是位老海军，最后以海军上校军衔退役。哈尔西最终选择海军和父亲的熏陶不无关系。中学毕业之后，因为没有获得保送资格而未能考入美国海军军官学校，只得考入弗吉尼亚大学。最后是母亲恳求威廉·麦金莱总统才获得保送资格，进入美国海军军官学校。在海军军官学校，哈尔西的成绩平平，但在运动方面表现出色。

1904年，由于西奥多·罗斯福总统扩建海军，需要大批海军军官，哈尔西提前毕业，在"堪萨斯"号战舰上服役。第一次世界大战前，哈尔西受命指挥"弗鲁塞"号驱逐舰。恰巧，未来的美国总统富兰克林·罗斯福也在这艘军舰上从事海洋测量工作，两人就此结下了深厚友谊。第一次世界大战爆发，哈尔西成为一支驱逐舰编队的指挥官。在作战中，他表现出了杰出的军事才干，深受上级的赏识。第一次世界大战结束后，哈尔西经过海军情报部的培训之后，出任美国驻德国大使馆海军武官。此后，又先后担任驱逐舰舰长、战列舰副舰长。

1927年哈尔西出任海军学院"雷娜"号练习舰舰长。海军学校的飞行学员大队，就是以"雷娜"号为训练基地的，因此使哈尔西有机会接触到了航空知识，他很快就对飞行入了迷，尽管因为视力不佳未能获准参加飞行，但他确信飞机已成为海上作战的重要组成部分，开始研究航空部队如何与水面舰只协同作战的问题。

1935年，哈尔西担任"萨拉托加"号航母舰长。1937年后调任彭萨科拉飞行学校校长，并晋升海军少将。1938年，哈尔西升任第2航母分遣舰队司令，1939年改任第1航母特混舰队司令。1940年，升任航母特混舰队司令，指挥太平洋舰队所有航母，并晋升为海军中将。

1941年珍珠港事变，哈尔西因为率领以"企业"号航母为主的第8特混舰队为威克岛运送飞机而侥幸逃过一劫。1942年1月，哈尔西率"企业"号、"约克城"号航母为核心特混舰队对日军占领的马绍尔群岛、吉尔伯特群岛展开战术突袭。

4月，哈尔西率"企业"号、"大黄蜂"号运送杜立特的B-25空袭东京。5月因患皮肤病而被迫住院治疗，由此错过了著名的中途岛战役。而由他推荐的斯普鲁恩斯在中途岛海战中表现出色，说明哈尔西慧眼识人的能力还是很强的。

1942 年 10 月，在瓜达卡纳尔岛战事对美军极为不利之时，哈尔西临危受命出任南太平洋战区司令，极大振奋了美军士气，在他的指挥下，美军最终赢得了战役胜利。1943 年 2 月，瓜岛战役胜利后，晋升海军上将。

1943 年 4 月，哈尔西又成功指挥了狙杀山本五十六的“复仇”行动。

1943 年 5 月，哈尔西指挥美军赢得了所罗门群岛战役胜利。

6 月，又指挥部队取得了新乔治亚岛战役胜利。

11 月，指挥部队取得吉尔伯特群岛战役胜利。

1944 年 10 月，哈尔西指挥第三舰队参加莱特湾海战，他的指挥受到激烈批评，但得到了尼米兹的保护才没有更大的负面影响。

1945 年，哈尔西率部支援硫黄岛和冲绳岛登陆作战。8 月 15 日，日本宣布无条件投降。9 月 3 日，日本投降签字仪式就在哈尔西的旗舰“密苏里”号战列舰上举行。

11 月，哈尔西率部回到旧金山。12 月，哈尔西晋升海军五星上将。

1947 年，哈尔西退役。

1959 年 8 月 16 日，哈尔西在美国旧金山去世。

毫无疑问，哈尔西是这个时代最著名和最受爱戴的海军将领，正如他的传记作者所说：“哈尔西上将的心灵代表着美国海军的心灵，但他的精神却是历史性的领导精神。当他在指挥第三舰队时，他不是把他的部下送上战场，而是带领他们去战斗！”

地，14 日，第 38 特混舰队又掉头南下杀了个回马枪，空袭了菲律宾南部地区，还出动水面舰艇对圣阿古斯丁进行了持续两个多小时的炮击。

在这几天的空袭中，美军在空战中击落日机 173 架，在地面摧毁日机 305 架，击沉日军舰艇 13 艘、运输船 11 艘（约 2.7 万吨）。而美军仅仅损失了 8 架飞机，可谓战果辉煌。更重要的还不是这些，“大黄蜂”号航母（这是第二艘以“大黄蜂”命名的航母，USS Hornet，舷号 CV–8，标准排水量 2.4 万吨）上的一架战斗机在莱特岛上空被击落，飞行员跳伞后得到当地百姓的救助，被安全送回航母，他向哈尔西报告在莱特岛上的日军兵力非常少，几乎就是真空状态。而空中侦察也证实了这一情况，莱特岛上除了一些被遗弃的防御设施，基本没有发现有日军。这和之前判断莱特岛上有大量日军的情报大相径庭，结合这两天的空袭

▲ 美国海军第三舰队第 38 特混舰队司令米切尔。

行动，哈尔西认为日军在菲律宾的表现之怯弱令人难以置信，特别是莱特岛简直已经是完全敞开了大门——当然后来的战争发展证明哈尔西的判断太乐观了，所以哈尔西在9月12日向尼米兹建议，取消进攻帕劳群岛和雅浦岛的计划，干脆直接在莱特岛登陆！

尼米兹同意取消对雅浦岛的登陆行动，并将进攻雅浦岛的海军部队和陆军第24军划归麦克阿瑟的西南太平洋战区。但是却不同意取消对帕劳群岛的进攻，因为帕劳群岛上的日军岸基航空兵和舰艇对莱特岛登陆是很大威胁，所以必须要在进攻莱特岛之前先拔掉这个钉子。而且距离进攻帕劳群岛的时间只剩下八天，各项作战准备都已经在紧锣密鼓进行中，临时叫停也不现实。

此时，罗斯福和丘吉尔正在加拿大魁北克举行首脑会晤，英美两国的高层军事将领也在魁北克举行英美联合参谋部会议，所以尼米兹就将哈尔西的建议和自己的意见一起上报给魁北克。

参谋长联席会议本来就对一直无法明确下一步进攻目标感到非常不满，加上此时由于日军在中国战场发动“一号作战”，中国军队连遭败绩，华中地区的几个重要机场接连沦陷，这也使进攻台湾岛的成功率大为降低。所以金上将首先就转而支持哈尔西的新计划。但是进攻莱特岛的任务是属于麦克阿瑟西南太平洋战区，所以参谋长联席会议特意发电报征询麦克阿瑟的意见，此时麦克阿瑟正乘坐“纳什维克”号巡洋舰率领登陆舰队前往摩罗泰岛，处在无线电静默状态。接到电报的是留守霍兰迪亚司令部的参谋长萨瑟兰少将，一般情况下，萨瑟兰是不会也不敢替麦克阿瑟做主的，但这次萨瑟兰确信这正是麦克阿瑟所需要的，不但能够加快菲律宾作战的进度，而且还能得到太平洋战区部队最大程度的支援，所以他立即以麦克阿瑟的名义回电，同意哈尔西的新计划，但同时也提醒哈尔西，认为他低估了日军在莱特岛上的力量。

▲ 第38特混舰队的航母。

9月15日，参谋长联席会议给麦克阿瑟和尼米兹正式下达命令，取消雅浦岛、塔劳群岛和棉兰老岛的登陆行动，西南太平洋战区和太平洋战区组成联合部队，在10月20日发动对菲律宾的进攻，这样一来，菲律宾战役的时间就比原先计划提前了两个月。

▲ 美军航母甲板上舰载机准备起飞。

美军这一轮对菲律宾中南部地区的空袭，让丰田副武对菲律宾大为重视，但他刚刚上任不久，对菲律宾形势并不了解，所以他于10月2日前往菲律宾视察。但他3日刚到台北就患上了感冒，只好在台北一直休养到6日，直到7日才赶到马尼拉，视察了日本海军在菲律宾的几处机场，并拜会了南方军司令长官寺内寿一陆军大将和第14方面军司令长官山下奉文陆军大将。在丰田视察菲律宾的这段时间里，留守东京代理指挥联合舰队的参谋长草鹿龙之介海军中将判断美军航母舰队的行动，不过只是骚扰性质的，加上也没有发现美军航母舰队的行踪，于是就取消了丰田出发前部署的“丹号”作战——集中第一、第二、第三航空舰队对美军航母舰队进行反击。

但是日军这里刚刚取消了“丹号”作战，美军就又打上门来了。

大摆乌龙的台湾航空战

为了尽量削弱日军在菲律宾地区的航空力量，哈尔西率第三舰队在完成了支援摩罗泰和贝里琉岛登陆行动之后，又马不停蹄挥师北上，于9月21日和22日对菲律宾吕宋岛的克拉克、尼古斯等地的机场以及马尼拉附近的日军舰艇进行了猛烈空袭，迫使停泊在菲律宾西岸的一些日军舰艇为躲避美军空袭，撤到卡拉棉群岛的科龙湾。美军紧追不舍，杀到圣贝纳迪诺海峡东口，对躲避在科龙湾的日军舰艇进行了攻击。这几天的空袭，美军平均每天出动的舰载机都在1 000架次以上，不但击落击毁了不少日军飞机，大大破坏了日军机场外，还击沉日军7艘军舰和13艘运输船（总吨位约13万吨），这些运输船的损失，对于本来就已经相当困难的日军东南亚海上运输来说，更是雪上加霜。另外，日军第一游击部队储存在马尼拉的3万吨燃料也在美军空袭中损失殆尽。

23日，哈尔西留下第4特混大队支援帕劳群岛的登陆作战外，率领其余3个特混大队返回了乌利西环礁和阿德迷勒尔提群岛进行补给和休整，为下一场战役做准备。

麦克阿瑟和尼米兹一致认为，菲律宾作战的海上航渡和登陆行动顺利与否，取决于对菲律宾周围地区日军机场的压制和对莱特岛的空中封锁，而要达成这一前提条件，就得发挥第 38 快速航母特混舰队——之所以能称为快速航母舰队，是因为这支舰队不但所有航母，而且包括负责掩护航母的战列舰、巡洋舰和驱逐舰的航速都能达到 25 节以上的机动作战优势，对菲律宾周围地区的日军航空兵进行一番大清扫。

正是基于这样的考虑，10 月 4 日，第 38 特混舰队第 1 大队从阿德迷勒尔提群岛启航；10 月 6 日，哈尔西率第 38 特混舰队第 2、第 3 大队从乌利西环礁启航；而在帕劳群岛附近海域负责支援登陆作战的第 4 特混大队也于 10 月 5 日北上，就这样到 10 月 7 日，第 38 特混舰队的 4 支特混大队在乌利西环礁以西约 375 海里的海域会合，总计 17 艘航母、6 艘战列舰、17 艘巡洋舰和 58 艘驱逐舰，这也是当时在太平洋上实力最强的航母舰队。

10 月 8 日，由 35 艘油船、11 艘运载补充飞机的护航航母、10 艘补给舰、18 艘驱逐舰和 27 艘护卫舰组成的海上补给部队赶到冲绳东南海域，向第 38 特混舰队提供包括燃料、弹药、舰载机和主副食品在内的各种物资补给，海上补给整整持续了一天。

10 月 9 日，油弹粮充足的第 38 特混舰队杀气腾腾地扑向日本本土。10 日，第 38 特混舰队逼近琉球群岛，出动约 1 400 架次，对奄美大岛、冲绳岛、久米岛和宫古岛等地的日军机场、飞机、港口设施和舰艇进行猛烈空袭，击落击毁日机 45 架，击沉日军军舰 22 艘、运输船 4 艘（总吨位约 1.1 万吨），美军仅损失飞机 21 架。

入夜后，第 38 特混舰队又掉头南下，杀向菲律宾。11 日下午，第 38 特混舰队空袭吕宋岛北部的阿帕里机场，造成将要再次大规模清扫菲律宾地区机场的假象，然后在傍晚前后又进行了海上补给，天黑后突然转向，以 24 节的高速直扑台湾岛——这才是这次行动的真正目标，但美军之前虚晃一枪的花招并没能骗过日军，驻台湾岛的日军已经进入高度戒备，严阵以待。

从 12 日清晨开始，第 38 特混舰队的 4 个大队，分区承包，分别对台北、台中、台南和高雄等地机场进行猛烈攻击，全天出动的舰载机将近 1 400 架次，使日军在台湾岛的机场设施遭到了很大损失，日军虽然起飞了约 120 架战斗机迎击，但无论是飞机性能还是飞行员的技术都已经比美军差了很多，所以被美军击落了约 80 架，而美军包括空袭和空战，总共损失飞机才 48 架。

由于这次美军对台湾岛的空袭非常猛烈，以至于让日军认为这是美军即将在台湾岛发动登陆的前奏，因此刚刚于 6 月接替因飞机失事而丧生的古贺峰一海军大将继任联合舰队司令长官的丰田副武海军大将立即下令实施“捷二号”(台湾）作战，考虑到日本本土和台湾岛的航空力量比较薄弱，所以丰田同时也下令实施“捷一号”(菲律宾）作战，以便将菲律宾地区的航空力量也投入作战。

丰田下令实施“捷”号作战还有一个原因，在之前第38特混舰队对小笠原群岛、菲律宾中南部以及日本南部地区的空袭中，出于保存实力的考虑，丰田并没有下令进行大规模反击，结果受到了不小损失，还遭到了海军内部对刚刚接任联合舰队司令长官的丰田指挥能力的质疑。这回美军卷土重来，自然无法再继续避战，只好硬着头皮组织大规模反击。

自从1943年以后，日军航空力量就因为在战争中的巨大消耗而急剧萎缩，到1944年9月，日军“捷”号作战的全部航空力量才不过1 300架飞机，其中负责“捷二号”作战的第二航空舰队和负责“捷二号”作战的第一航空舰队（说是航空舰队，其实全都是岸基航空兵）加在一起还不到400架飞机，所以联合舰队参谋长草鹿龙之介海军中将只好手忙脚乱调配兵力，他从负责“捷四号”(北海道）作战的第十二航空舰队抽调115架飞机到负责“捷三号”(本土）作战的第三航空舰队，然后将原来第三航空舰队的240架飞机调给第二航空舰队，再把第三舰队的154架舰载机也全部调给第二航空舰队，这样才勉强拼凑出了约700架飞机。

但区区700架飞机要想和美军强大的航母舰队对抗，还是远远不够的，所以日军又动用了压箱底的精锐部队——第708航空队，这是根据军令部航空参谋源田实海军中佐的提议，将海军航空兵中的硕果仅存的一些尖子飞行员集中起来组建的飞行部队，主要是用来在台风季节利用台风掩护对美军舰队发动奇袭，所以这支部队的代号为“T部队”——T就是英语“台风”(Typhoon）的首字母。T部队成立后不但编有海军的168架飞机，还根据海军的强烈要求，编入了装备四式重型轰炸机和白式侦察机的陆军航空兵第97、第98战队，这也是日军第一支陆海军混编的部队。T部队编制上有560架，但实际能够投入作战的飞机也不过只有300架左右。日军最精锐的航空部队情况都这样糟糕，其他航空部队的情况就可想而知了。

这样，日军总算能够投入约1 000架作战飞机，但美军第38特混舰队的舰载机数量高达1 300架，日军在飞机数量上还是处于劣势，更不用说在质量上的悬殊差异，所以这场海空战还没有开打，胜负就已经没有悬念了。

12日傍晚，T部队出动约100架飞机分成多个批次对美军舰队进行了攻击，声称击沉美军4艘航母，击伤包括1艘航母在内的12艘军舰，实际上美军12日没有损失1艘军舰。

13日，第38特混舰队继续大举出动猛烈空袭台湾岛，全天出动舰载机约980

架次。日军T部队还是大举出动进行反击，黄昏时4架日军鱼雷机攻击了正在回收舰载机的第4特混大队“富兰克林”号航母（USS Franklin，舷号CV-13，标准排水量2.4万吨），尽管这是航母最脆弱的时刻，但航母和周围的驱逐舰防空火力猛烈而准确，击落了3架，还有1架也被击中却一头坠落在“富兰克林”号的飞行甲板上（这不是后来“神风特攻”那种故意的自杀式撞击），舰岛部分受损，但所幸没有人员伤亡。另外，“堪培拉”号重巡洋舰被日机投下的鱼雷击中，受到重创。而日军战报却声称击沉2艘航母和1艘巡洋舰。

14日，第38特混舰队出动246架次舰载机对台湾岛进行了一波空袭后就结束了对台湾岛持续三天的空袭，转向东南撤离台湾附近海域。为了策应第38特混舰队的行动，驻中国成都的美军第20航空队出动109架B-29轰炸机，于中午前后对高雄等地进行了轰炸。结果让日军产生了误判，认为美军出动B-29是为了掩护损失惨重的第38特混舰队撤退，更加坐实了之前的战果报告。因此丰田命令从九州到菲律宾的航空兵部队全线出动，对美军舰队穷追猛打以进一步扩大战果，日军在当天总共组织了三次大规模的攻击，出动飞机总共约430架次，对日军来说，这样的规模已经相当不容易了。美军“休斯顿”号轻巡洋舰被日军鱼雷击中，丧失航行能力，美军甚至一度考虑放弃，但“休斯顿”号舰长贝伦斯上校坚持不肯放弃，组织舰员全力抢救，最终它由“波士顿”号重巡洋舰拖到乌利西环礁进行抢修。日军声称的战果更是惊人——击沉3艘航母、2艘战列舰和2艘巡洋舰。

从12日到14日，实际上美军总共只有2艘巡洋舰遭重创，1艘航母和几艘驱逐舰轻伤，没有1艘军舰沉没。但日军公布的战绩却高达击沉航母9艘、战列舰2艘和巡洋舰3艘，击伤航母8艘、战列舰2艘、其他军舰18艘。为此，天皇颁布敕令，通令嘉奖联合舰队，并下诏全国放假一天进行庆贺，东京市民还连夜进行了提灯游行。

这个战果是如此“巨大”，通过“东京玫瑰”的广播更是全世界都知道了，就连尼米兹都向哈尔西发来电报询问到底损失了多少军舰？哈尔西不失幽默地回电：“我刚刚打捞起了被东京电台击沉的全部军舰，全速向着敌军撤退！”

▲ 被美军炸毁的日军飞机残骸。

更令人难以置信的是，丰

田竟然也相信了这个“辉煌”的战果，认为美军舰队已经溃不成军，便于15日命令志摩清英海军中将率领第二游击部队的“那智”号、“足柄”号、“青叶”号重巡洋舰，“阿武隈”号轻巡洋舰和7艘驱逐舰从濑户内海出动，追歼美军舰队。同时命令驻新加坡的第1游击部队也做好随时出动的准备。

日军第2游击部队刚刚通过丰后水道就被美军潜艇发现，接到潜艇报告的哈尔西一开始还搞不清楚日军的企图，后来才想明白，原来日军确实相信了自己取得的“辉煌战果”，马上决定将计就计，以几艘巡洋舰、驱逐舰护卫着遭受重创的“堪培拉”号和“休斯顿”号巡洋舰缓缓西撤，组成一支“诱饵”舰队，而自己则率第38特混舰队主力准备伏击追击而来的日军舰队。

16日，日军从台湾岛出动103架飞机——这也是日军最后的一点航空兵力量了，前去攻击“残破”的美军舰队，不料却在“诱饵”舰队以东海域发现了至少拥有8艘航母的美军第38特混舰队主力，出击机群随即遭到美军舰载机的迎头痛击，一下就损失了30多架。这个消息传到联合舰队司令部不啻于晴天霹雳，丰田这才意识到之前的战绩可能有很大水分，他立即组织人员对各部队上报的战果进行仔细审核，特别是还把上报战果最大的T部队参谋田中少佐召到联合舰队司令部，当面进行询问，最后得出的结论是——最乐观的情况也就是击伤4艘航母！

此时，志摩率领的第2游击部队也发现周围不断出现美军舰载机，显然美军航母主力还在，志摩绝对是个老滑头，他马上就敏锐地嗅出了不对劲的味道，马上向丰田发电，报告自己舰队的行踪已经暴露，请示下一步行动——他的意思很清楚，希望取消追击行动。在之后的莱特湾海战中，志摩也是如此，看到苗头不对就立即放弃行动果断后撤。丰田这才清醒过来，他立即命令停止航空兵的出击，第二游击部队如果没有与美军航母舰队展开夜间炮战的可能，就取消原定追击任务，驶往台湾马公待命。

哈尔西见日军没有上钩，也只好率领舰队返回乌利西环礁。这场被称为“台湾航空战”的海空作战就此落下帷幕，在13日到16日的作战中，日军投入了约1 000架飞机，损失超过500架。日军好不容易才恢复起来的航空力量，由于丰田副武判断错误，轻易发动了“捷二号”作战，就在作战中损失过半，这对于接下来真正的决战——莱特湾，无疑是极大的失策。

如果说在16日之前，日本海军的战果统计更多的是由于飞行员缺乏经验而出现的误报，主观上还没有恶意谎报，但在接下来的几天里，日本海军眼看已经无法改口，那就干脆再继续扯谎。

19日大本营发布的战果：击沉美军航母11艘、战列舰2艘、巡洋舰3艘、驱逐舰1艘，击伤航母8艘、战列舰2艘、巡洋舰4艘、其他不明舰种军舰13艘；击落美军飞机112架，自身损失312架。

关于水面舰艇的战果绝对是令人叹为观止，和真实情况的差距简直是天上人间。不过，对飞机的战果倒并不离谱，和真实情况还比较接近。

尽管日本海军已经清楚这一战果是掺了多少水分，但是碍于面子却并没有将真实情况通报给陆军，结果就把陆军给忽悠了，原先陆军计划是只在吕宋岛与美军决战，如果美军在菲律宾其他地区登陆，只进行海空军决战，而不进行地面部队的决战。但考虑到美军舰队主力已经被日本海军击溃，所以陆军在10月19日变更了作战计划，认为日本海军的航空兵已经在台湾海空战中损失较大，所以接下来的菲律宾作战将由陆军航空兵为主，而且如果美军在莱特岛登陆，将展开陆、海、空军的全面决战。

20日，大本营陆军部将这一战役决心传达给南方军总司令部，南方军司令长官寺内寿一陆军大将立即将这一战役决心传达给负责菲律宾作战的第14方面军。尽管第14方面军司令长官山下奉文陆军大将对这一决心忧心忡忡，顾虑很大，但经不住来自大本营和南方军的巨大压力，不得不向莱特岛增派了2个师团又1个旅团。

美军在这几天的作战中仅仅损失飞机79架，而且美军不但能够迅速补充损失的飞机，还不断有经过航校充分训练的飞行员新鲜血液加入舰队，这更是日军所无法企及的。

第38特混舰队8月底到9月初对小笠原群岛和棉兰老岛，9月中旬对菲律宾中南部，9月21日到23日对吕宋岛和儿科龙湾，10月9日到10日对奄美大岛、冲绳岛、久米岛、宫古岛以及吕宋岛，10月13日到16日对台湾岛的空袭，很多资料都语焉不详，甚至相互混淆。这一系列空袭可以说是莱特湾海战的前奏，美军的快速航母舰队以一连串令人眼花缭乱的大范围机动作战，大大削弱了日军本来就已经非常羸弱的航空力量，为莱特湾海战奏响了一波精彩的开场锣鼓。

▲ 美军飞机大举空袭中国台湾岛。

第三章　日军的“捷”号作战计划

美军遇到了真正的硬茬

哈尔西率领第三舰队在 1944 年 9 月对菲律宾等地进行的一系列空袭行动中发现日军在莱特岛的防御力量非常弱，就建议取消原定在帕劳群岛和雅浦岛的登陆，直接在莱特岛登陆。但尼米兹只同意取消在雅浦岛的登陆，而在帕劳群岛的登陆行动还是照计划进行。因为尼米兹认为帕劳群岛位于菲律宾以东约 1 000 千米，岛上的日军航空兵会对美军在菲律宾的作战构成较大威胁，必须要在发起菲律宾作战之前，先拔掉帕劳群岛这根横亘在侧后的刺。

帕劳群岛位于西太平洋菲律宾海的南部，属于加罗林群岛，位于关岛以南约 1 100 千米，菲律宾棉兰以东约 1 000 千米，是从太平洋进入东南亚的门户。

美军的计划是 9 月 15 日用海军陆战队第 1 师（简称陆战 1 师）与陆军第 81 步兵师分别在贝里硫岛和安格尔岛登陆，预计三天就可以完全占领这两个小岛，然后 10 月再在帕劳群岛的主岛巴伯尔土阿普岛登陆，在 10 月 15 日以前完全控制整个帕劳群岛，从而为随后开始的菲律宾战役扫清障碍。

1944 年 4 月，日军将改编为海洋师团的第 14 师团调到帕劳群岛，第 14 师团到达后随即接管了帕劳群岛的防务。日军只在三个主要岛屿上布防，师团主力及海上机动第 1 旅团部署于主岛，第 14 师团的步兵第 2 联队与海军的第 45 基地警备特别陆战队部署于贝里硫岛，1 个步兵大队部署于安格尔岛。

▲ 第一波冲向贝里琉滩头的 LVT。

日军第 14 师团是在第二次世界大战之前就组建的 17 个常备师团之一，是日军中战斗力最强的精锐部队。1937 年卢沟桥事变前隶属关东军部署在中国东北，全面抗战开始后，第 14

日军的海洋部队

其中的海洋师团是日本陆军在太平洋战争后期才设立的一种师团编制，也称为“海洋部队”，主要用于岛屿防御作战，通常兵力在1.5万人左右，是各种师团编制中兵力最少的。

1943年以后，日军在多次与美军进行的岛屿争夺战中失败，认识到海军的“特别陆战队”不能有效抵抗美军以海军陆战队为核心的登陆部队的进攻，但由于日本陆军与海军一直有着很大矛盾，所以日本陆军决定依靠自身力量来承担岛屿防御战。加上大本营又提出了“绝对国防圈”的战略设想，对重点岛屿的防御是拱卫日本本土的重中之重，正是在此背景下，陆军组建了专门用于岛屿防御的“海洋部队”。

1943年10月20日日本陆军发布海洋师团编制条令，第一批改编为海洋师团的是第36、第46、第52师团，不久又将第14、第29、第43师团也改编为海洋师团，这样先后有6个师团被改编为海洋师团。

海洋师团撤销了原来师团编制中不适合岛屿作战的骑兵联队、工兵联队和辎重兵联队，增加了步兵，配置了战车队，以及海上运输船队。

海洋师团并不是海军陆战队，更不是精锐部队，而是用于岛屿防御的轻装化部队，攻击力和机动力都很薄弱，其实就是强化版的岛屿守备队。

6个海洋师团的最后结局分别是：

第14师团守备帕劳群岛，被歼。

第29师团守备马里亚纳群岛，被歼。

第36师团守备新几内亚岛，被歼。

第43师团守备马里亚纳群岛，被歼。

第46师团守备小笠原群岛，其所辖步兵第145联队在硫黄岛被歼。

第52师团守备特鲁克群岛，1945年8月投降。

此外，除了海洋师团外，为加强岛屿防御作战，日本陆军还根据1943年11月16日《军令陆甲106号》组建了4个海上机动旅团，每个海上机动旅团总兵力约5 500人，下辖3个海上机动大队，以及直辖机关炮队和战车队，并配置由机动艇、上陆用舟艇、驱逐舰组成的海上运输队。

4个海上机动旅团的最后结局分别是：

海上机动第1旅团以关东军第3独立守备队为基础组建，在马绍尔群岛被歼。

海上机动第2旅团以关东军第5独立守备队为基础组建，守备菲律宾棉兰老岛，1945年8月投降。

海上机动第3旅团以千岛第1守备队第2步兵队为基础组建，守备本土鹿儿岛，1945年5月在海运九州途中遭到美军攻击，几乎损失殆尽。

海上机动第4旅团以关东军第4独立守备队为基础组建，守备本土北海道，1945年8月投降。

师团进入华北，参与了保定会战、太原会战和徐州会战。1944 年初，第 14 师团进行轻装化，改编为海洋师团，担负帕劳群岛守备。第 14 师团士兵都是战前就已经服役，身经百战的老兵，基本没有战争开始后全面动员征召的补充兵，所以战斗力非常强。

日军充分吸取了在马里亚纳群岛登陆作战失利的教训，因此在帕劳群岛改变战术，大量修筑坚固工事，并且明令禁止自杀式“万岁冲锋”。第 14 师团对守备作战进行了评估，认为美军一旦发动登陆，以 14 师团现有战斗力，在孤立无援情况下，是没有确保帕劳群岛的把握，加上弹药储备只有半个会战份，并不充裕，所以第 14 师团的防御思路很清楚，只准备坚守两到三个月，给与美军以最大杀伤——14 师团最终确实实现了预定目标，美军原计划三天拿下贝里琉，结果大规模战斗就足足打了两个月，付出了巨大的伤亡。

从 9 月 12 日到 14 日，美军出动 3 艘战列舰，25 艘巡洋舰和 30 艘驱逐舰，8 艘航母上的 400 架舰载机和来自马里亚纳群岛的岸基航空兵，向长约 3 000 米、宽约 2 000 米的贝里琉岛进行了持续三天的海空火力准备。

日军守备贝里琉岛的是第 14 师团的步兵第 2 联队以及步兵第 15 联队第 3 大队、第 14 师团战车队、海上机动第 1 旅团独立步兵第 346 大队，还有海军第 45 警备队、海军航空基地人员，总兵力约 1 万人，配备各型火炮约 200 门，95 式轻型坦克 16 辆，由第 2 联队联队长中川州男大佐统一指挥。

美军进攻贝里琉岛的是陆战 1 师，总兵力 2.4 万人。陆战 1 师是美国海军陆战队最早成立的师级作战单位，在瓜达尔卡纳尔岛战役中表现极为出色，荣获美军集体最高荣誉——总统集体嘉奖，是美军中最为骁勇善战的精锐部队。

所以，贝里琉岛之战可以说是美日两军的精锐王牌之间的强硬对话。

15 日清晨 6 时 15 分，陆战 1 师在猛烈的海空火力掩护下在贝里琉岛登陆。尽管此前美军已经进行了三天的炮火准备，但日军在岛上修筑的防御工事都是地下式的，而且非常隐蔽，所以美军炮火准备实际效果微乎其微。美军登陆开始，日军

▲ 美军登陆部队冲向贝里琉海滩。

▲ 贝里琉海滩。

立即通过壕沟、坑道进入阵地。等到美军炮火向纵深延伸后，日军才向刚刚登上海滩的美军开始射击——日军第2联队不愧是精锐部队，射击纪律相当严格，美军登陆艇与两栖登陆装甲车（LVT）以密集队形开到距离沙滩300米时，有几艘登陆艇与两栖装甲车撞上了日军布设的水雷，连人带艇被炸得粉碎，随后美军登陆艇立即散开，并停止前进，用机枪向海面上的可疑漂浮物扫射，成功引爆了好几个水雷，日军都一枪不发。直到美军登上海滩，并推进了大约20米，距离防波堤只有30米时，防波堤上的日军火力点才突然开火，美军毫无防范，立即就被打倒了一大片，接着日军的手榴弹、掷弹筒、迫击炮、步兵炮铺天盖地砸在海滩上，如此近的距离，又根本没地方躲藏，最前面的几百名美军几乎在瞬间就伤亡殆尽，而上岸的两栖装甲车更是日军火力的重点目标，如同点名般一辆接一辆被击毁。海滩简直就成了人间地狱，美军第一波登陆的2个营，伤亡超过1 000人，还有60艘登陆艇、26辆两栖装甲车和3辆坦克被击毁。

尼米兹也有犯错的时候

美军第一波登陆遭到日军迎头痛击，这下让所有人都明白日军在贝里琉的防御是极为坚固的，三天拿下贝里琉简直就是梦呓。

8时，美军开始第二波登陆。这次美军改变了登陆地点，并准备将炮火全部集中倾泻在登陆海滩。美军这次登陆的海滩是一片开阔地，日军认为这里完全是被周围丘陵上的火力所覆盖，美军不可能在此登陆，所以基本没有布防，是日军整个防御体系中最薄弱的地段。而且美军在第一批登陆部队中特意配置了8辆M4A2“谢尔曼”坦克，后来的事实证明，在登陆第一时间就把8辆坦克送上岸是非常明智的，要没有这8辆坦克，美军第二波登陆很可能也像第一波登陆一样以失败告终。

这次登陆很顺利，日军很长时间没有任何动静。一方面是美军登陆地点正是日军最薄弱之处，另一方面日军第2联队联队长中川州男大佐认为，日军火力弱，弹药也不多，根本无法与美军拼火力，所以既然这次美军已经上岸，那就干脆让美军登陆，让美军猬集在狭小的海滩开阔地，再利用周围丘陵上的火力点进行打击。美军也深知周围丘陵上的日军火力对海滩威胁太大，所以海面上的舰炮支援编队几乎是不间断地用猛烈炮火压制丘陵地带，为登陆部队提供炮火掩护。同时利用日军没有及时反应的机会，抓紧组织人员和装备一波又一波上岸。

不过美军向纵深推进却举步维艰，对周围丘陵的几次进攻都被击退。日军的工事修筑地极为隐蔽，而且射击非常准确，虽然枪声并不密集，但给美军造成的伤亡却不小。而美军却根本发现不了日军火力点位置，只能用机枪、迫击炮、榴弹炮向四下漫无目标开火。

中川认为美军舰炮支援虽然极为猛烈，但同时弹药消耗也很大，即使美军舰队有补给船能够及时补充弹药，也一定会出现火力中断的空档，而这个时候就是日军发动反击的绝佳机会，所以他抽调了 1 000 人组成反击部队，准备在美军舰炮火力中断时发起反击。

日军在贝里琉岛上的总兵力有 1 万人，但其中陆军只有约 5 300 人，真正精锐的第 2 联队才 3 200 人。中川能抽出 1 000 人来进行反击，已经是拿出了最后的家底了，再多就势必影响全岛的防御力量，要是反击失利，兵力损失过大，再要进行防御作战，兵力就肯定不够了。但是，日军观察到美军上岛的部队已经达到了 1.5 万人，以 1 000 人对 1.5 万人，取胜的把握实在太小，所以中川决定反击时投入第 14 师团战车队的全部 16 辆 95 式轻型坦克。以坦克从侧翼出击，沿海岸方向突入美军后方，再集中 12 门 105 毫米榴弹炮、10 门 75 毫米山炮、14 门 81 毫米步兵炮、6 门 70 毫米步兵炮、12 门 150 毫米迫击炮、12 门 90 毫米迫击炮对海滩上的美军进行火力打击，最后才出动步兵在丘陵火力点的支援下进行正面冲击，争取一举将美军赶下海。

15 日下午，美军的舰炮轰击终于停息了，日军知道等待已久的反击机会终于来了！随着中川一声令下，日军将火炮从隐蔽的工事里推了出来，向美军海滩猛轰。由于海滩纵深狭小，美军大量人员、装备和

▲ 美军的 M4A2“谢尔曼”坦克。

日军在贝里琉岛的守备部队序列

最高指挥官第 2 联队联队长中川州男大佐

陆军总兵力：5 388 人

第 14 师团步兵第 2 联队：3 323 人

第 14 师团步兵第 15 联队第 3 大队：1 030 人

海上机动第 1 旅团独立步兵第 346 大队：685 人

海上机动第 1 旅团输送队第 1 中队：250 人

第 14 师团战车队：100 人（16 辆 95 式轻型坦克）

海军总兵力：5 320 人

海军航空基地：2 220 人（含朝鲜劳工）

第 45 海军警备队：400 人

海军防空队：500 人

海军设营队：2 200 人（朝鲜劳工）

合计总兵力：10 708 人

物资都拥挤在一起，一发炮弹落下来就可以造成很大损失。但更让美军惊骇的是日军 16 辆轻型坦克从侧翼冲入了防线，美军根本没想到日军在这个小岛上还会有坦克，一线步兵没有反坦克武器，面对坦克冲击只好跳进战壕躲避，日军坦克并不恋战，径直冲向美军战线后方的海滩。

当日军坦克冲到海滩时，后方的美军更没有对抗坦克的手段，只好丢下各种物资四下奔逃。就在危急时刻，美军 8 辆 M4A2“谢尔曼”坦克上场了！日军 95 式轻型坦克自重才 6.7 吨，装备 1 门 37 毫米坦克炮，装甲最厚处才 12 毫米。而“谢尔曼”坦克自重 35 吨，装备 1 门 75 毫米坦克炮，装甲最厚处有 140 毫米。两者根本就不是在一个水平上。所以这场坦克战完全是一边倒的，结果自然毫无悬念，日军 16 辆 95 式坦克全部被击毁，而美军仅有 1 辆“谢尔曼”的履

▲ 日军在反击中被摧毁的坦克和满地的尸体。

带被打断。解决了日军坦克后，“谢尔曼”坦克又隆隆驶向前线，为步兵提供直接支援。海滩上的美军也重新稳住了阵脚，纵深火炮再度恢复射击。一线美军在坦克和炮火支援下，逐渐稳定了防线，面对美军越来越猛烈的火力，加上坦克也全部损失，中川意识到反击已经不可能成功，只好下令反击部队撤回。第 2 联队不愧是日军的精锐，进攻撤退都很有章法，在炮火掩护下迅速回撤，兵力损失并不大。

根据以往太平洋上岛屿战的经验，美军以为只要挫败了日军的反击，之后就能迅速打开局面。但在贝里琉却不是这样，此后美军在贝里琉还要经过整整两个月的苦战。

美军战舰补充了弹药，重新开始炮击。但在日军顽强防御下，进展依然迟缓。因此美军改变了战术，不再是简单的正面强攻，而是将主攻方向改向侧翼丘陵，这才取得了突破。

18 日美军攻占了岛上机场，当天就有受伤的舰载机在此紧急降落。随后用于舰炮校射的轻型飞机就开始从这个机场起降。到 10 月 1 日，美军就将机场跑道扩建到 1 800 米长，陆战队航空兵第 11 大队的战斗机马上全部进驻。但日军抵抗越来越激烈，美军每前进一步都很困难，美军占领机场但并没有完全控制整个机场，实际上只控制了机场跑道，美军飞机起飞降落都遭到机场周围日军的射击。美军飞机起飞，起落架刚刚离开跑道，就要对周围日军阵地进行扫射，这种情况在以前也是从来没有的。

直到 20 日，战斗依然还在机场周围胶着。才一个星期，美军陆战 1 师的伤亡就高达 4 000 人，好在日军弹药不足，不然美军损失还要更大。

22 日在帕劳主岛的日军第 14 师团决定向贝里琉派出援军，当晚 22 时，第 14 师团步兵第 15 联队第 3 大队 1 个中队 250 人从主岛搭乘海上机动第 1 旅团输送队的舟艇到达贝里琉。但 23 日晚第 15 联队第 3 大队主力携带大量补给物资前往贝里琉岛时被美军发现，遭到拦截，最后只有几百名步兵携带少量弹药到达贝里琉。此后由于美军加强海上巡逻，贝里琉岛的日军就再也得不到任何支援，但美军真正占

▲ 贝里琉机场上的战斗机。

领贝里琉岛还需要时日。

由于贝里琉岛战局始终没能打破僵局，美军于9月23日把陆军第81步兵师321团也投入了贝里琉岛，也就在这一天美军总算是占领了整个机场，但机场周围高地仍在日军手里，美军飞机仍然要在枪林弹雨里起飞降落，一升空就要对日军进行扫射轰炸。

进入10月，美军又发动了攻势，但进展还是相当有限。只要美军离开了舰炮火力支援，就很难再继续推进。日军又不断组织反冲击，打得美军陆战1师节节败退，全靠强大的海空火力掩护，再加上陆军81师321团的支援，才稳住了防线。双方陷入胶着，随着时间的推延，贝里琉之战已经拖了美军全局的后腿，影响到了美军登陆莱特岛的计划。到了10月中旬，麦克阿瑟实在等不及了，决定不管贝里琉岛的战况怎样，干脆宣布10月12日美军已经结束了贝里琉之战，并于10月20日发起登陆莱特岛作战。

但对于贝里琉到底该怎么办，美军内部又有了分歧，有的认为贝里琉岛战役本来就是多此一举，应该从贝里琉岛撤军，趁早放弃这个烫手的山芋。但大部分人认为，贝里琉岛应该坚决打到底，因为在这个小岛上美军已经付出了太大的代价，就这样草草结束，那么之前付出的牺牲与代价就都白费了。最后美军达成共识，或许贝里琉根本就不应该打，但既然已经付出了这么多代价，那么就只能硬着头皮打到底了。

为此，美军将81步兵师主力也投入了贝里琉。这样美军凭借巨大的兵力、火力上的优势，一码一码推进，一个山洞一个山洞打。到了11月日军的弹药基本耗尽，11月8日，中川认为贝里琉肯定守不住了，就发电报给第14师团，弹药已经用完，无法继续作战，请求同意进行自杀式“万岁”冲锋。但没有得到批准。22日，美军已经攻到了中川指挥部附近，中川知道最后时刻就要到了，就给14师团发出诀别电，并下令烧毁步兵第2联队的军旗和机密文件。

▲ 战斗间隙的美军陆战队员。

激战到11月24日下午，日军弹药基本用尽，人员也伤

▲ 尼米兹坚持进攻帕劳群岛被认为是一次失策。

亡殆尽，中川切腹自杀——他死后被追晋两级为陆军中将，日军惯例都是追晋一级，追晋两级在整个战争中是极为罕见的。此外，贝里琉守备部队还获得日军大本营的 11 道慰问状以及通报全军的感谢状，这也是非常少有的嘉奖，贝里琉的守备部队也确实受得起这份荣耀，美军为了夺取这个弹丸小岛，付出了 2 336 人阵亡、8 450 人受伤的巨大代价。日军 1 万多人的守备部队除了 202 人被俘外，几乎全部战死。在如此悬殊的兵力火力对比下，日军还是打出了几乎 1:1 的伤亡交换比。贝里琉的防御经验，很快在日军推广，之后在硫黄岛、冲绳岛基本都是沿袭贝里琉的经验。

中川自杀之后，还有 60 名无法行动的日军伤兵也纷纷自杀，至此日军在贝里琉的有组织抵抗才宣告落幕，但零星的日军甚至一直坚持战斗到 1947 年。

贝里琉岛战役可以说是太平洋战场上最惨烈的战役，弹药消耗之大（美军仅步兵弹药就消耗了 2 200 吨，消耗的全部弹药更是超过了 4 万吨），伤亡之重，都是前所未有的。

尼米兹在整个太平洋战争期间，对战局的判断、分析和决策，都是非常睿智高明，但唯独在贝里琉，他没有采纳哈尔西放弃帕劳作战的建议，认为帕劳群岛的机场能对菲律宾的作战提供强有力的空中支援。实际上由于贝里琉之战打成了僵局，不仅没有能够支援莱特岛登陆，反而拖了美军菲律宾战役的后腿，美军大量的战舰与弹药被牵制在了贝里琉。最后迫使美军放弃后续在帕劳主岛的登陆。

两场轻松的岛屿登陆战

相对于贝里琉岛血腥惨烈的战斗，同在帕劳群岛的安格尔岛的战斗就轻松多了。

美军计划在安格尔岛登陆的是第 81 步兵师，但是运载 81 师的船队于 9 月 15 日到达安格尔岛附近海域后，负责指挥帕劳群岛登陆作战的第三两栖部队司令西奥多·威尔金森海军中将却没有让 81 师立即开始登陆，因为他已经预计到贝里琉岛的作战可能会比较棘手，便临时叫停了 81 师的登陆行动，而是让 81 师留在运输船上作为预备队待命，准备随时用于支援贝里琉岛的登陆。但到 16 日，虽然陆战 1

师在贝里琉岛的登陆并不顺利，但登陆海滩太狭小，无法容纳更多部队，所以威尔金森决定81师还是于17日在安格尔岛登陆。

日军在安格尔岛上的守备部队是第14师团步兵第59联队第1大队，再加上一些炮兵和海军单位，总兵力约1 500人。安格尔岛面积比贝里琉岛小，地形也没有贝里琉岛复杂，所以日军的防御工事在美军之前连续多日的海空火力准备中已经被摧毁了不少，也有了一些伤亡。

17日上午，81师321团和322团在安格尔岛登陆，等到美军在海滩上站稳了脚跟之后日军才发起了反击，随即被美军击退，就如太平洋战争中最常见的情况，日军反击失败后，由于反击中损失兵力较大，残余兵力难以再继续组织有效防御，所以战局便急转直下。到20日美军就基本控制了安格尔岛。

21日，一直在运输船上待命的81师323团在强大海空力量掩护下向贝里琉岛东北约550千米的乌利西群岛进发，日军在乌利西群岛并没有部署防御部队，所以323团于23日兵不血刃占领了乌利西群岛。这也是美军在帕劳群岛作战中最大的收获。由乌利西群岛大大小小40多个岛礁围成了一个深水礁湖，由于四周都有岛礁屏障，所以礁湖内风平浪静，是绝佳的天然良港，可以同时停泊数百艘舰艇。美军占领乌利西环礁后，立即着手修建各种后勤保障设施，到11月就将乌利西环礁建设成了一个设施完备的舰艇维护基地，在以后的战争中发挥了巨大作用。

23日，安格尔岛战斗基本结束，威尔金森立即将321团抽调出来转用到贝里琉岛。不过在安格尔岛上的战斗要到10月下旬才基本肃清。安格尔岛修筑机场的条件比贝里琉岛更好一些，所以美军在安格尔岛上修建的是轰炸机机场，到10月15日，美军岸基航空兵的B–24轰炸机就开始使用安格尔岛机场。

▲ 美军士兵冲上海滩。

由于贝里琉岛的战斗太过惨烈，时间上也拖延日久，菲律宾战役已经打响，而且日军在巴伯尔图阿普岛上有2.5万守军，远远大于贝里琉岛的守军数量，所以再进攻帕劳群岛主岛巴伯尔图阿普岛也就没有太大意义了，因此美军就取消了在巴伯尔图阿普岛的登陆计划，而是用强大的海空力量对巴伯尔图阿普岛进行封锁。

麦克阿瑟的西南太平洋战区部队进行的摩罗泰岛登陆也很顺利。最初西南太平洋战区是计划进攻哈马黑拉岛，但根据侦察，发现哈马黑拉岛日军守备部队多达3万人，同时也发现哈马黑拉岛以北的摩罗泰岛日军只有1 000人，因此麦克阿瑟当机立断决定改在摩罗泰岛登陆。登陆日期和中太平洋战区的贝里琉岛登陆是同一天——9月15日。

日军判断哈马黑拉岛是美军进攻达沃的必经之路，所以一直就对该岛的防御非常重视。1944年5月，从中国战场抽调精锐部队第32师团来负责哈马黑拉岛的防御，一开始32师团还抽出1个联队防守摩罗泰岛，但后来日军大本营一再强调要集中尽可能多的兵力防御哈马黑拉岛，所以最后在摩罗泰岛只部署了4个中队，区区1 000人，几乎将整个师团都用于哈马黑拉岛的防御。

西南太平洋战区所辖的海军部队第七舰队的100多艘舰艇和2.3万陆军部队组成一支登陆编队，由麦克阿瑟亲自指挥，发动对摩罗泰岛的作战。为这场登陆行动提供空中掩护的，不但有第七舰队的舰载机和驻新几内亚岛的岸基航空兵（第5航空队），而且还有第三舰队的舰载机，以确保牢牢掌握摩罗泰岛周围的制海权、制空权。这完全是一场牛刀杀鸡的作战，美军以压倒性的兵力和火力优势，来一举碾碎摩罗泰岛的日军。

9月15日，在经过两小时的海空火力准备后，美军在摩罗泰岛南端登陆。日军没有在海滩上进行抵抗，就向纵深撤退。这也是盟军在太平洋战争中进展最顺利、损失最轻微的登陆行动。

17日，第二批登陆部队在摩罗泰岛西端登陆，两路部队形成了钳形攻势，更是大大加快了作战进程。日军虽然组织了几次反击，但兵力实在太薄弱，都被美军轻松粉碎。在哈马黑拉岛上的日军连续三次向摩罗泰岛派出援军，但都被美军严密的海空封锁消灭。到10月初，孤立无援的摩罗泰岛守军基本被肃清。美军在登陆开始后不久就随着部队的推进在岛上修建机场，到10月中旬就建成了两个轰炸机机场和一个战斗机机场，岸基航空兵随即进驻摩罗泰岛，从而消除了菲律宾作战的左翼

▲ 摩罗泰岛上的第二次世界大战纪念碑。

威胁，为菲律宾战役创造了有利条件。

东条英机下台了

东条英机是1941年10月担任首相，当时之所以选他来组阁，是因为东条是最著名的强硬好战派，考虑到一旦和美国的谈判成功，由这样一个人出面来说服军方接受和谈会更容易，而不是因为他的能力和声望。日军最大的软肋就是缺少有战略眼光的将领，东条显然是不具备战略高度思维的，日军中公认的具有战略头脑、九一八事变的策划者石原莞尔就曾相当尖刻地评价东条只有管理20挺机枪的能力，超过20挺机枪就管不过来了。

但是最终日美谈判破裂，太平洋战争爆发。东条虽然没有战略头脑，不过玩政治还是很有手腕，很快就一人身兼首相、陆军大臣、内务大臣、参谋总长等四个重量级职位，独揽军政大权，并通过宪警特机关对反对派进行打压。像反对东条的政治家中野刚正，就是在宪兵的威压下被迫自杀。

到了1944年6月，日本高层普遍认为亚洲大陆上的英帕尔战役和太平洋上的马里亚纳群岛战役就是战争中的两处天王山——天王山之战的典故出自1582年6月的山崎之战，羽柴秀吉（就是日后赫赫有名的丰臣秀吉）与明智光秀两军在山崎展开大战，控制天王山是决定整个战役胜负的关键。所以后世“天王山”就成了关键性决战的代名词，在体育比赛中通常用来形容决定胜负的赛点。当这两场关键性的战役接连遭到惨败，日本政界军界对东条的不满终于大爆发。不仅原来的反对派越发活跃，就连东条的亲信——担任国务大臣的岸信介、外交大臣重光葵和农商大臣内田信也，这三位被誉为东条内阁三大支柱的重量级大臣都开始密谋逼迫东条下台。

▲ 东条英机首相。

在7月18日举行的内阁会议上，就爆发了针对东条的激烈批评，并由岸信介首先发难，通过了内阁总辞职的动议，曾经权倾朝野不可一世的东条英机就此黯然下台。

随后重臣推举时任朝鲜总督的小矶国昭接任首相，7月22日小矶国昭完成组阁：陆军大臣衫山元、海军大臣米内光政、外务大臣重光葵、内务大臣大达茂雄、大藏大臣石渡庄太郎、军需大臣藤原银次郎。同时，东条英

▲ 东条内阁的国务大臣岸信介。

机兼任的参谋总长——日本陆军不设总司令，参谋总长就是陆军的最高军事长官——一职也由梅津美治郎陆军大将接任。

小矶随即发表了振奋人心的演讲，算是正式走马上任。不过他接手的是一个彻头彻尾的烂摊子，当看到日本和美国的军事力量对比，此时日本海军全部作战舰艇，从航空母舰、战列舰、巡洋舰、驱逐舰到潜艇，总共只有 168 艘，总吨位还不到 88 万吨。而美军在太平洋战场的各类作战舰艇就有 791 艘，总吨位达到 352 万吨。也就是说，日本海军的实力仅仅只有美军的四分之一，这还只是军舰数量和吨位上的差距，如果从质量上对比，差距就更大了。美军各种型号的航母数量已经超过 30 艘，以航母为核心的特混舰队可以随意袭击日本本土和近海，日军就连招架之力都没有。

在各种战争物资的预计产量和实际产量方面，更是惨不忍睹。小矶简直都不敢相信，感觉自己出任首相完全是上当了！

以 1944 年度的数据来看：

船舶计划建造 255 万吨，实际只有 150 万吨；

飞机计划建造 5.2 万架，实际只有 2.8 万架；

钢材计划产量 450 万吨，实际只有 250 万吨；

石油计划产量 300 万千升，实际只有 150 万千升。

……

日本是个岛国，几乎所有的重要工业原料都需要进口，同时主要战场也在海外，所以生产出来的各种武器装备都要运到海外的一线战场，这些都离不开运输船。但恰恰是运输船在战争中损失极为惨重，就在 1944 年上半年里，就损失 450 万吨位运输船，而同一时期新建造的运输船还不到 20 万吨位！ 1944 年全年计划建造船只 255 万吨，但实际产量最多只有 160 万吨，仅仅是和计划相比，缺口就高达 100 万吨，要是和损失的船只吨位相比，缺口就更大了！就从这点上来看，小矶就很清楚，日本必败无疑了！不过他还是不愿放弃首相宝座，而且尽管他对战争前景没有比较成熟的考虑，但仍然希望加强新政府对战争进程的掌控。为此，8 月 4 日他在陆海军的支持下，取消了从 1941 年 12 月太平洋战争开始以来就一直延续下来的大本营和政府联席会议，取而代之的是新成立了最高战争指导会议。

最高战争指导会议正式成员是内阁的首相、外务大臣、陆军大臣、海军大臣以

▲ 接任日本首相的小矶国昭。

及军方的陆军参谋总长和海军军令总长（日本也不设海军总司令，军令总长就是海军的最高军事长官）。

8月19日，最高战争指导会议举行第一次会议，裕仁天皇也亲自到会。与会者经过讨论，通过了《对世界形势的判断》和《今后应采取的战争指导大纲》两份文件。

在《对世界形势的判断》中，最高战争指导会议认为美军将以尽快结束战争为目标，继续对日本发动全面攻势，特别是以空袭日本本土和切断本土与南方联系为首要目标，同时在大陆和太平洋方向采取攻势，以争取战局在短期内取得快速进展。在上述形势下，还很可能会伺机在日本本土实施登陆。在中太平洋方向，美军企图与日军舰队主力展开决战，并向马里亚纳群岛以西和加罗林群岛的要冲地区推进海空军基地建设，与美军在南太平洋方向的进攻遥相呼应，进而攻占菲律宾和西南诸岛，以彻底切断日本本土和南方地区的海上交通。会议非常确定，上述攻势将在10月前后开始。

在这份文件中，日本再次明确，不论欧洲战局如何发展，日本都必须将战争进行下去，并竭尽全力与美军展开决战。

在《今后应采取的战争指导大纲》中，让最高战争指导会议最感困难的是，日本国力急剧衰败，尤其是支撑经济和军工生产的各种战略性原料日益匮乏，运输原料和产品的船舶损失越来越严重，整个战争机器的运转可以说已经不堪重负，而且在看得见的将来，显然也没有摆脱这一困境的可能性。

面对如此严峻的局势，日本军政高层其实洞若观火，但是他们内心非常矛盾，一方面对不可避免的最终败局感到极为恐慌，另一方面又不甘心就这样失败，所以想来想去，算来算去，唯一的出路就是与美军放手一搏，来一场孤注一掷的决战，或许还能抓住一丝渺茫的机会来个大翻盘。

8月19日，最高战争指导会议决定了今后的国策，“依靠现有力量，在今年年底集中全部力量，彻底击败敌人，粉碎敌人继续作战的企图，引导战争走向终结”。

▲ 小矶内阁的海军大臣米内光政。

“捷”号作战计划

自从马里亚纳群岛被美军占领，日本原来的绝对国防圈被突破。接替东条英机上台的小矶国昭只好收缩防线，提出了“绝对防卫线”的理念，将菲律宾、中国台湾、冲绳到日本本土一线列为绝对防卫线，是日军必须绝对保卫的最后防线。

7 月 21 日，日军大本营制订了《陆海军今后作战指导大纲》，并在 24 日得到了天皇批准，大纲指出：“为持续击破敌军战力，确保国防要域，打破敌军战争企图，在今年下半年对敌军主力的进攻，对策是在本土（北海道、本州、四国、九州）、联络区域（冲绳、中国台湾和南海），以及菲律宾方向，集中全部陆海军战力，要求对敌航母舰队、运输舰队、登陆部队予以必杀，抓住时机，在预定区域待机的部队在航母部队的协同下予敌以全力反击。”

7 月 26 日，根据这一大纲，正式提出了在绝对防卫线与美军展开决战的“捷”号作战计划——在第二次世界大战中，日军的作战计划都是选用一个汉字作为保密代号，这回煞费苦心选了寓意胜利的“捷”字，可见日军对这次作战的期望。

“捷”号作战根据四个不同的决战地点分为四个预案。

“捷一号”：菲律宾地区作战；

“捷二号”：九州南部、冲绳和中国台湾地区作战；

“捷三号”：本州、四国、九州北部和小笠原群岛地区作战；

“捷四号”：北海道、千岛群岛地区作战。

从偷袭珍珠港开始，经过中途岛、瓜达尔卡纳尔岛、马里亚纳群岛等历次海战，航空力量是决定战争胜负的观点已经成为共识，几乎没有人对这一点再有怀疑。但是日本海军战斗力最强的舰载机部队，在中途岛和瓜达尔卡纳尔岛作战中基本损失殆尽，好不容易重建起来，又在马里亚纳海战中遭到毁灭性打击，现在就是再次重建，时间上也都赶不上趟了。所以日军只能将希望寄托在岸基航空兵身上，并且破天荒地打破陆海军之间的藩篱，将陆军航空兵也划归海军指挥，从而将陆军和海军的航空兵力量全部整合起来（当时日军没有独立的空军，航空力量分别属于陆军航空兵和海军航空兵），这对于矛盾很深的陆军和海军来说，以前简直不可想象，这也说明了日军航空力量是到了何种窘迫的情况才可能使陆军海军摒弃前嫌联手对敌。

日军大本营的如意算盘是集中陆军 1 700 架和海军 1 300 架飞机，总共 3 000 架飞机，那么对美军作战还有点胜算。不过到了预定“捷”号作战完成作战准备的 8 月 1 日，日军七拼八凑才只有 1 000 架飞机。

具体兵力编成是：

第一航空舰队：司令官寺冈谨平海军中将（后大西泷治郎海军中将），下辖东加罗林航空队、西加罗林航空队、澳北航空队、菲律宾航空队、作战飞机550架。但第一航空舰队在马里亚纳海战中损失过半，此时还在重建之中，实际可以使用的作战飞机还不到350架。

▲ 日军大本营会议。

第二航空舰队，司令官福留繁海军中将，下辖台湾航空队和西南诸岛航空队，作战飞机500架。但第二航空舰队是新组建的部队，此时还在九州进行训练，许多飞行员都是从来还没经过实战的“菜鸟”，而且实际可以使用的飞机也还不到300架。

此外，在本土还有第三航空舰队（司令官寺冈谨平海军中将，作战飞机230架）和第十二航空舰队（司令官后藤英次海军中将，作战飞机200架）。这样，日军要以1 000架飞机对抗美军1 300架舰载机，数量上就落了下风，质量上无论是飞机性能还是飞行员素质，更是远远不如。面对这样的情况，日军只能改弦更张，主要依靠以战列舰为核心的水面舰艇来进行决战。这也是没办法的，因为眼下日军也只有在战列舰方面还有优势。

同时在1944年10月加强“绝对防卫线”的防御，海军的机动部队（航母舰队）部署在本土附近海域，其余海军部队则部署在西南方向，岸基航空兵则分别部署在本土、西南群岛、中国台湾和菲律宾。如果美军前来进攻，就将其引诱到岸基航空兵作战范围，再集中全部陆海军力量歼灭之。

在陆军方面，还部署了二线兵力，一旦明确了美军的进攻目标，就可以立即增援一线。南方军以1个旅团部署在菲律宾北部，随时准备增援中国台湾；本土以1个步兵联队部署在鹿儿岛，随时准备增援小笠原群岛；以1个师团部署在弘前，随时准备增援本州岛东北部或北海道；关东军抽调第23师团集结在大连，随时准备增援菲律宾；另外，大半营还命令中国派遣军抽调第1师团位于上海，作为总预备队，根据战局变化随时准备增援菲律宾、中国台湾或西南诸岛。

“神风特攻队”登场

日军很清楚，作战飞机在数量上就不如美军，飞机性能、飞行员素质和美军的差距更大，以这样的空中力量要想取胜，根本就是不可能的。在这样的情况下，日军只好开始采用最为血腥残酷的自杀式攻击。

在战争初期就有日军飞行员在飞机受伤或故障无法返航的情况下撞击敌方军舰，但都是零星的自发性行为。但从1944年下半年开始，日军的自杀式攻击都是有组织有系统的，这种完全背离人性的行动是严重的战争罪行。

日军的自杀式攻击标准模式是飞机只携带单程燃料，把省下来的载重量全部用来装上炸弹，然后以撞击方式攻击美军战舰，实施“一机换一舰”同归于尽式的攻击。日军寄希望这样的自杀式攻击能够像当年的“神风”重创元朝舰队那样重创美军舰队，所以把这种自杀性攻击称为“神风特别攻击”，简称“神风特攻”。

现在说到“神风特攻”，几乎都认为第一航空舰队司令官大西泷治郎在1944年10月20日下达的第一道特攻出击命令是日军在战争中第一次有组织的“神风特攻”，所以大西泷治郎也被称为“神风之父”，他被看作是“神风特攻”的始作俑者。

但其实，大西泷治郎完全是背锅的。

要知道，10月20日是他就任第一航空舰队司令的第一天！上任第一天就马上发布特攻命令，他难道能够根本不做任何准备，走马上任的第一件事就是组织“神风特攻”吗？这显然有些不太现实。而且大西泷治郎此前担任海军航空部总务部长、航空兵器总局总务长，长期都是后方机关任职，对前线情况显然不可能了解太多，怎么可能一上任就组织“神风特攻”？还有，大西泷治郎在马里亚纳战役结束后公开表示这样下去战争必然失败，要求海军高层集体辞职以谢国人。所以才会被外放担任第一航空舰队司令官，其实就是对他的贬谪。具有这样理性思维的人，怎么可能会组织“神风特攻”？

▲ 日军“神风特攻队”的队员。

早在大西泷治郎下达“神风特攻”出击命令的10月20日之前几个月，马里亚纳战役

▲ 有着“神风之父”之称的大西泷治郎。

刚结束，日军“千代田”号航母舰长城英一郎海军大佐就提出组建一支进行自杀式攻击的特别攻击队，并自告奋勇表示愿意自己来率领这支特别攻击队。这是日军内部最早出现有组织进行自杀式攻击的提议。

9月，日本海军军令部就成立特攻部，并任命大仙森太郎海军中将为部长，这充分说明日本海军已经建立了“神风特攻”相关的组织机构，正式开始有组织有系统地着手进行自杀式攻击的策划和准备。

10月13日，日本海军军令部作战部航空参谋源田实大佐就已经正式向军令部报告：“神风特攻队的发表关系到全军的士气昂扬和国民战意的振作，各队在实施作战时要考虑在适当时候发表纯忠至诚的队名。”并且已经明确给四支执行自杀式攻击任务的飞行小队分别命名为朝日队、大和队、樱花队和敷岛队——这四个飞行小队的名称来自日本十七世纪诗人本居萱长歌颂大和魂的著名诗句“何谓敷岛大和魂，朝日飘香山樱花”，后来第201航空队组建的“神风特攻”飞行队正是使用了这四个名字！

10月15日，日军第26航空战队司令有马正义少将亲自驾驶一架战机进行了自杀式攻击。根据日军大本营发布的战报，宣称击沉美军一艘航母。当然这是日军一贯夸大战绩的“优良传统”，不过有马的这次自杀攻击实际上揭开了日军“神风特攻”狂潮的大幕。

可见，在大西泷治郎发布的第一道特攻命令之前，日本海军就已经做好了发动“神风特攻”的准备。之所以要将组织“神风特攻”的责任算到大西泷治郎的头上，最主要的原因就是大西泷治郎在日本投降后的第二天自杀了，而他又下达过第一道出击命令，并在菲律宾战役中积极组织策划了“神风特攻”，显然是背这个大黑锅的最佳人选。

日军为什么要让大西泷治郎来背锅呢？

因为日本海军师从英国，高级将领中也有不少人如永野修身、山本五十六等人都曾留学美国，对国际法比较熟悉，深知组织“神风特攻”是战争罪行，战后同盟国必然会严厉惩办“神风特攻”的组织策划者。在战后的28名甲级战犯中，日本海军有岛田繁三郎、永野修身和冈敬纯三人，他们参与策划开战的罪责是逃不了的，如果再加上组织“神风特攻”的罪名，那就必死无疑了，所以日本海军当时最重要的任务就是全力保住这三人的命，绝不能把组织“神风特攻”的罪责追究到海军最高层，一定要限制在完全是舰队一级的自主行为范围内，这样担任第一航空舰队司令的大西泷治郎就是最合适的了。于是，所有和组织“神风特攻”有关的事情都尽量往大西泷治郎身上扯，“特攻之父”的名号也就这样应运而生。经过这番运作，最后28名甲级战犯中有7人被判处死刑，其中除了广田弘毅是文官外，6人都是陆军将领。而海军的3人中永野修身在判决前病死，岛田繁三郎和冈敬纯都是终身监禁，逃过了死刑。

▲“神风特攻”对美军军舰进行自杀式攻击。

10月20日，大西泷治郎对201航空队即将出动执行自杀攻击的飞行员进行了战前训示：“正如大家所知道的那样，帝国正处在生死存亡的关头。现在能拯救帝国的不是大臣，不是大将，不是军令部总长，更不是我这样的司令官。只有诸位这样赤诚的爱国热情，才能拯救帝国！我代表一亿国民请求诸位，无论如何要成功……大家已经是神了，因为大家是神，所以就都没有欲望了。可是，没有欲望的话，那大家一定想知道自己的自杀式攻击到底有没有意义，可惜，大家都会在战后成仁，活着的人也不可能通知诸位。所以请大家安心地去吧，好吗？我是绝对不会要求你们去死的……拜托了！”

▲“神风特攻”飞机撞上美军军舰的瞬间。

这样悲凄的训示，与其说是振奋士气，不如说是最后的诀别。

第二天，21日201航空队的自杀攻击小队就起飞了，但因为天气原因，没能找到美军舰队。22日、23日、24日，自杀攻击小队又接连四天出击，都没能发现美军舰队，直到25日由关行男大尉率领的5架自杀机在4架战斗机的护卫下向

▲ 201 航空队首次神风特攻，近处编号 02-888 的飞机就是关行男的座机。

苏禄岛东北海域的美军舰队发动了自杀攻击——击沉了美军“圣洛”号护航航母（USS St.Lo，舷号 CVE-63，标准排水量 8 200 吨），另外还有 3 艘护航航母被击伤，5 架自杀机换取这样的战果，已经超过了日军的预期，也让日军对“神风特攻”信心大增。

在很多人的印象里，“神风特攻”的飞行员都是长期被武士道精神洗脑，自愿为天皇献身。但是实际上却并非如此，除了极少数是完全自愿外，绝大部分都是迫于命令或者各种各样的压力而被迫参加自杀攻击的。

就拿被称为“神风特攻”第一人的关行男大尉来说，他担任过飞行学校的教官，飞行技术精湛，而且是家中的独子，新婚还不到半年，本来轮不到他参加自杀攻击，但是当时 201 航空队第一支“神风特攻”飞行小队的 23 名队员全是刚从飞行学校毕业的十七八岁的“菜鸟”，只经过了几十小时的飞行训练，如果没有高手带领，连美军舰队都找不到。

关行男听到命令后沉默了十多秒钟才答应了一声“遵命”，而不是自告奋勇的“请务必让我来”。记者在战前采访关行男时，他面色苍白，大发牢骚：“日本就快完啦，就凭我的技术，不用玩命去撞也能让炸弹命中敌舰。我不是为天皇陛下去，不是为日本帝国去，是为了我老婆去，有命令就身不由己。”

到了战争后期，必输无疑的结局已经很明朗，飞行员就更不愿意去白白送死。有个叫美浓部正的飞行队长就公开反对进行“神风特攻”，认为即使能取得战果，飞行员也是有去无回，损失了好不容易才培养出来的飞行员，飞行员都死完了，以后的仗还怎么打。他在战后还写了回忆录，对于把年轻人送入“神风特攻”的浊流进行了尖锐的批评。

日本海军航空兵第四号王牌坂井三郎，最终战绩为 63 架，也是活到战后的最高王牌。1945 年 8 月，他也被命令率领“菜鸟”去执行自杀式攻击，但他并不愿意，所以一遇到美军战斗机拦截，就立即带着自己的小队调头返航。

为了避免出现“神风特攻”中途退缩，日军只给自杀飞机提供单程燃料，不但省下重量多挂炸弹，也可以让自杀飞机无法返航，“一举两得”。还有采取不给飞行员提供降落伞，锁死座舱盖等手段，彻底断绝飞行员的求生希望。同时还派出战斗机为自杀机护航，一方面是为了迎击美军的拦截，确保自杀机能“一机换一舰”，另一方面也是“督战队”，一旦发现自杀机要临阵逃脱，就直接予以击落。

还有一种说法，日军曾普遍给“神风特攻”的飞行员提供中枢神经兴奋型药物甲基苯丙胺，也就是“冰毒”。服用了这种药物后，会变得精力充沛、兴奋好斗，陷入疯狂状态，最终走向毁灭。

所以，“神风特攻”都是自愿的说法，其实是日本海军高层为了在战后逃脱强迫部下进行自杀攻击的惩处而刻意编造的神话。

鲜花凋谢前最后怒放

在“捷”号作战的四个预案中，日军最重视的是菲律宾的“捷一号”作战，因为美军下一步要进攻菲律宾的迹象实在是太明显了。

菲律宾方向的“捷一号”作战是整个“捷”号作战的重中之重，日军对美军的下一步作战目标的判断极为准确，日军判断美军进攻菲律宾的具体目标是莱特岛，进攻时间将在10月下旬——地点、时间都完全正确，要知道日军“捷”号作战出台时是7月24日，而此时美军的计划都还没有最后确定！

为了抗击美军的进攻，日军计划第一、第二航空舰队和陆军的第四航空军都投入“捷一号”作战。并规定，如果以海上作战为主，陆军第四航空军就由海军第一航空舰队指挥；如果是以陆上作战为主，那么第一航空舰队则归第四航空军指挥。

陆军第四航空军司令官是富永恭次陆军中将，参谋长是寺田一清陆军少将。这两人来头都不小，富永曾经担任过东条英机的副官，寺田则是航空总部的部长。日本大本营正是把菲律宾作战看成了决定战争胜负的“天王山”，才让这两人来担任这一重要职务。

第四航空军下辖5个战斗机战队、2个重轰炸机战队、2个轻轰炸机战队、2个攻击机战队、1个侦察机战队，编制作战飞机1 056架。

这样，加上海军第一、第二航空舰队的飞机，至少在纸面上日军在菲律集结了2 000架飞机，也算有了能和美军一战的资本了。不过到了1944年10月，莱特湾战役开始时，第四航空军能够升空作战的飞机还不到300架，就是加上海军第一、第二航空舰队，三支航空力量全部能够升空作战的飞机还不到900架，连编制数量的一半都不到。

对于这一情况，日军高层也是心知肚明，所以还准备了预案。在本土、中国台湾、中国华北、马来亚、印度支那等地的航空部队中抽调了战斗机 180 架、轰炸机 108 架、侦察机 27 架，总共 315 架作为二线力量，随时可以增援菲律宾方向。

7 月 28 日，日军将驻菲律宾的第 14 军升格为第 14 方面军，并将下辖 4 个师团又 1 个旅团的第 35 军也划归第 14 方面军序列。日军南方军总司令官寺内寿一陆军大将也将总司令部从新加坡迁到菲律宾马尼拉，以便就近指挥。

8 月 5 日，南方军在马尼拉进行了陆海军联合兵棋推演。日军通过推演，判定莱特岛将是美军最有可能的登陆地点，其次是棉兰老岛。根据这一判定，在推演结束后，南方军向第 14 方面军、第四航空军下达了战役预令，要求各部队在 8 月底前完成一切战役准备。

9 月 1 日，南方军总司令部命令菲律宾地区所有部队进入战备状态，并明确要求以 10 月下旬为最后期限，加紧完成各项作战准备。

南方军总司令官寺内寿一根据他派出的由南方军参谋长率领的视察组对菲律宾

日军第 14 方面军作战序列

- 第 14 方面军
  - 第 14 军
    - 第 8 师团（驻吕宋岛八达雁）
    - 第 103 师团（驻吕宋岛阿帕里）
    - 第 105 师团（驻吕宋岛比卡尔）
    - 第 58 旅团（驻吕宋岛林加延）
  - 第 35 军
    - 第 16 师团（驻莱特岛）
    - 第 30 师团（驻棉兰老岛）
    - 第 100 师团（驻棉兰老岛）
    - 第 102 师团
    - 第 54 旅团
  - 方面军直属
    - 第 26 师团
    - 战车第 2 师团
    - 第 55 旅团
    - 第 61 旅团

中南部各地进行实地视察后得出报告，大力加强在莱特岛、棉兰老岛的防御力量，同时对菲律宾第一大岛吕宋岛的防御也不能放松。日军估计美军在菲律宾发起登陆作战的话，登陆部队可能达到10到15个师，其中还包括空降师或装甲师。所以寺内认为一旦美军登陆站稳了脚跟，就很难挫败美军，因此寺内计划在海空力量的配合下，必须在美军登上海滩建立滩头阵地之前就一鼓作气将美军赶下海。但是以日军的实际情况，这根本是不现实的。加上寺内规定，如果美军在莱特岛或棉兰老岛登陆，就由35军负责指挥，而如果在吕宋岛登陆，则由第14方面军直接指挥。但是寺内的部署反而削弱了日军在菲律宾地区的整体防御，令出多头的指挥体系更是进一步对日军的防御产生了负面影响。

日军大本营竭尽全力向菲律宾增派部队，先后将第8、第20师团和第2战车师团调到菲律宾，连战车师团都调到热带岛屿菲律宾，可见日军这次可是下了大血本了。这样就使日军在菲律宾的总兵力增至9个师团又4个旅团，总兵力约25万人。其中2个师团部署在棉兰老岛，1个师团在莱特岛，5个师团又1个旅团在吕宋岛。应该说，日军能在菲律宾集中这点兵力，已经是尽了最大努力，几乎把压箱底的部队都调来了。但是菲律宾有大小7 000个岛屿，这么点兵力来防守这么大的面积，实在是捉襟见肘。难怪寺内寿一要求大本营至少在菲律宾部署17个师团，应该说17个师团也不算多，但日军根本抽不出这么多兵力。

9个师团分散在如此广阔的地域，还谈什么决战。而且日军认为菲律宾作战的关键是航空作战，所以一再要求陆军部队加紧修建机场。由于日军机械化水平很低，所以修建机场基本都是靠人工，修建速度很慢，还有美军不断进行轰炸，所以耗时耗力却难有成效。

直接负责菲律宾防御的第14方面军司令官黑田重德陆军中将为此极为不满，他认为让陆军部队修建机场实在是得不偿失的，如果地面部队不进行战斗训练，也不修筑防御工事，一味修建机场，而众所周知美军的空中力量远远要强于日军，机场修得再多，也无法在航空作战中取胜。一旦航空作战失利，美军又大举登陆，地面部队拿什么和美军决战？再说，现在花费这么多力气修建机场，如果美军占领了这些机场，那不成了替美军在修机场了吗？

黑田的话不能说没有道理，就是太尖刻了，因此让大本营和南方军都很是不快，觉得作为一线部队的主官，绝不能如此悲观，所以大本营于9月28日将黑田撤职，由在太平洋战争初期率领部队横扫马来亚，绰号“马来之虎”的山下奉文陆军大将接任。有点头脑的人都看得出这个任命绝对就是个烫手的山芋，石原莞尔就说“看来山下这回是要死在菲律宾了”。果然被他一语成谶，山下率部在菲律宾一

山下奉文

▲ 山下奉文。

山下奉文，日本陆军大将，第二次世界大战时期日本陆军最优秀的军事将领之一。

1885 年出身于高知县的一个乡村医生家庭。先就读于广岛陆军少年学校，1905 年毕业于日本陆军士官学校第 18 期步兵科，1916 年以第二名的成绩毕业于陆军大学第 28 期，因此被选派到德国留学。在留学期间，兼任驻瑞士军事研究员。1926 年任陆军大学教官。1927 年出任日本驻奥地利使馆武官。1929 年晋升为陆军大佐。1930 年任步兵第 3 联队联队长，1932 年任陆军省军务局军事课长，这是一个非常重要的职务，是晋升军务局长和作战部长必经的台阶。1934 年晋升为少将，但因为当时陆军省没有少将职级的空缺，临时以兵器本部部附兼陆军省省附职被暂时安排到兵器总厂任厂附。1935 年才调回陆军省，任军事调查部长。

1936 年 2 月 26 日，日本皇道派青年军官发动“二·二六事件”，但很快被平息，皇道派军官受到清洗，山下奉文是皇道派的干将，而且此次参与事变的叛军有一部分来自山下的旧部第 3 联队。因此，山下曾准备退伍，但被陆军大臣川岛义之挽留，转任朝鲜龙山的步兵第 40 旅团旅团长。

1937 年 7 月，全面抗战爆发。第 40 旅团在第 20 师团的序列中开赴中国华北参战，山下率部参加了北平、廊坊等地的作战。1937 年 8 月，日军组建华北方面军，山下调任直属方面军的中国驻屯军混成旅团旅团长。1938 年，升任华北方面军参谋长。11 月晋升为陆军中将。

1939 年调任关东军第 4 师团师团长。1940 年调任航空总监兼航空本部部长。1941 年调任关东军防卫军司令官。同年 11 月，调任第 25 军司令官，负责在即将开始的东南亚作战中指挥进攻马来亚、新加坡。

正是在山下的出色指挥下，日军仅用了不到两个月就横扫马来亚，占领新加坡，迫使 11 万英军投降，由此赢得了“马来之虎”的绰号。

1942 年升任第 1 方面军司令官。虽然职务晋升了，但第 1 方面军是在东北牡丹江，根本没有机会作战，是个边缘化的闲职，这对于渴望在战场上建功立业的军人来说，其实就是贬谪。1943 年晋升陆军大将，才算是得到些许安慰。

直到 1944 年随着战局恶化，大本营才不得不重新启用指挥才干出色的山下，他于 9 月调任第 14 方面军司令官，负责指挥菲律宾地区作战。

1945 年 8 月，日本战败投降。山下率部向盟军投降，随即作为战犯在马尼拉的国际军事法庭受审，被判处绞刑，并于 1946 年 2 月 23 日被执行绞刑。

直抵抗到1945年8月日本投降，山下作为战犯被判处绞刑，后来在马尼拉被执行绞刑。山下要求从沼田多稼藏、饭村穣、武藤章三人中选一位来担任参谋长，沼田时任第2方面军参谋长，饭村穣时任南方军参谋长，武藤章时任第2师团师团长，所以就将武藤章调任第14方面军参谋长。武藤章很清楚眼下局面有多严峻，所以在接到任命后当天的日记里心情悲怆地写下：“这个任命就是我的死亡通知书。”所以，他磨磨蹭蹭，直到10月20日才到达马尼拉的第14方面军司令部。

日军空中力量和美军相比，相差实在太过悬殊，根本没有翻盘的机会。陆军地面部队分散在广阔的地区，但要凭借区区25万部队守卫整个菲律宾，即便只集中力量防御几个主要岛屿，兵力依然是不敷使用。而美军则可以集中全部进攻兵力于一点，兵力火力的双重优势足以碾碎日军的任何抵抗。

日军唯一还能称得上优势的就只有海军了，说得更确切一点，航母及舰载机已经毫无优势可言，只有在以战列舰、巡洋舰为核心的水面舰艇，还能算是有一定优势。所以日军“捷一号”作战的关键也很快从最初的航空决战修正为海军水面舰艇决战，而且根据目前航母部队实力日益式微的现状，决定将航母部队作为诱饵，吸引美军航母舰队，掩护以战列舰为核心的水面战舰编队杀入登陆海滩，用舰炮摧毁美军的运输船队和登陆舰艇编队。这种战术并不陌生，在太平洋战争中日军已经在瓜达尔卡纳尔岛、马里亚纳群岛多次使用，只是以前还有完成任务后撤出战斗的安排，而这次完全没有如何撤出战斗的部署，说白了就是干掉一个够本，干掉两个赚一个的自杀式攻击，就是水面舰艇的“海上特攻”！

联合舰队司令长官丰田副武战后在接受盟军审讯时，对“捷一号”作战说得很透彻，如果菲律宾被美军占领，那么东南亚资源地区和日本本土的联系将被彻底切断，海军舰队在本土得不到产自东南亚的燃料，在东南亚则没有本土的弹药补给，即使联合舰队毫发无损，也都只是一堆废铁！联合舰队与其沦为废铁苟延残喘，还不如破釜沉舟拼死一战。对联合舰队而言，这一战就是最后一战！但是非常遗憾，他在当时并没有将这个战役决心和下属几个主要具体负责实际指挥的将领说清楚。

▲联合舰队司令长官丰田副武。

8月10日，日本海军在马尼拉召开军事会议，上到军令部、联合舰队，下到各个参战舰队都派代表出席。但是，如此重要的作战会议，军令部和联合舰队参加会议的代表级别都太低，军令部代表是作战参谋复尾义男中左，联合舰队代表是先任参谋神重德大佐。这样的恶果就是神重德根本无法把丰田副武的战役设想和这次战役的头号主力第二舰队完全交底，导致第二舰队虽然知道这是一次“海上特攻”，却并没有真正深刻理解如果战役失败即使舰队存在也是毫无意义的本质。这就埋下了日后栗田最终还是没能义无反顾不惜一切代价决死奋战的伏笔。

还有，会议居然没有将第二舰队、第三舰队、第五舰队和第 2 战队这几支主要参战部队的代表召集到一起同时开会，而是先同第二舰队、第三舰队代表，再与第五舰队、第 2 战队代表分头开会，这无疑是后来日军几路舰队毫无协同的症结之一。

正是由于级别太低，神重德大佐无法真正领会丰田的战略意图，所以对战役思想的解释实在难以讲透彻，第二舰队的代表参谋长小柳富次海军少将在听了神重德的介绍后就问道：“不管美军是在莱特，还是在达沃或者吕宋登陆，拥有优势兵力的美军舰队都不可能坐视我们舰队攻击运输船队，如果遭遇美军舰队拦截，我们第二舰队是不顾一切攻击美军运输船队，还是先与美军主力舰队展开决战？”神重德考虑了一下后回答：“先和美军主力舰队决战。”

小柳回到新加坡向第二舰队司令官栗田健男海军中将汇报会议内容，栗田听完之后瘫坐在椅子上，半天才说：“联合舰队是在给第二舰队安排最后的坟场，而我希望能死得更堂堂正正一些。”显然，栗田还是多少领会了丰田的战役决心。但他的部下却没有这样的领悟力，在第二天举行的舰队军事会议上，当小柳参谋长传达完联合舰队的作战计划后，会场上顿时炸了锅。第二舰队在马里亚纳海战之后先返回本土，所有军舰都进入船厂紧急加装高射炮和雷达（日军称为“电探”），每艘驱逐舰加装各种口径高射炮 30 门，巡洋舰加装高射炮则在 60 门以上，战列舰加装的数量就更多了，如“长门”号加装了 98 门，超级战列舰“大和”号更是加装了 117 门，这样一来，几乎每艘战舰的甲板和上层建筑的角落都塞满了高射炮，密密麻麻指向空中的炮管，就像一只只满身是刺的刺猬。但是靠加装高射炮数量来对抗来自空中的威胁，实在太被动，而且实际效果也并不大。

▲ 日军战列舰编队。

至于雷达，当时日军的电子技术还是比较落后的，在能

栗田健男

▲ 栗田健男。

栗田健男，1889年出身于茨城县的知识分子家庭，祖父和父亲都是大学教授、著名学者。1910年从江田岛海军军校第38期毕业，随后历任驱逐舰舰长、驱逐队司令、“阿武隈”号巡洋舰舰长、水雷战队司令、水雷学校首席教官、“金刚”号战列舰舰长。1939年晋升海军少将。

太平洋战争爆发时，担任第七战队司令官，率领第七战队的4艘最上级重巡洋舰参加锡兰湾海战、爪哇海海战，在爪哇海海战中，先是遭遇两艘盟军战舰就不顾其他舰艇的求援撤离战场，从而得到了“逃跑的栗田”的绰号。随后重返战场，击沉了美军重巡洋舰“休斯顿”号和澳大利亚轻巡洋舰“珀斯”号，还乌龙击沉己方的4艘运输船，其中包括今村均陆军大将的坐船，导致今村均落水。事后隐瞒真相，谎称是美军战舰发射的鱼雷击沉了今村均的坐船。

在1942年6月的中途岛海战中，他指挥的第七战队的“最上”号与姊妹舰“三隈”号相撞，“三隈”号被撞伤后航速锐减掉队，随后被美军飞机炸沉，成为日本海军在第二次世界大战中损失的第一艘重巡洋舰。

在瓜达尔卡纳尔岛战役中，栗田调任第三战队司令官，并晋升海军中将。率领第三战队的2艘战列舰对瓜岛机场进行了长达1小时23分钟的炮击，给美军机场造成了重大损失，但随后美军出动4艘鱼雷艇，栗田还没有判明炮击机场成效的情况下就匆匆结束炮击，战列舰居然被鱼雷艇吓跑，再次坐实了“逃跑的栗田”。但是由于炮击得到了陆军发来的贺电。因为陆军的点赞，栗田成了海军的英雄。

1943年8月升任第二舰队司令长官。由于在拉包尔遭到美军空袭损失惨重而撤回特鲁克。

栗田海军生涯中争议最大的自然就是1944年10月的莱特湾海战，他在距离胜利仅有一步之遥的时候，却下令撤退，使整个作战功亏一篑。

1945年1月调任江田岛海军兵学校校长。

1977年去世。

见度好的情况，也不比肉眼好多少。而在夜间或者能见度低的情况下，更是摆设而已。所以日军更倚重的是“土法上马”，从中国台湾高山族士兵中挑选出视力超好的，日常伙食就是专门配制的富含维生素A的食材，还要服用维生素A丸。再进行专门的夜间目视搜索训练，从而使他们能够在夜间观察到2 000米外的目标，这可比当时的雷达可靠多了！这些被称为“猫眼”的夜间瞭望哨就是日军的“土雷达”。

随后，第二舰队又在7月中旬返回新加坡林加锚地，进行了为期三个月的强化训练，这三个月训练强度之大，简直可以和平时一年的训练量相比。而如今，却要冲进莱特湾攻击美军运输船队，这三个月的训练还有什么意义？且不说在几乎没有空中掩护的情况下如何突破美军航母舰队的空中打击冲入莱特湾，就是和美军保护运输船的护航舰队对抗，也未必能有全胜的把握。再说了，就算把美军的运输船全部击沉了，以美国强大的工业实力，不用几个月就能再制造这么多运输船和物资，让第二舰队付出巨大甚至是全军覆没的代价，来换取这样的战果，有必要吗？

面对下属的强烈反对，栗田只能说：“联合舰队的现状大家都明白，我们已经无法和美军舰队正面决战。中国唐朝诗人杜甫有句诗‘国破山河在’，如果认为军舰去攻击运输船是耻辱的话，那么如果帝国战败了而海军舰队还存在，那才是最大的耻辱。所以这是我们最后的机会了！”话说到这个份上，大家才有点明白了，原来联合舰队是在给第二舰队准备墓地，既然如此，那还有什么好说，就慷慨赴死吧。

虽然表面上第二舰队从栗田到各战队各军舰舰长都对“捷一号”作战计划取得了一致意见，但实际上对这种纯粹是为了赴死而进行的“海上特攻”，他们从心底里还是没有完全认同，更何况栗田还有“逃跑的栗田”的外号，要指望他来指挥舰队进行自杀攻击，可能性绝对要打问号。所以在后来战役中，栗田下令撤退，从舰队司令部的参谋到各战队各军舰舰长，没有一人反对，原因就在于此。

海军内部对“捷一号”作战计划都难以理解，陆军就更不用说了。参谋本部在得知联合舰队将要把所有军舰都投入“捷一号”作战，对于海军这样孤注一掷的豪赌，不禁大惊失色。丰田副武解释说：“这是击败拥有强大物质力量敌人的最后一次机会。”但陆军更担心如果联合舰队在这次关键性的海战中再次失利，那么还有什么力量可以来保卫本土？陆军省军务局局长佐藤贤了陆军中将坚决反对海军将所有力量投入毫无胜利希望的菲律宾作战，他表示联合舰队不只属于海军，也属于国家。只要联合舰队还在，敌人就不敢肆意妄为，所以请海军务必慎重。为此，“捷一号”作战计划的总设计师海军作战部部长中泽佐海军少将回答：“对于陆军也如此看重联合舰队，我非常感激！”尽管日本陆军和海军历来矛盾很深，但中泽这句话绝不是讽刺反话，而是真情实意，因为他很明确知道这次陆军是真的重视联合舰队，所以他详细解释了为什么菲律宾战役是联合舰队最后一次决死奋战的机会，最后，他泪流满面地说：“请给联合舰队最后一次机会吧，请给我们像鲜花凋谢前最后怒放那样的机会吧！”

第四章 日美双方都倾巢而出

联合舰队的疯狂计划

日本海军在第二次世界大战时期采取的是军政、军令分开的双规制。

军政由海军省负责，海军省是1872年从兵部省分离出来，成为内阁中的一个独立的省级部门，长官是由天皇任命的海军大臣，而且海军大臣必须是现役的海军大将或中将。海军省只负责海军的军政管理，不具有军令权也就是军事指挥权。

海军的军令则是由军令部负责，最初日本军队的军政与军令并没有明确分开，直到1893年经天皇批准颁布海军军令部条例，成立了海军军令部，作为独立于海军省的海军最高军事指挥机关。

而联合舰队是日本海军的主力作战部队，是在军令部的统辖之下。所以，海军大臣、军令部总长、联合舰队司令长官就被称为海军的三大长官，从军政角度说，海军大臣是最高领导；从军事指挥层面来说，军令部总长才是最高领导，联合舰队司令长官只是具体负责主力舰队的作战指挥。日本海军当时的组织编制，除了联合舰队外，还有各镇守府。所以，严格来说，联合舰队司令长官和两位军政军令首长不是在一个层面上，但因为拥有日本海军最具战力的联合舰队指挥权，这才能和海军大臣、军令部总长并称海军三巨头。

1944年10月，莱特湾海战时，日本海军军事指挥的最高首长是军令部总长及川古志郎海军大将，但真正策划和指挥这场大海战的，是联合舰队司令长官丰田副武海军大将。

丰田副武是战争期间日本海军联合舰队的第三任司令长官，前两任司令长官山本五十六和古贺峰一都是死于非命，山本是因为密码被美军破译，在前往前线视察途中座机遭到美军战斗机伏击机毁人亡，古贺则是飞机失事而丧生。莱特湾海战时，丰田接任联合舰队司令长官才不过半年，联合舰队到了他手上的时候，实力已经折损大半，和前两任的时候不可同日而语了，尤其是航母和舰载机损失惨重，几乎难以再形成有效的战斗力，更无法和日益强大的美军航母舰队正面对抗。所以，一开始丰田是把取胜的宝押到岸基航空兵身上，但没想到在9月的台湾海空战中岸基航空兵损失很大，尽管到了1944年谁都清楚决定海战胜负的关键是制空权，但

丰田副武

丰田副武，1885 年出生，大分县人，毕业于江田岛海军兵学校和海军大学。1925 年担任海军大学教官。1926 年任“由良”号轻巡洋舰舰长。1927 年任第七潜水队司令官。1930 年任“日向”号战列舰舰长。1931 年晋升海军少将，任军令部第二班班长。1933 年任联合舰队参谋长兼第一舰队参谋长。1935 年晋升海军中将，任军务局局长。1937 年任第四舰队司令长官。1938 年任第二舰队司令长官。1939 年任舰政本部部长。1940 年晋升海军大将，任吴镇守府司令官。1942 年任军事参议官。1943 年任横须贺镇守府司令官。1944 年任联合舰队司令长官。1945 年任军令部总长。

日本战败投降后，1945 年 12 月丰田作为战犯被盟军逮捕，1949 年 9 月被判决无罪获释，1957 年 9 月去世。

丰田副武在 1941 年 12 月太平洋战争开始前就已经晋升海军大将，在日本海军里也算是老资历了，而且和很多只在机关里任职的海军大将不同，丰田除了在海军机关里担任过要职外，还担任过舰队司令官和镇守府司令官，任职经历很全面。不过，他 1939 年起就在机关任职，在太平洋战争期间没有指挥舰队作战的经历。而且山本五十六非常讨厌丰田副武，曾说过“两丰田（另一人为丰田贞次郎，曾任海军省次官）绝不可用”，所以丰田基本是被边缘化的。原本 1943 年 4 月山本五十六被美军击毙，就应由丰田副武接任联合舰队司令长官，但被海军军令部长伏见宫博恭王元帅一票否决了。直到 1944 年 3 月古贺峰一因飞机失事丧生，才由时任海军大臣的米内光政推荐继任联合舰队司令长官。

要知道在最讲究论资排辈的日本海军，丰田是海军兵学校 33 期毕业的，而古贺是 34 期毕业的，让 33 期的丰田去接 34 期古贺的班，可是违反规矩的，因此丰田对继任联合舰队司令长官很是愤愤不平，对前来传达任命的海军大臣岛田繁太郎海军大将说：“本人从开战以来就从没上过战场，和这场战争没有关系，所以不适合当联合舰队司令长官。况且现在战争进行得这样莫名其妙，一直在败退，战局非常悲观，本人接受这个重任也没有打破困局的把握，还是算了吧。”但最终还是推辞不掉，只好接过了这个烫手的山芋。

▲ 联合舰队司令长官丰田副武。

丰田就任联合舰队司令长官后，以“大淀”号轻巡洋舰为旗舰，因为大型主力战舰都在南方，在本土的就只有“大淀”号算是最大的战舰了。在联合舰队历史上，以轻巡洋舰作为旗舰，也是从来没有的。如此寒酸，也预示着联合舰队已然是穷途末路。

应该说丰田副武的能力还是很不错的，他一手策划的“捷”号作战计划在当时情况下还不失为一个比较符合现实的方案，只是丰田上任时，可谓生不逢时，联合舰队已经是残阳落日，根本没有和美军一战的实力了。

日军的空中力量实在已经太弱了，所以面对残酷的现实，丰田只好将最初的“航空决战”改为水面舰艇的“海上特攻”。

联合舰队以战列舰和重巡洋舰为核心的水面舰艇基本完整，对美军的水面舰艇也是具有一定的优势，丰田正是看到了这一点，才想到要扬长避短，将自己的优势尽可能发挥出来。按照丰田的计划，联合舰队的主力将分为三部分，由小泽治三

联合舰队“捷一号”作战计划要旨

作战方针：

联合舰队配合陆军，根据大本营的“捷”号作战计划指导要点，在决战海域，迎击并消灭来犯之敌，确保战略上立于不败之地。

作战要领：

一、迅速整备菲律宾各航空基地，以便第一、第二航空舰队得以全力投入作战。为此，应重点整备克拉克、巴哥洛地区的机场。同时对于海上部队的前进基地，预定在文莱、赫伦或吉马拉斯水道，也都要迅速加以整备。

二、基地航空部队在战役开始时，应尽量回避敌机动部队的攻击，菲律宾以外的基地部队要准备随时增援菲律宾。海上部队也须准备随时出动，一起冲向敌登陆地点，基地航空部队对此必须要予以策应。

海上部队对敌登陆地点的攻击时间，在敌登陆开始两日以内开始，航空歼灭战以在海上部队进攻两日以前开始为原则。

航空部队方面，第一，第二航空舰队应集中全部兵力于菲律宾，敌进攻开始前，第二航空舰队应在本土西部地区，保持只需要经过一到两次跃进就能前推到菲律宾的态势；第二，第十二航空舰队作为二线部队在本土待命，加入战斗的时机再由特别命令规定。

如敌不携带运输船队，仅进行机动空袭时，应以机智、短暂有力的攻击对敌展开奇袭，力求达到削弱敌军的目的，并尽量避免我方兵力的损耗，但到出现足以歼灭敌军的有利时机时，基地航空部队就应全力击溃敌航母部队。

海上部队方面，第一游击部队（第二舰队的大部）在林加锚地待命，第二游击部队（第五舰队全部）及机动部队本队（第三舰队全部）在内海西部待命。估计敌人将要来攻时，第一游击部队应立即开到文莱、赫伦或吉马拉斯方向待命，第二游击部队则开到内海西部或西南诸岛方向待命。机动部队本队在内海西部做好出击准备，等待命令出击。

敌人登陆时，第一游击部队应策应基地航空部队的空中歼灭战，对敌登陆点实施冲击作战。第二游击部队及机动部队本队应以牵制敌军于北方为原则。

潜艇部队方面，潜艇部队根据特别命令，开赴指定海域，在敌登陆前攻击敌运输船队，以切断敌方运输。

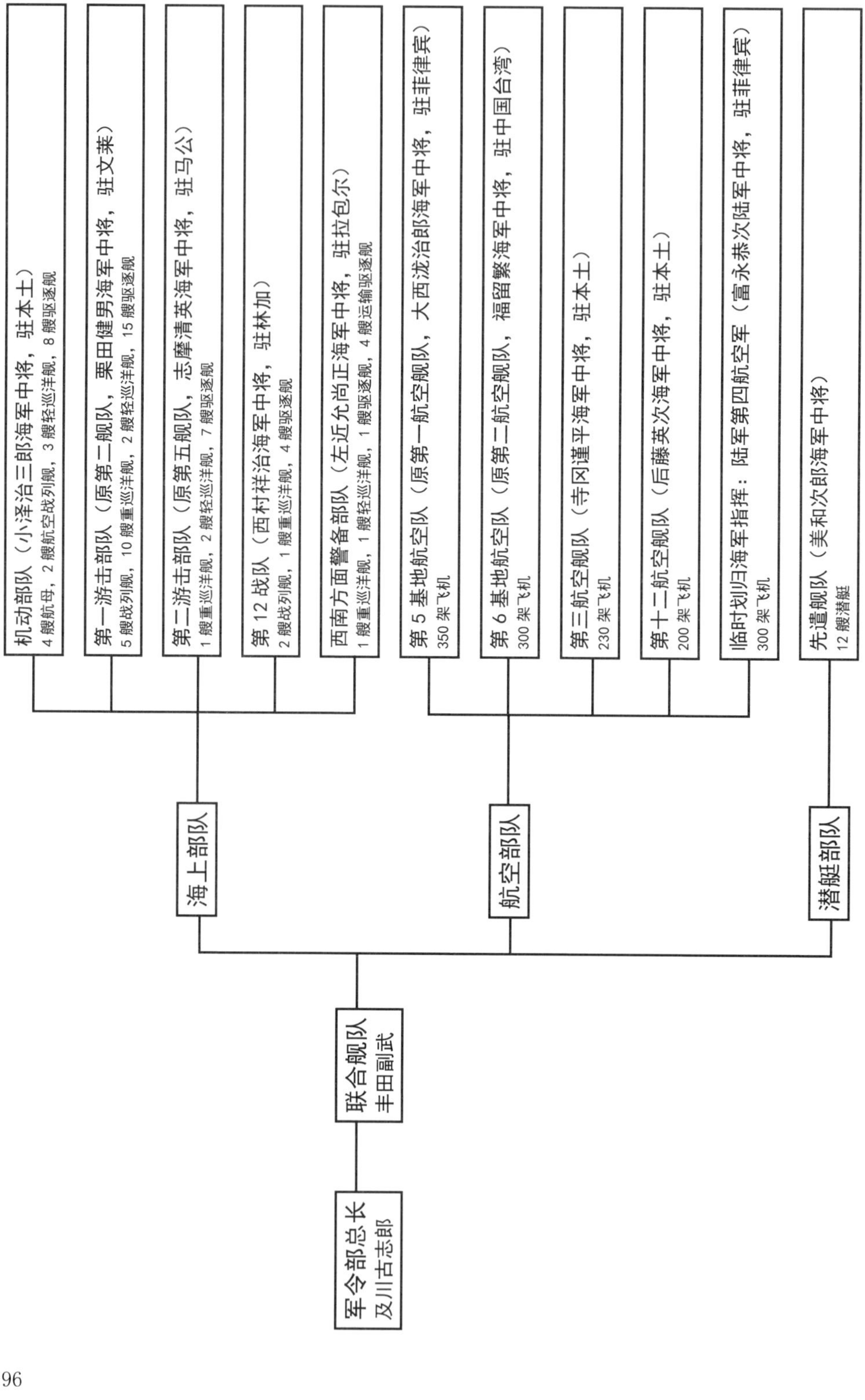

▲ 日本海军“捷一号”作战参战部队序列。

郎海军中将率领以航母为核心的机动舰队，作为诱饵吸引美军航母舰队远离登陆滩头，为战列舰编队的突击行动创造条件；由栗田健男海军中将和志摩清英海军中将率领的以战列舰和重巡洋舰为核心的水面舰艇编队，从南北两个方向对美军登陆滩头实施夹击，争取一举消灭美军的登陆舰队和运输船队。

从纸面上看，这个计划似乎还不错，但这个计划实在太疯狂了。首先，小泽“稻草人”式的航母舰队能不能把美军航母舰队“调虎离山”，是个未知数。其次，栗田和志摩两支水面舰艇舰队在没有空中掩护的情况下，把突破美军拦截的希望都寄托在小泽舰队的诱敌行动上，成功的可能性有多少？最后，在整个计划中根本没有撤离战场的布置，作为诱饵的小泽舰队就不说了，就连栗田和志摩两支舰队也都没有冲入登陆海滩消灭了美军登陆编队和运输船队之后如何撤离的安排，因为在丰田的心里，对这两支舰队就压根没有抱全身而退的希望。

所以，这个计划其实就是同归于尽的自杀式行动，够疯狂，不过也不能怪丰田，如果换了尼米兹，面对这样的战局，恐怕也会采用同样的战术。因为，除了这种打法，以日军当时的情况，还真没有更好的战术。只是，这样疯狂的计划实施起来，到底有多少成功的可能，最后还能有多少战舰杀入登陆海滩，就连丰田本人，心里都是没有底的。或者说，连丰田都知道，这个计划成功的概率是非常渺茫的，无非就是在毫无希望的情况下，干脆置之死地而后生，来个鱼死网破的困兽之斗，说不定还能搏出一个翻盘的奇迹来。

可以说，现实的发展就像是一出极其精彩的大戏，小泽舰队成功引开了美军的航母舰队，栗田舰队也成功杀入了美军的登陆海滩，但最后在距离胜利只有一步之遥的时候却又鬼使神差地掉头返航了，战局发展得跌宕起伏峰回路转，比好莱坞的大片都更有戏剧性。

航母舰队只能去当诱饵

日本在第二次世界大战期间，绝对是个航母大国。在 1941 年 12 月太平洋战争爆发时，日本海军总共拥有 9 艘航母，其中 6 艘大型航母，3 艘轻型航母，航母总吨位达到 17.7 万吨。相比之下，当时美国海军总共才只有 6 艘航母，其中 5 艘大型航母和 1 艘轻型航母，航母总吨位也只有 15 万吨。

除了航母，日本的舰载机性能和飞行员素质都是世界顶尖的，所以，可以说当时在太平洋甚至全世界，日本海军的航母舰队是当之无愧的“一哥”。

▲ 日本海军硕果仅存的大型航母“瑞鹤”号。

1942年6月中途岛海战，日本海军一下子损失了4艘大型航母，但日本依然还有8艘航母，而同一时期美国只有4艘航母，日本在航母数量上还是占据优势。但在随后的瓜达尔卡纳尔群岛争夺战中，日军不但又损失了2艘航母，更重要的是损失了大量优秀的飞行员，而这正是日本在短时间里无法补充的。同时，美国庞大的工业潜力开始发力，新建航母的数量也井喷式暴涨，同时雄厚的人力资源和安全的后方环境，大批经过充分训练的飞行员“新鲜血液”源源不断进入部队。1943年以后，美军的航母舰队就逐渐占据了上风，此消彼涨，到了1944年10月莱特湾海战时，曾经不可一世的日军航母舰队已经日暮西山，不复当年的雄风了。

小泽治三郎指挥的第一机动舰队，虽然还是沿用了当年令人生畏的部队番号，但真正的战斗力已经非常薄弱。尽管还有4艘航母和2艘航空战列舰，但总共搭载的舰载机才只有108架（“瑞鹤”号舰载机60架，“瑞凤”号、“千岁”号、“千代田”号各搭载舰载机16架），平均每艘航母上还不到30架！连正常编制数量的一半都没有，而且飞行员绝大部分都是刚刚完成基础飞行训练的“菜鸟”飞行员，平均飞行时间才几十小时，甚至空战训练都是靠看空战电影来进行的（因为缺乏训练飞行的燃料）。这样的飞行员不要说和美军那些如狼似虎久经沙场的老手飞行员对阵，就是每天起飞几架飞机进行例行侦察飞行，都会摔掉两三架。这样的航母舰队，是名副其实的“稻草人”部队，根本不堪一击，既然无法担当起和美军争夺制空权的重任，那么就只能废物利用当诱饵了。

▲ 日本海军“瑞凤”号航母。

美军显然不会知道日军的航母舰队已经衰败到如此地步，尽管知道日军航母舰队已经大不如昔，但出于对争夺制空权的重视，以及对日军航母舰队威胁的习惯性戒备，对日军的航母舰队自然是会格外“关照”的，这样，日军这支“稻草人”式的航母舰队，来当诱饵，真是再合适不过了。

▲ 日本海军“千岁”号航母。

此时的第一机动舰队下辖“瑞鹤”号、“瑞凤”号、“千岁”号、“千代田”号4艘航母和“伊势”号、“日向”号2艘航空战列舰。

“瑞鹤”号是4艘航母中唯一的排水量3万吨级大型航母，也是参加过1941年12月偷袭珍珠港的6艘航母中唯一硕果仅存的。“瑞鹤”号搭载舰载机60架，占到了参战舰载机总数的60%，是绝对的主力。

“瑞凤”号原来是作为潜艇母舰开工建造，下水之后才改建为航母，不过却只是排水量1.2万吨的轻型航母，而且由于原先是作为潜艇母舰设计建造，改建成航母存在先天不足的限制，所以搭载的舰载机数量只有30架，实际搭载更是只有区区16架。

“千岁”号和“千代田”号是千岁级的姊妹舰，最早是作为水上飞机母舰完工。1942年6月中途岛海战日本海军一下损失了4艘航母，于是只好紧急将千岁级改装为航母，由于前身是水上飞机母舰，机库面积太小，所以搭载的30架舰载机中7架零式战斗机就不得不停放在飞行甲板上，不过这次只搭载了16架舰载机，可以全部停放在机库。

至于航空战列舰更是日本海军独创的舰种，是在战列舰的舰体上进行改装，从而成为既有战列舰的火力和防护，又能搭载舰载机进行航空作战的合体式战舰。

▲“伊势”号航空战列舰。

“伊势”号、“日向”号前身是伊势级战列舰，原来是扶桑级的三号舰和四号舰，由于建造时恰逢第一次世界大战中最著名的日德兰海战中暴露出英式战舰存在航速慢、水房防

▲ 小泽治三郎。

小泽治三郎

小泽治三郎，1886 年出生，九州宫崎县人，出身武士世家，父亲是原高锅藩士。年轻时因为受到甲午战争与日俄战争的影响而向往海军，因此考入江田岛海军兵学校，毕业后以海军少尉候补生到“宗谷”号轻巡洋舰实习，当时“宗谷”号舰长是铃木贯太郎大佐，而候补生指导军官则是山本五十六大尉与古贺峰一中尉，都是后来日本海军的头面人物。

1917 年担任“海鸥”号鱼雷艇艇长，1918 年作为运输舰船长，赴地中海参加第一次世界大战。1921 年任“竹”号驱逐舰舰长。1926 年调任联合舰队参谋，1930 年担任第一驱逐舰队司令官，1934 年担任“摩耶”号重巡洋舰舰长。1935 年晋升海军少将，任“榛名”号战列舰舰长。1937 年升任联合舰队参谋长，不久调任第八舰队司令官。1938 年任鱼雷学校校长，1939 年任第 1 航空战队司令官。1940 年晋升海军中将，升任第三舰队司令官。1941 年任海军大学校长。1942 年再度担任第三舰队司令官。1944 年担任第一机动舰队司令官。随后率领第一机动舰队参加了马里亚纳海战和莱特湾海战。1945 年 5 月，升任联合舰队司令长官。

按理说联合舰队司令长官应该是海军大将，但按照日本海军近乎病态的论资排辈，他是很难指挥担任下属舰队司令官的海军兵学校学长，而且同期同学里“吊床号”(就是毕业考试成绩排名）在他之前的如果不能晋升海军大将，就只能退出现役改为预备役。所以小泽坚决拒绝晋升海军大将，因此也就成了历任联合舰队司令长官中唯一的海军中将。

1945 年 8 月日本战败投降。小泽对那些企图自杀报国的部下说：“你们不能死，宇垣在冲绳坠落了，大西在家中剖腹了，战争是由我们这一代人发动的，如果我们都死了，谁来承担战争的责任？”自杀很容易，但要承担战争责任却要困难得多。

随后，小泽被盟军逮捕，但最终被无罪释放。获释后的小泽隐居在东京，并以不愿回顾战时的记忆为由拒绝了对他的采访。因为他认为在他的指挥下，很多部下战死，对此感到相当后悔与愧疚。

1966 年去世，享年 80 岁，天皇还特别赐予 7 000 日元丧葬费。

护薄弱、损管不足等缺陷，源于英式战舰设计的“伊势”号、“日向”号便在建造中进行了大幅度改进，和扶桑级的一号舰二号舰就有了很大区别，因此也就单独划出来成为伊势级。不过建造于 1920 年之前的两艘伊势级还是用煤作为动力，直到华盛顿海军条约签署后，再进行了大规模改装，在加装航空设备的同时改为采用燃

日军第一机动舰队作战序列

第一机动舰队：司令官小泽治三郎海军中将，参谋长大林末雄海军少将

第三航空舰队：司令官小泽治三郎海军中将（兼任）

航空母舰 4 艘："瑞鹤"号、"千代田"号、"千岁"号、"瑞凤"号

第四航空舰队：司令官松田千秋海军少将

航空战列舰 2 艘："伊势"号、"日向"号

巡洋舰舰队：司令官多摩舰长山本岩多海军大佐

轻巡洋舰 2 艘："多摩"号、"五十铃"号

第一驱逐队：司令官江户兵太郎海军少将

轻巡洋舰 1 艘："大淀"号

驱逐舰 4 艘："槙"号、"杉"号、"桐"号、"桑"号

第二驱逐队：

驱逐舰 4 艘："初月"号、"若月"号、"秋月"号、"霜月"号

合计：航母 4 艘，航空战列舰 2 艘，轻巡洋舰 3 艘，驱逐舰 8 艘

油动力。太平洋战争爆发后，这两艘战列舰由于性能落后一直留在后方，中途岛海战后，为了尽快补上航母数量缺口，就想出了在两艘伊势级的老式战列舰基础上改装成具备搭载舰载机的航空战列舰。具体是拆除了后主炮，增设机库，加装飞行甲板、弹射器和飞机运输轨道。使伊势级能够搭载 22 架舰载机，但机库面积有限，有 11 架只能停放在飞行甲板上。

在莱特湾海战时，由于两艘伊势级搭载的第 634 航空队在之前的台湾航空战中损失殆尽，所以这两艘航空战列舰根本没有搭载舰载机，完全徒有虚名。最后凭借战列舰厚实的装甲防护，以及强大的防空火力才侥幸逃脱了美军的打击全身而退。

所以，在莱特湾海战中，小泽的机动舰队航空战力实际上极为有限，确实没有力量和美军航母舰队对抗，只能作为诱饵来使用。

应该说，机动部队的司令官小泽治三郎海军中将是战争后期日本海军为数不多的优秀将领，而且他和山本五十六不同，从山本的任职经历看，似乎是个航空派，但在骨子里，山本还是一个迷信巨舰大炮的舰队派，小泽是真正的航空派，他对航空作战的相关业务十分精通，无论是指挥航母还是对舰载机的运用，都堪称行家里手。将航母集中起来组建航母舰队的建议就是小泽提出的，可见他对航母作战的

深刻理解。以至于当他当上联合舰队司令长官后，日本海军就出现了这么一句话："联合舰队这才算找到了真正的司令长官！"意思很明确，联合舰队的前几任司令长官，从山本五十六、古贺峰一到丰田副武都不是合格的司令长官，只有小泽才是最够格的。只是可惜当他执掌机动部队时，徒有虚名的航母舰队已经根本无法将他的才干发挥出来，他能做的也就只是尽量带领这支航母舰队摆脱美军的无情打击，能够多苟延残喘几天。能够从马里亚纳海战、莱特湾海战这两场大海战中，成功带领航母舰队逃脱全军覆没的厄运，也说明了小泽确实有过人之处。

担负主攻重任的栗田舰队

到了1944年10月，曾经在太平洋上不可一世的日本海军已经日落西山，在决定海战胜负的航空力量上，无论是航母和舰载航空兵，还是岸基航空兵都已经残破不堪，几乎没有一战之力。唯一还能对美军占有优势就只有以战列舰和重巡洋舰为核心的大型水面舰艇，由栗田健男海军中将指挥的第二舰队——在莱特湾海战开始前改编为第一游击部队，下辖7艘战列舰和10艘重巡洋舰，绝对是一支实力极为可观的海上力量，只是此时已经是第二次世界大战后期了，不是战列舰对决的日德兰海战时代了，战争的现实已经雄辩地证明，没有空中掩护，单靠水面舰艇，就是吨位再大火力再强，都是不堪一击的。所以这支水面舰艇舰队，即便实力再强，一旦面对美军的空中力量，肯定就是任人宰割。

但是也没办法，这个时候的日本海军，也只有这支水面舰艇还能拿得出手，还能有取胜的一线希望。所以联合舰队司令长官丰田副武就把栗田舰队作为"捷一号"作战的主攻部队，担负突入莱特湾美军登陆海滩的千钧重任。

▲ 日本海军"长门"号战列舰。

第二舰队在1944年7月中旬从本土返回新加坡林加锚地，主要是为了就近补充燃料，同时也能够更靠近前线，一旦美军发起进攻，就能更快赶赴战区。

第二舰队的7艘战列舰分

大和级超级战列舰

▲ 1941 年 10 月正在进行海上试航的“大和”号。

1934 年日本确立了新的帝国国防方针后，需要建造 2—4 艘翔鹤级航母和 2—4 艘新型战列舰，担负与美军舰队展开决战的重任。由于《华盛顿海军条约》规定，日本海军只能拥有相当于英美 60% 的吨位限额，所以日本决心建造装备 460 毫米（20 英寸）主炮的超级战列舰，用单舰性能上的优势来对抗英美在数量上的优势。1935 年开始秘密设计，要求新型战列舰装备 3 座三联共 9 门 460 毫米主炮，主装甲带采用 410 毫米 VH 装甲，可以抵御 460 毫米炮弹。火力、防护力都创造了当时多项世界第一，是战列舰建造史上的巅峰之作。

一号舰“大和”号 1937 年 11 月开工，1940 年 8 月下水，1941 年 12 月完工。

二号舰“武藏”号 1938 年 3 月开工，1940 年 10 月下水，1942 年 8 月完工。

三号舰“信浓”号 1940 年 5 月开工，1941 年 12 月太平洋战争爆发后停工，1942 年 9 月作为航母重新开工改建，1944 年 10 月下水，1944 年 11 月基本建成。

所以大和级原计划建造 3 艘，实际建成 2 艘战列舰，三号舰是作为航母完工的。

大和级舰长 263 米，宽 38.9 米，吃水 10.4 米。标准排水量 64 000 吨，满载排水量 68 000 吨。4 台蒸汽轮机，12 座锅炉，总输出功率 15.2 万马力，最高航速 27 节，续航力 7 200 海里（16 节）。武备为 3 座三联 460 毫米主炮，4 座三联 155 毫米副炮，6 座双联 127 毫米高炮，8 座三联 25 毫米高炮。后来又加装了 6 座双联 127 毫米高炮，44 座三联和 6 座单管 25 毫米高炮。6 架舰载水上飞机，2 部弹射器。舰员编制 2 200 人。

大和级造价极为昂贵，单舰造价就高达 1.38 亿日元，约合 3 000 万美元，在当时几乎是 300 架战斗机的价格，相当于今天大约 45 亿美元（几乎相当于尼米兹级核动力航母的造价）。由于大和级设备先进豪华，所以被戏称为“大和酒店”。

“大和”号第一次参战是 1942 年 6 月的中途岛海战，但却作为旗舰率领主力在后，并没有进入战区。1943 年“武藏”号服役后，两舰虽然多次南下，但都没有真正参加过实战，“大和”号反倒在 1943 年 12 月特鲁克以西海域被美军潜艇击伤。直到 1944 年 6 月马里亚纳海战中，两舰被编入第一机动舰队才真正参加了实战。

尽管大和级就性能而言，在战列舰中可谓登峰造极，但却是生不逢时，大和级问世之时就是航母开始取代战列舰成为海上霸主的时代，所以即便安装了大量的防空火力，也依然难以对抗航母和舰载机的凌厉打击，最终为战列舰时代的终结添上了浓墨重彩的注脚。

“大和”号 1945 年 4 月被美军舰载机击沉于鹿儿岛西南海域。

“武藏”号 1944 年 10 月被美军舰载机击沉于菲律宾锡布延海域。

日本海军的重巡洋舰

在巨舰大炮的时代，重巡洋舰通常是指主炮口径 203 毫米，排水量 1 万吨以上的大型水面舰艇。

1920 年日本海军提出了“八八舰队舰艇建造计划”，计划建造 8 艘 5 500 吨级重型巡洋舰和 8 艘 8 000 吨级大型巡洋舰，后来为了能够有效压制装备 152 毫米主炮的轻巡洋舰，又提出装备 200 毫米主炮排水量 7 000 吨级的大型侦察巡洋舰方案。1922 年《华盛顿海军条约》签署以后，这型大型侦察巡洋舰就改称一等巡洋舰（也被称为甲型巡洋舰），也就是重巡洋舰。这就是日本第一代重巡洋舰古鹰级。同级舰 2 艘，1926 年建成。1937 年，古鹰级进行了现代化改装，将原来 3 门单管 200 毫米主炮改为 3 座双联 203 毫米主炮，满载排水量也达到了 1 万吨。

一号舰“古鹰”号 1942 年 10 月在埃斯帕恩斯角海战中被美舰击沉于萨沃岛西北海域。

二号舰“加古”号 1942 年 8 月被美军潜艇击沉于新爱尔兰岛以北海域。

古鹰级的三号舰和四号舰由于进行了较大改进，就单独列出成了青叶级。主要改进是将古鹰级的 6 门单管 200 毫米主炮改为 3 座双联 200 毫米主炮，标准排水量也增加到 8 000 吨。2 艘青叶级舰艇于 1927 年建成，1936 年进行了现代化改装，主炮改为 3 座双联 203 毫米主炮，鱼雷和火控系统也都进行了改进。

一号舰“青叶”号 1945 年 7 月在吴港因遭美军飞机空袭而坐沉，1947 年打捞解体。

二号舰“衣笠”号 1942 年 11 月在所罗门群岛海域被美军飞机击沉。

1922 年《华盛顿海军条约》对各国重巡洋舰的建造进行了严格规定，日本根据条约规定开工建造了 4 艘万吨级的妙高级，这就是典型的条约型重巡洋舰，也是日本的第二代重巡洋舰。日本因为巡洋舰数量和吨位的限制，只能尽量提升单舰性能，以质量来抵消数量劣势。同级舰 4 艘，1929 年前后建成。妙高级装备 5 座双联 200 毫米主炮，是同类战舰中主炮数量最多的。1938 年进行现代化改装，主炮改为 5 座双联 203 毫米主炮，满载排水量也达到 1.5 万吨。

一号舰“妙高”号在日本投降后被英国接收，1946 年 7 月凿沉于马六甲海峡。

二号舰“那智”号 1944 年 11 月被美军飞机击沉于马尼拉湾。

三号舰“羽黑”号 1945 年 5 月被英国驱逐舰击沉于马六甲海峡。

四号舰“足柄”号 1945 年 6 月被美军潜艇击沉于巴达维亚水道。

由于 4 艘金刚级战列巡洋舰改建为战列舰，就需要 4 艘重巡洋舰来顶替原来金刚级所担当的夜战部队旗舰，因此于 1932 年建成了 4 艘强化了指挥和通信能力的高雄级重巡洋舰，满载排水量达到了 1.3 万吨，已经远超过《华盛顿海军条约》的规定，因此可以算作是“违约舰”，装备 5 座双联 203 毫米主炮。1939 年一号舰“高雄”号和二号舰“爱宕”号进行了现代化改装，鱼雷武器增加到 16 具鱼雷发射管。三号舰“摩耶”号和四号舰“鸟海”号没有改装，所以在外观上有所不同。四舰建成服役后，虽然编在同一个战队，但经常作为各支舰队的旗舰分头行动。

一号舰“高雄”号日本投降后被英国接收，1946 年 10 月凿沉于马六甲海峡。

二号舰“爱宕”号 1944 年 10 月被美军潜艇击沉于巴拉望水道。

三号舰“摩耶”号 1944 年 10 月被美军潜艇击沉于巴拉望水道。

四号舰“鸟海”号 1944 年 10 月在萨马岛海域遭到美军飞机重创，后由己方驱逐舰击沉。

1930 年签署的《伦敦海军条约》，对美英日三国巡洋舰以下舰只的总吨位、单舰吨位和主炮口径都做了明确规定。这样日本在高雄级建造完之后，就用完了重巡洋舰的吨位限额。只有轻巡洋舰还有 2 035 吨的额度，所以日本提出部分现役 3 500 吨和 5 500 吨的轻巡洋舰已经老旧需要更新，于是条约允许日本预支轻巡洋舰限额 48 920 吨，加上原来还有的额度，总共可以建造 50 950 吨轻巡洋舰。日本便建造了 4 艘 8 500 吨级的最上级一等轻巡洋舰。所以 4 艘最上级的舰名都是按照轻巡洋舰的规定用河流命名，而不是用重巡洋舰的山川命名。

日本在建造最上级时就已经留好了后手，5 座三联 155 毫米主炮可以更换为 5 座双联 203 毫米主炮，必要时只要更换炮塔就能从轻巡洋舰“变身”为重巡洋舰。最上级因为条约限制，在有限的排水量上安装了过多的武器装备，在结构强度上存在严重不足的缺陷。因此在 1935 年 10 月的“第四舰队事件”中，刚刚完工的一号舰“最上”号和二号舰“三隈”号都在风暴中受损，不得不回船厂修理并强化结构强度。正在建造中的三号舰“铃谷”号和四号舰“熊野”号也对结构强度进行了改进。这样一来，满载排水量就超过 1.2 万吨，主炮口径和排水量双双都违反了条约限制，被称为“惊人的违约舰”。

一号舰“最上”号 1944 年 10 月在苏里高海峡被美军军舰重创，后由己方驱逐舰击沉。

二号舰“三隈”号 1942 年 6 月被美军飞机击沉于中途岛西北海域。

三号舰“铃谷”号 1944 年 10 月在萨马岛海域被美军飞机重创，后由己方驱逐舰击沉。

四号舰“熊野”号 1944 年 11 月在吕宋岛海域被美军飞机击沉。

1934 年日本又准备开工建造 4 艘新的重巡洋舰，由于条约限制没有重巡洋舰的额度，所以也和最上级一样，伪装成轻巡洋舰开工，预留了日后将 5 座三联 155 毫米主炮换装 5 座双联 203 毫米主炮的后手。当然舰名也是按照轻巡洋舰的规定用河流名命名。这就是日本战前最后一级重巡洋舰利根级。在建造过程中，《伦敦海军条约》就到期了，所以也就没必要再遮遮掩掩，直接装备 5 座双联 203 毫米主炮。由于建造中频频修改设计，所以建造工程一直拖延到 1939 年才完工。同级舰 2 艘，满载排水量同样也超过了 1.3 万吨。

▲“最上”号重巡洋舰。

一号舰“利根”号 1945 年 7 月

在吴港遭美军飞机空袭而坐沉，1947 年打捞后解体。

二号舰“筑摩”号 1944 年 10 月在萨马岛海域被美军飞机击沉。

日本在第二次世界大战中没有建造重巡洋舰，在战争中使用的就是战前建造的这 18 艘重巡洋舰。

第一游击部队（原第二舰队本队）作战序列

第一游击部队：司令官栗田健男海军中将，参谋长小柳富次海军少将

第一夜战部队

第 1 战队：司令官宇垣缠海军中将

战列舰 3 艘：“大和”号、“武藏”号、“长门”号

第 4 战队：司令官栗田健男（兼任）

重巡洋舰 4 艘：“爱宕”号、“高雄”号、“摩耶”号、“鸟海”号

第 5 战队：司令官桥本信太郎海军少将

重巡洋舰 2 艘：“妙高”号、“羽黑”号

第 2 水雷战队：司令官早川干夫海军少将

轻巡洋舰 1 艘：“能代”号

驱逐舰 9 艘：“早霜”号、“秋霜”号、“岸波”号、“冲波”号、“朝霜”号、“长波”号、“浜波”号、“藤波”号、“岛风”号。

第二夜战部队

第 3 战队：司令官铃木义尾海军中将

战列舰 2 艘：“金刚”号、“榛名”号

第 7 战队：司令官白石万隆海军少将

重巡洋舰 4 艘：“铃谷”号、“熊野”号、“利根”号、“筑摩”号

第 10 战队：司令官木村进海军少将

轻巡洋舰 1 艘：“矢矧”号

驱逐舰 6 艘：“浦风”号、“矶风”号、“雪风”号、“浜风”号、“清霜”号、“野分”号

合计：战列舰 5 艘、重巡洋舰 10 艘、轻巡洋舰 2 艘、驱逐舰 15 艘

▲ 日军重巡洋舰编队。

别是隶属第1战队的“大和”号、“武藏”号、“长门”号，隶属第2战队的“扶桑”号、“山城”号，隶属第3战队的“金刚”号、“榛名”号。10艘重巡洋舰则是隶属第4战队的“爱宕”号、“高雄”号、“摩耶”号、“鸟海”号，隶属第5战队的“妙高”号、“羽黑”号，隶属第7战队的“铃谷”号、“熊野”号、“利根”号、“筑摩”号。

在7艘战列舰中，“大和”号和“武藏”号堪称超级战列舰，是第二次世界大战中吨位最大、主炮口径最大的战列舰，也是人类历史上最具威力的战列舰，是战列舰发展到巅峰的极致之作。

“长门”号是1920年完工，是世界上最早装备406毫米（16英寸）的超弩级战列舰，在二三十年代可以算是一流的战列舰，也是联合舰队在太平洋战争爆发时的旗舰，多年来都是日本民族精神的象征，也是日军“渐减邀击”战略中作为决战部队的绝对主力。但到了1944年，总体性能已经落后了，不过依然也是不容小觑的战列舰。

第3战队的“金刚”号、“榛名”号严格来说算是战列巡洋舰，“金刚”号是由英国维克斯公司巴罗－因弗内斯造船厂建造，通过从英国订购了“金刚”号，日本获得了宝贵的蒸汽轮机、大口径舰炮和船体焊接技术，从而能够在日本自行建造金刚级的后续三艘，不过到1944年10月时，金刚级的二号舰“比睿”号和四号舰“雾岛”号已经在战争中被击沉，所以只剩下了“金刚”号和“榛名”号。

日本海军通常一个战队是4艘战列舰，由于第2战队的“伊势”号和“日向”号改装为航空战列舰，脱离了第2战队建制，这样第2战队就只剩下了“扶桑”号和“山城”号，这两艘战列舰都是建成于1920年前的老式战列舰，虽然在1930年代中期进行了现代化改装，但还是存在舰龄过大航速过慢等缺陷。尤其是不到23节的最大航速，会严重拖累整个舰队的行动，所以只好单独由西村祥治海军中将指挥，和本队分开行动，走捷径从南路进击莱特湾。

重巡洋舰更是日本海军最倚重的海上突击力量，因为战列舰造价高昂，所以资源匮乏的日本，不舍得轻易动用战列舰，火力凶猛速度又快的重巡洋舰自然就成了顶梁柱。在太平洋战争中，日军18艘重巡洋舰东征西讨相当活跃，特别是在前期的几场海战中都发挥了重大作用。

栗田的第二舰队编有10艘重巡洋舰，再加上后来调拨给西村第2战队的1艘重巡洋舰，总共有11艘重巡洋舰参加了莱特湾海战，可以说日军当时几乎把所有的重巡洋舰全部投入了这场海战，最后损失6艘。

▲ 第二游击部队司令官志摩清英海军中将。

南路的两支助攻舰队

在日军的计划里，小泽的第一机动舰队是诱饵，栗田的第一游击部队是突入莱特湾的主攻，配合栗田突击莱特湾的还有志摩清英海军中将指挥的第二游击部队（原第五舰队），栗田从北，志摩从南，对莱特湾展开南北夹击。志摩的第二游击部队和栗田的第一游击部队一样，舰队编成中清一色都是水面舰艇，没有航母，基本没有空中掩护。

之所以要兵分两路，一方面固然是两支舰队分别驻扎在不同地方，另一方面更重要的是，考虑到没有空中掩护，兵分两路表面是为了形成夹击之势，实际上也是为了能够分散美军的空中打击力量，不把鸡蛋全部放在一个篮子里，从最坏处打算，至少能保证一支舰队突破美军拦截突入莱特湾。

而志摩的这支舰队，就是在1944年9月台湾海空战里大摆乌龙，以为美军舰队遭到重创而组织起来用于追击的。后来发现“辉煌”的战果完全是谎报，美军舰队基本没有受到损失，已经出海的志摩舰队只好中途折返，就近返回台湾马公。

日军“捷一号”作战开始后，志摩舰队便于21日离开马公前往布桑加岛的科龙湾加油。同时驻扎在马尼拉的第21驱逐队“若叶”号、“初霜”号和“初春”号3艘驱逐舰也奉命南下，经塔布拉斯海峡，在班乃岛以西海域和志摩舰队会合，加入第二游击部队。但这3艘驱逐舰24日在塞米拉斯群岛附近海域遭到美军飞机空袭，“若叶”号被击沉，“初霜”号负伤，“初春”号只

▲ 日本海军“那智”号和“足柄”号重巡洋舰。

扶桑级战列舰

1921 年日本从英国得到了金刚级战列巡洋舰的设计图纸，在此基础上进行战列舰化，增加主炮，强化主装甲带，缩短舰身，使之在排水量、航速和主炮火力三方面都成为当时世界第一的“最强的超弩级战列舰”，这就是扶桑级，也是日本自行设计建造的第一代弩级战列舰。

由于在原来金刚级基础上增加了 2 座双联 356 毫米主炮，而舰身长度反而比金刚级还要短，这就造成了炮塔分布太过密集，同时舷侧装甲带为了保护炮塔也不得不加长，但是这样一来装甲厚度就只能从 356 毫米降低到 305 毫米，而且 3 号 4 号炮塔和弹药舱挤占了锅炉舱和轮机舱的空间，就无法容纳下大型锅炉，造成最大航速只有 22 节。此外，也因为炮塔布置太密集，一旦进行全部主炮一侧齐射的话，射击产生的烟雾和气浪就会对整艘军舰造成巨大冲击，尤其是对观测和指挥都有极大不利影响。正因为扶桑级的问题太突出，所以日本海军先后对扶桑级进行了两次大规模现代化改装，主要是提高航速，加强装甲防护。

太平洋战争爆发后，扶桑级虽然经过了改装，但还是存在舰龄长航速慢的缺陷，所以在接应偷袭珍珠港归来的南云舰队和中途岛海战炮击阿留申群岛之后，就基本退出一线作为训练舰使用。

1942 年 6 月中途岛海战之后，本来曾有计划将扶桑级和伊势级一样改装为航空战列舰，但因为日本造船厂造船资源限制而取消。

直到 1944 年 10 月才再次投入战场参加莱特湾海战，最终双双在苏里高海峡被击沉。

同级舰 2 艘，一号舰“扶桑”号 1912 年 3 月开工，1914 年 3 月下水，1915 年 11 月建成。1933 年和 1935 年两次进行了现代化改装。

二号舰“山城”号 1913 年 11 月开工，1915 年 11 月下水，1917 年 3 月建成。1935 年进行了现代化改装。

经过现代化改装后，标准排水量 34 700 吨，满载排水量 39 150 吨。最大航速 25 节，续航力 11 800 海里（16 节）。武备为 6 座双联 356 毫米主炮，8 座双联 152 毫米副炮，4 座双联 127 毫米高炮，8 座双联 25 毫米高炮。

编制舰员 1 396 人。

▲ 扶桑级战列舰。

▲ 第 2 战队司令官西村祥治海军中将。

好救起“若叶”号的落水官兵，保护着“初霜”号返回马尼拉湾。这样，给第二游击部队加强驱逐舰兵力的计划也落空了。

只是志摩舰队的实力太单薄了，只有 2 艘重巡洋舰、1 艘轻巡洋舰和 4 艘驱逐舰。因此丰田副武考虑到隶属于栗田第二舰队的第 2 战队两艘老式战列舰“扶桑”号和“山城”号，由于这两艘老式战列舰的最大航速只有 23 节，跟不上栗田舰队的其他战列舰，如果一同行动，必然会拖累栗田舰队的速度，所以干脆把第 2 战队拉出来，再编入“最上”号重巡洋舰和 4 艘驱逐舰，单独组成一支舰队，由西村祥治海军中将率领，和志摩舰队一起走苏里高海峡，从南面突入莱特湾。

这样，南路的助攻方向，就有志摩和西村两支舰队，总共 2 艘战列舰、3 艘重巡洋舰、1 艘轻巡洋舰和 8 艘驱逐舰，规模也不算小了。和北路主攻方向的栗田舰队相比，实力上的差距也不至于太悬殊，从吸引美军注意，分散美军拦截的空中力量和水面舰艇的角度，这样规模的舰艇编队对美军来说，也算是有价值的，完全有可能吸引牵制相当部分的美军兵力，再退一步说，如果栗田舰队没能按计划突入莱特湾，只有南路助攻舰队杀入莱特湾，以这样的舰队规模也能给美军以沉重的打击。

但是，南路助攻方向就有两支舰队，既然是执行同样任务，自然需要有统一的指挥。志摩清英和西村祥治都是江田岛海军兵学校 39 期毕业的，但是志摩的吊床

第二游击部队作战序列

第二游击部队：司令官志摩清英海军中将

第 21 战队：司令官志摩清英（兼任）

重巡洋舰 2 艘：“那智”号、“足柄”号

第 1 水雷战队：司令官木村昌福海军中将

轻巡洋舰 1 艘：“阿武隈”号

驱逐舰 4 艘：“曙”号、“潮”号、“霞”号、“不知火”号

合计：重巡洋舰 2 艘，轻巡洋舰 1 艘，驱逐舰 4 艘

第 2 战队（第一游击部队第三夜战部队）作战序列

第一游击部队第三部队

第 2 战队：司令官西村祥治海军中将

战列舰 2 艘："山城"号、"扶桑"号

重巡洋舰 1 艘："最上"号

第 4 驱逐队

驱逐舰 3 艘："山云"号、"满潮"号、"朝云"号

第 27 驱逐队

驱逐舰 1 艘："时雨"号

合计：战列舰 2 艘，重巡洋舰 1 艘，驱逐舰 4 艘

号比西村靠前，晋升少将和中将也都比西村早，按照日本海军不成文的规定，志摩是西村的先任，所以应该是由志摩统一指挥。从两人当时的职务来看，志摩是第五舰队司令官，西村只是第 2 战队的司令官，职级也是志摩高。

但问题来了，志摩的舰队实力不如西村，而且西村海军生涯大部分时间都是在基层部队，是在风浪里磨练出来的，所以非常看不起大部分经历都是在机关任职的志摩，并不甘心也不服气接受志摩的指挥。反过来志摩也并不想指挥西村，挑起南路助攻总指挥的重任，因为志摩是个惯打滑头仗的，之前在台湾海空战追击"被重创的美军舰队"时，一发现美军舰队实力完备的迹象就立即发电请示，然后带着舰队放弃了任务撤回马公。如今，对这个自杀式的"海上特攻"行动从心眼里是不认同的，自然也就不会主动去指挥西村。而且后来在苏里高海峡，志摩看到西村舰队遭到重创，意识到美军舰队正严阵以待时，就马上放弃任务撤退了。

同时志摩和西村两人，一个不想指挥，一个不愿被指挥，结果两人各行其是，出现两支执行同样任务的舰队，居然相互不联系不协调，自顾自分头行动的奇特现象。

日军一南一北两路夹击莱特湾的两位舰队指挥官，栗田是出了名的"逃跑的栗田"，志摩又是滑头货，让这样两个将领来指挥一场自杀式的突击行动，还会有几分成功的可能？

进入莱特湾，主要有三条航线：第一条是穿过巴拉巴克海峡，再从苏禄海向东，最后经苏里高海峡进入莱特湾；第二条是从苏禄海向北，经圣贝纳迪诺海峡，

再沿萨马岛东岸南下，从东面进入莱特湾；第三条是经巴拉望水道，进入锡布延海，再穿越圣贝纳迪诺海峡，沿萨马岛南下进入莱特湾。

在这三条航线中，第一条航程最短，但却在美军摩罗泰岛岸基航空兵的作战半径内，几乎可以确定刚出航就会被美军发现，随即必然会遭到美军猛烈空袭。第三条航线航程最远，但却在美军岸基航空兵的作战半径之外，遭到美军岸基航空兵空袭的概率最小，但途中的巴拉望水道比较狭窄，一旦遭到潜艇攻击就难以摆脱。而第二条航线的利弊则在第一条和第三条航线之间。

所以，日军决定栗田舰队走第三条航线，虽然航程远了一点，但受美军岸基航空兵的威胁小，安全系数更大一些。志摩和西村则走第二条航线，显然也是带有一点吸引美军注意的味道。日军还规定，如果不能南北两路协调一致同时发起攻击，那么任何一路都可以单独发起攻击。

日军将最北面负责充当诱饵的小泽舰队称为北方部队，从萨马岛方向突入莱特湾的栗田舰队称为中央部队，而从苏里高海峡突入莱特湾的志摩和西村舰队则是南方部队。

美军竟然没有统一指挥

美军投入菲律宾作战的兵力数量庞大，涉及多个军兵种，地面部队有美军第6集团军、第8集团军和澳大利亚第1集团军；海军有第三舰队和第七舰队，共有包括大型航母8艘、轻型航母9艘、护航航母16艘、战列舰12艘、重巡洋舰11艘、轻巡洋舰15艘、驱逐舰161艘和护卫舰52艘在内的800余艘作战舰只，舰载机约1 700架，登陆舰艇、运输船以及后勤辅助船共592艘；航空兵参战兵力有美军第5、第7、第13航空队和澳大利亚航空队，各型作战飞机1 000余架。陆海空三军总兵力超过90万人，又是太平洋战场的两大战区共同参加，以麦克阿瑟的西南太平洋战区为主，尼米兹的中太平洋战区为辅。但是西南太平洋战区的海军部队第七舰队，主要是两栖登陆舰艇和轻型舰艇，相对实力较弱，所以切实掌握战场制空权、制海权，主要还得依仗中太平洋战区的海军部队第三舰队。

如此规模宏大的战役，参战兵力又如此雄厚，美军竟然没有建立统一的战役指挥机构，打破军兵种和战区隶属关系，统一指挥所有参战部队，实在有些难以理解。于是就出现了麦克阿瑟只能指挥自己战区所辖的第七舰队，而对于保障登陆作战胜负最关键的航母舰队，却没有指挥权，只能通过在珍珠港的中太平洋战区总司

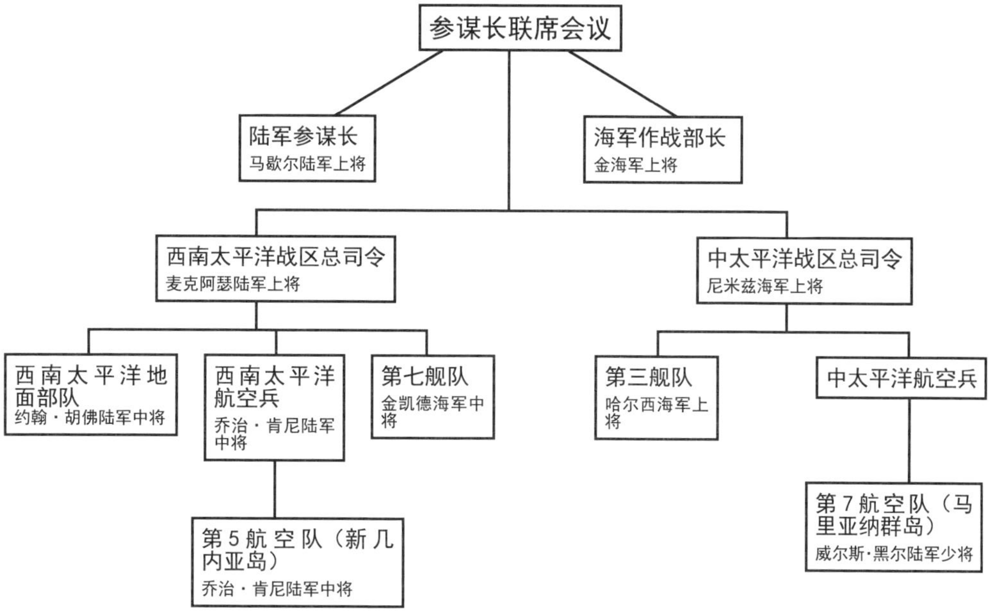

▲ 菲律宾战役美军作战指挥体制表。

令尼米兹，或者通过远在华盛顿的参谋长联席会议来协调。更令人匪夷所思的是，同属海军的第七舰队和第三舰队，都没有直接的无线电通信联系，原因竟然是麦克阿瑟坚决不允许自己指挥下的海军和中太平洋战区的海军有直接联系！如果第七舰队和第三舰队之间需要进行联系，必须通过西南战区司令部转达。

要知道本来战区级别的高级指挥部和各所属部队之间的无线电联系就已经非常频繁，还要转达第七舰队和第三舰队的联系，对司令部的通信人员来说，无疑是增加了额外的工作负担。且不说主观上可能会出现的懈怠，就是第一时间进行收报，译电，再转发，都需要时间，必然在时间会有延误。众所周知，在战场上时间是至为关键的，战机都是稍纵即逝，任何时间上的耽搁都有可能造成严重的后果。而这种人为设置的阻碍，对作战可以说是有百害而无一利，实在是兵家大忌。麦克阿瑟之所以这样规定，显然不是从作战角度考虑，更多是出于个人的权柄和利益。这种规定在后来的实战中也确实对作战造成很大的负面影响。

另外，由于没有统一的战役指挥，来自两大战区的部队，各自为政，相互之间都不了解对方的兵力部署，加上联系上的不顺畅，产生误会误判，自然就免不了。而这种误会，在后来的实战中就险些给美军造成了灭顶之灾。

实在无法理解，在欧洲战场，来自多个同盟国国家的军队都能实现统一指挥，为什么在菲律宾战役，基本上都是美国军队（只有极少数的英国和澳大利亚部队）

的情况下，却无法打破军种和战区的藩篱实现真正的统一指挥？

表面原因似乎是麦克阿瑟和尼米兹两位统帅的问题，但深层次则是陆军和海军之间由来已久的矛盾，西南太平洋战区以陆军为主导，而中太平洋战区则是以海军为主导，两位战区司令同时又是陆军和海军的代表，麦克阿瑟能够取得第七舰队的指挥权，对海军来说已经非常不情愿了，再要把拥有强大战力的航母舰队也交给陆军指挥，自然是坚决不会同意的，海军的最高领导海军作战部长金海军上将本来就对菲律宾战役意见很大，怎么会将第三舰队的指挥权交给麦克阿瑟？所以，正是两大军种之间深刻的矛盾，才是出现这一奇怪现象的真正原因。就是参谋长联席会议对没有统一的战役指挥可能会出现的后果心知肚明，也无法拿出让双方都可以接受的方案，那就只好这样将就着，没有统一指挥也就只能随他去了。

实力骤然膨胀的第七舰队

第七舰队是 1943 年 3 月美国海军将配属西南太平洋战区的海军部队整编而成，是海军作战部长金海军上将应麦克阿瑟希望建立一支由他直接指挥，用来支援西南太平洋战区部队的舰队的强烈要求而建立的，主要负责配合西南太平洋战区的陆军部队实施“跳岛”作战和两栖登陆作战。最初更多的是象征意义，因为第七舰队成立时，只有几艘潜艇，后来才陆续调来了一些两栖登陆舰艇和轻型作战舰艇，以及少量巡洋舰、驱逐舰，所以被认为是一支只能在近海活动的“黄水”海军。

最初第七舰队司令是托马斯·金凯德海军中将，下辖六个特混编队，分别是第 71 特混编队（潜艇部队）、第 72 特混编队（潜艇部队）、第 73 特混编队（舰载航空兵部队）、第 74 特混编队（澳大利亚海军部队）、第 75 特混编队（巡洋舰部队）和第 76 特混编队（两栖登陆部队）。

▲ 第七舰队司令金凯德海军中将。

鉴于第七舰队在菲律宾战役中要负责掩护两栖登陆编队和运输船队，还要为地面部队提供空中支援，任务相当吃重，但以第七舰队原先的兵力显然有些力不从心，因此太平洋战场美国海军的统帅尼米兹便从大局出发，从太平洋舰队中抽调了 6 艘战列舰、16 艘护航航母、8 艘巡洋舰和若干驱逐舰给第七舰队，这些加强兵力编为第 77 特混编队（支援部队）、第 78 特混编队（北线攻击

第七舰队作战序列

第七舰队司令托马斯·金凯德海军中将

第 71 特混编队（潜艇部队）：司令克里斯丁海军少将

第 72 特混编队（潜艇部队）：司令海恩斯海军上校

第 73 特混编队（舰载航空兵部队）：司令库姆斯海军少将

第 74 特混编队（澳大利亚海军部队）：司令克拉奇利海军少将（英国皇家海军）

第 75 特混编队（巡洋舰部队）：司令伯基海军少将

第 76 特混编队（两栖登陆部队）：司令巴贝海军少将

第 77 特混编队（支援部队）：司令金凯德海军中将（兼任）

第 78 特混编队（北线攻击部队）：司令巴贝海军少将

第 79 特混编队（南线攻击部队）：司令威尔金森中将

总计：战列舰 6 艘、护航航母 16 艘、巡洋舰 11 艘、驱逐舰 86 艘、护卫舰 25 艘

登陆舰艇、运输船以及后勤辅助船共 592 艘

部队）和第 79 特混编队（南线攻击部队）。可以说，正是菲律宾战役，才使第七舰队的实力骤然膨胀起来。

特别需要说明的是第 77 特混编队，这也是整个第七舰队中实力最强的特混编队，由金凯德亲自兼任司令，其中第 77 特混编队第 2 大队（简称 TG77.2）是舰炮火力支援部队，由“田纳西”号、“加利福尼亚”号、“宾夕法尼亚”号、“密西西比”号、“马里兰”号和“西弗吉尼亚”号 6 艘老式战列舰、3 艘重巡洋舰、3 艘轻巡洋舰和 18 艘驱逐舰组成，主要负责用舰炮为登陆部队提供火力支援。虽然这些老式战列舰都是 20 世纪 20 年代建造的标准战列舰，比起 30 年代后期建造的南达科他级和衣阿华级新式战列舰来，火力、装甲防护和速度都要逊色，而且其中 5 艘都曾在珍珠港事件中遭到倾覆或重创，经过打捞修复后才重新服役的，但用来对岸上目标进行舰炮轰击，还是绰绰有余了，当然在莱特湾海战中对日军的老式战列舰、巡洋舰也都有出色表现。

第 77 特混编队第 3 大队（简称 TG77.3）是巡洋舰部队，是将原来第 74 特混编队和第 75 特混编队中的巡洋舰抽调出来集中编组而成。第 77 特混编队第 4 大队（简称 TG77.4）是护航航母部队，下辖三个分队，总共有 16 艘护航航母，这些护航航母上的大约 540 架舰载机将为整个登陆地区——包括海面上的作战舰艇、登陆

舰艇、运输船以及陆地上的地面部队，提供空中掩护，可谓重任在肩。第77特混编队第5大队是扫雷舰艇部队，第77特混编队第6大队则负责清扫登陆海滩的障碍物。

麦克阿瑟赋予第七舰队在菲律宾战役中的作战任务是：在莱特湾及苏里高海峡地区配合美国陆军的登陆作战，负责运送登陆部队，并协助登陆部队上陆。具体任务是：为莱特湾的登陆行动提供全面支援，包括使用护航航母及舰载机在登陆海域进行反潜巡逻以及为登陆舰艇提供防空警戒，为运输船队提供空中掩护，为地面部队的登陆和后续作战提供空中支援；使用两栖攻击舰运送增援部队和补给，阻止日军从海路对莱特湾进行增援，保障盟军在苏里高海峡通行畅通；使用潜艇进行侦察、打捞救助落水人员及为运输船队护航。

由此可见，第七舰队在菲律宾战役中主要担负战术性支援任务。

太平洋上最强悍的海空力量

毫无疑问，哈尔西的第三舰队是1944年10月，在太平洋甚至可以说是全世界战斗力最强悍的海空突击力量。不过由于抽调了部分舰艇加强给了第七舰队，所以眼下第三舰队就只有一支作战舰队——马克·米切尔海军中将指挥的第38特混舰队（简称TF38），也叫快速航母舰队，以8艘大型航母和9艘轻型航母（总共搭载舰载机约1 080架）为核心，再加6艘战列舰、4艘重巡洋舰、7艘轻巡洋舰和57艘驱逐舰。这些战舰分为四个特混大队，每个特混大队都以2艘大型航母和2艘轻型航母为核心，再配属若干战列舰、巡洋舰和驱逐舰，每个特混大队都是一支能够独当一面的海空打击力量，也可以两个、三个或者全部四个特混大队集中使用。

▲ 美军航母舰队。

在8艘大型艘航母中，除了“企业”号（USS Enterprise，CV–6）是太平洋战争爆发前就已经建成服役的，也是美国海军唯一打满整个太平洋全场的王牌功勋航母，特别是在1942年下半年，就只有“企业”号

埃塞克斯级航母

20 世纪 30 年代，美国建造的约克城级航母应该是当时性能比较出色的大型航母，但是由于受到《华盛顿海军条约》关于航母吨位的限制，还存在吨位偏小载机数量偏少，防护相对较弱等缺陷。所以当条约有效期一结束，美国就开始着手以约克城级为蓝图，对约克城级的不足之处进行改进，设计建造新一代航母，这就是埃塞克斯级。

▲ 埃塞克斯级航母。

针对约克城级暴露出来的问题，埃塞克斯级主要改进是：在舰体方面，加大舰体尺寸，比约克城级加长了 20 米；增加排水量，比约克城级增加了 7 000 吨；并且增加隔舱，加强了装甲防护，大大提高了防护性和抗沉性。在航空方面，增加机库面积，使得舰载机数量比约克城级提高了 30%，最大载机数达到了 103 架；同时加宽了飞机甲板，增加了一台升降机，提高了舰载机航空燃料的携带量，从而大大提升了航空作战的效率。

埃塞克斯级除了一号舰“埃塞克斯”号是在战争爆发前的 1941 年 4 月开工（但下水是 1942 年 7 月，建成服役是 1942 年 12 月，都是战争爆发以后了），其余各舰都是在太平洋战争爆发后开始建造的。由于 1942 年美国海军航母损失很大，对航母需求极为迫切，因此埃塞克斯级被列为最优先建造，计划建造 32 艘，开工 26 艘，在战争中总共完工了 17 艘（1942 年 1 艘，1943 年 7 艘，1944 年 8 艘，1945 年 1 艘），战后又建成了 7 艘，还有 2 艘停建，实际完工 24 艘，是美国海军建造数量最多的一型航母。

埃塞克斯级 1943 年之后陆续建成服役，投入到战争中，在太平洋战争中发挥了重要作用，而且因为防护性能比较好，在战争中没有一艘战沉，即便像“富兰克林”号和“邦克山”号那样遭到严重损伤都没有沉没，可见设计上还是很成功的。

埃塞克斯级主要性能：舰长 265. 79 米，舰宽 44. 99 米，吃水 7 米，标准排水量 27 100 吨，满载排水量 33 000 吨，最大航速 33 节，续航力 20 000 海里（15 节），飞行甲板长 262. 13 米、宽 29. 26 米，机库长 174 米、宽 21 米、高 5. 4 米，最大载机数 103 架。舰员最大编制 3 450 人。

一艘航母在太平洋上独撑危局，孤军奋战，才熬过了最困难的岁月。另外 7 艘大型航母都是战争爆发后建造的埃塞克斯级航母，这也是美国海军在战争中建造的主力大型航母。另外 9 艘轻型航母是清一色在轻巡洋舰舰体上建造的独立级。而 6 艘战列舰都是在战争开始后才建成服役的南达科他级和衣阿华级，不但舰龄短而且性能更好。这些航母和战列舰的共同点就是最高航速都可以达到28节以上，所以整个舰队的最大航速都很高，机动性能非常突出，是真正的快速航母舰队。

除了这支作战舰队外，第三舰队的编制里还有一支后勤保障大队——第三舰队第30特混舰队第8大队（简称TG30.8），在很多莱特湾海战的资料里，这支后勤保障船队基本上是被忽略的，但正是这支后勤保障船队，才是第38特混舰队能够长时间在海上活动的保证——有了这支后勤保障船队的补给，第38特混舰队在海上持续活动时间可以从三周延长到十六周，是航母舰队战斗力的倍增器，意义极为重要。这支船队包括燃料补给舰33艘、弹药补给舰12艘、运载补充舰载机的护航航母11艘、打捞救助拖船10艘，以及保护这些后勤船只的驱逐舰18艘、护卫舰27艘。

太平洋舰队总司令兼中太平洋战区总司令尼米兹海军上将，对哈尔西第三舰队这样一支最强大的海空突击力量在菲律宾战役中的任务，在下达的命令中说得很清楚："为在菲律宾中部登陆的西南太平洋战区部队提供掩护和支援，协助西南太平洋战区部队夺取菲律宾中部所有目标，并消灭威胁菲律宾的日军海空力量。同时保障太平洋中轴线区域的海上航行畅通。"相比麦克阿瑟给金凯德的任务，哈尔西领受的任务更为笼统和宽泛，尼米兹只是给了他一个纲领性的指导。不过尼米兹还指出："如果有机会摧毁敌人的舰队，或者能制造出这样的机会，就要优先去消灭敌人舰队。"尼米兹这样说，显然是受到了马里亚纳海战中斯普鲁恩斯最后没能放手追击日军舰队而遭到舆论批评的影响，其实尼米兹不用担心，因为哈尔西的性格要比斯普鲁恩斯更为冲动鲁莽，一旦发现日军舰队，哈尔西肯定是会不顾一切全力进攻的。正如他在9月给尼米兹的信中所说："我不准备在空战给敌人机会，也不准备给敌人有机会在空中和陆地之间攻击我。因此，消灭敌人舰队是首要目标，所有战舰和装备都必须上阵，各种武器之间的协调由作战指挥员负责，他们要对战役的结果负责。我的目标和您要求的

▲ 尼米兹和哈尔西。

美国海军第三舰队序列

第三舰队：司令威廉·哈尔西海军上将

第 38 特混舰队：司令马克·米切尔海军中将

第 38 特混舰队第 1 大队：司令约翰·麦凯恩海军中将

大型航母 2 艘："黄蜂"号（USS Wasp，CV-18，麦凯恩的旗舰）、"大黄蜂"号（USS Hornet，CV-12）

轻型航母 3 艘："汉考克"号（USS Hancock CV-19）、"考彭斯"号（USS Cowpens，CVL-25）、"蒙特利"号（USS Monterey，CVL-26）

重巡洋舰 3 艘："彭萨科拉"号（CA-24）、"盐湖城"号（CA-25）、"切斯特"号（CA-27）

驱逐舰 14 艘

第 38 特混舰队第 2 大队：司令弗杰拉尔德·博根海军少将

大型航母 2 艘："勇猛"号（IUSS Intrepid，CV-11，博根旗舰）、"邦克山"号（USS Bunker Hill，CV-17）

轻型航母 2 艘："独立"号（USS Independence，CVL-22）、"卡伯特"号（USS Cabot，CVL-28）

战列舰 2 艘："衣阿华"号（USS Iowa，BB-61）、"新泽西"号（USS New Jersey，BB-62，哈尔西旗舰）

轻巡洋舰 4 艘："文森斯"号（CL-64）、"迈阿密"号（CL-89）、"圣菲"号（CL-60）、"莫比尔"号（CL-63）

驱逐舰 18 艘

第 38 特混舰队第 3 大队：司令弗雷德里克·谢尔曼海军少将

大型航母 2 艘："列克星敦"号（USS Lexington，CV-16，米切尔旗舰）、"埃塞克斯"号（USS Essex，CV-9，谢尔曼旗舰）

轻型航母 2 艘："普林斯顿"号（USS Princeton，CVL-23）、"兰利"号（USS Langly，CVL-27）

战列舰 4 艘："华盛顿"号（USS Washington，BB56）、"马萨诸塞"号（USS Massachusetts，BB-59）、"南达科他"号（USS South Dakota，BB-57）、"亚拉巴马"号（USS Albama，BB-60）

轻巡洋舰 2 艘："伯明翰"号（CL-62）、"雷诺"号（CL-96）

驱逐舰 14 艘

第 38 特混舰队第 4 大队：司令拉尔夫·戴维森海军少将

大型航母 2 艘：“富兰克林”号（USS Franklin, CV-13, 戴维森旗舰）、“企业”号（USS Enterprise, CV-6）

轻型航母 2 艘：“贝劳森林”号（USS Belleau Wood, CVL-24）、“圣哈辛托”号（USS San Jacinto, CVL-30）

重巡洋舰 1 艘：“新奥尔良”号（CA-45）

轻巡洋舰 1 艘：“比洛克西”号（CL-80）

驱逐舰 11 艘

合计：大型航母 8 艘、轻型航母 9 艘、战列舰 6 艘、重巡洋舰 4 艘、轻巡洋舰 11 艘、驱逐舰 57 艘

一样，那就是找到机会消灭敌人舰队！”

尼米兹很清楚哈尔西的性格特点，他在这次战役中也鼓励哈尔西主动进攻。在过去中太平洋战区的登陆作战中，第三舰队（斯普鲁恩斯的第五舰队）既要负责海空掩护，又要负责支援两栖登陆，而这次就不同了，支援登陆作战的任务全部交给了第七舰队，第三舰队可以完全腾出手来，全心全意负责消灭日军舰队，因此尼米兹将第三舰队部署在能够自由攻击的机动位置上。

并且在 10 月 5 日，也就是莱特岛登陆战开始前十二天，尼米兹写信给哈尔西，非常明确地告诉哈尔西，他可以根据自己对战场实际情况的判断采取相应的战术对策：“……你可以根据实际情况灵活地调动手上的兵力，由于实际情况瞬息万变，你能了解，而我却不一定能了解，这时你可以需要针对未曾遇见到的情况做出反应。我唯一的要求是你应该在条件允许的情况下尽早通知我。”

毋庸置疑，这些情况都大大强化了哈尔西要消灭日军舰队尤其是航母舰队的斗志，对之后哈尔西在莱特湾海战中的决策肯定是有很大影响的。

第五章　菲律宾人民，我回来了

目标莱特岛

美军菲律宾战役的首要目标就是莱特岛。

在菲律宾大大小小 7 000 多个岛屿中，美军选中莱特湾是经过反复考虑的。莱特岛东西长 195 千米，南北则是呈哑铃状，两头宽约 60 千米，中间宽约 25 千米，莱特岛面积约 7 200 平方千米，在菲律宾的所有岛屿中是第八大岛。

莱特岛位于以吕宋岛为核心的北菲律宾群岛和以棉兰老岛为核心的南菲律宾群岛中间，正处在菲律宾中部，莱特岛的形状就像颗臼齿，齿冠朝向北面的吕宋岛，齿根指向南面的棉兰老岛，而在东北方向则是萨马岛。

莱特岛东海岸是一片长约 55 千米的肥沃平原，漫长的海岸线十分平坦空旷，而且没有暗礁，是菲律宾几个大岛屿中最理想的登陆地点。莱特岛东面的莱特湾很宽阔，可以容纳整个登陆行动的两栖舰艇、运输舰艇和担负掩护、支援任务的作战舰艇，而且只要有效控制住莱特湾，整个登陆行动就没有后顾之忧。在岸上的平原地带，不但有莱特省的首府塔克洛班，周边还有五个机场。登陆之后只要夺取了这些机场，美军的岸基航空兵就可以立即进驻，成为在此后作战中重要的航空兵前进基地。

莱特岛的地理位置非常重要，一旦美军占领了莱特岛，就能将整个菲律宾拦腰一截两段，同时还能一举控制菲律宾群岛两条最重要的横贯南北的海上走廊——圣贝纳迪诺海峡和苏里高海峡。

所以，莱特岛不但具备良好的登陆作战条件，还能控制有利的战略态势，自然成为美军菲律宾战役的第一个进攻目标。麦克阿瑟的菲律宾战役计划，简单来说就是“先取莱特岛，再攻吕宋岛”，第一步夺取莱特岛，取得前进航空基地和跳板，第二步再进攻菲律宾最大也是最重要的吕宋岛。

在美军的莱特岛登陆计划中，将分为三个阶段来实施，第一阶段首先攻占莱特岛外围的霍蒙宏岛、苏禄安岛两个小岛和迪纳加岛北部，为莱特岛登陆创造条件。

第二阶段是主力在莱特岛登陆，夺取东海岸平原及机场，并控制圣周安哥海峡和潘纳宏海峡。

第三阶段是向纵深发展，占领莱特岛全岛，并控制苏立加峨海峡。

正因为莱特岛如此重要，在菲律宾的日军第14方面军也准确判断出美军在菲律宾的第一个进攻目标肯定就是莱特岛。但日军大本营不是那么想，他们认为菲律宾适合登陆的岛屿太多了，与其像下注一样去猜测美军的登陆地点，并根据这样的猜测进行防御部署，实在太冒险了，所以大本营采取的是以不变应万变的策略，集中兵力守卫面积最大、人口最多、经济最发达，同时又是菲律宾首都马尼拉所在的吕宋岛。南方军总司令寺内寿一陆军大将接受了大本营的意见，因此南方军的“捷一号”作战计划要点是：

第一，南方军和海军协同，击溃进攻菲律宾的美军，并挫败美军后续作战企图；

第二，以陆军航空兵和海军协同展开航空决战为主，在海上歼灭美军的进攻部队；

第三，在吕宋岛展开地面决战；

第四，迅速整备菲律宾各岛屿上的机场，以便第4航空军能够利用这些机场进行航空作战；

第五，地面作战以吕宋岛为决战地区，集中主力进行防御，北部地区以一部分兵力重点防御机场，挫败敌军攻占机场的企图，中南部地区以部分兵力固守重点地区，保障海军和航空兵航空决战；

第六，航空作战应密切展开搜索，及时发现来犯敌军，对敌机动部队，应以部分兵力逐次予以削弱，同时避免己方兵力受到消耗。对敌岸基航空兵，应利用我军在战略态势上的优势，在黄昏、夜间和拂晓进行果敢的奇袭，力求打乱敌军进攻企图。当敌军企图登陆时，应集中力量先击破进攻吕宋岛之敌。在敌开始登陆时，应不失时机投入所有军事力量，在海上将其消灭，粉碎其登陆企图。在菲律宾作战时，第3航空军应做好随时进行增援的准备。

在山下奉文之前担任第14方面军司令官黑田重德陆军中将认为，美军最可能会在莱特岛登陆，虽然他对于大本营和南方军的作战计划不敢公开反对，但私下里要求35军司令官铃木宗次陆军中将对计划进行修正。35军的防区包括菲律宾中南部的棉兰老岛、萨马岛、莱特岛、宿务岛等几个大岛和数百个小岛，铃木很清楚以自己这点兵力根本不可能守住如此广阔的地区，只能集中兵力守备重点地区，他认为莱特岛和棉兰老岛的达沃是美军最可能登陆的地点，所以将部队尽可能集中在这两个地区。

铃木于9月17日下达以自己名字命名的“铃号”作战，其要点是：

第一，第100师团守备达沃地区，第16师团守备莱特岛，第30师团主力和第102师团部分兵力作为机动兵力，随时可以增援美军登陆地点；

第二，当美军在达沃登陆时，第30师团主力和第102师团的3个大队从卡加延、马莱巴莱方向夹击达沃，这就是“铃一号”计划；

第三，当美军在莱特岛登陆，第30师团主力和第102师团部分兵力从乌日方向反击登陆美军，这就是“铃二号”计划；

第四，如果美军同时在达沃和莱特岛登陆，则以第30师团主力投入达沃，第102师团部分兵力投入莱特岛。

“捷一号”作战启动

1942年5月，日军占领菲律。在日军铁蹄下的菲律宾人民也开展了艰苦卓绝的抗日战争，菲律宾也是太平洋战争期间反抗日军占领最激烈的国家。菲律宾总统奎松在随麦克阿瑟撤离菲律宾前夕，就已经布置了大量反日抵抗运动。不分政治党派、宗教信仰和民族，无数菲律宾人民团结在抗日的旗帜下，开展了各种形式和手段的抗日斗争。在1 800万菲律宾人中就有20万人直接或间接参加了抗日斗争，尽管日军在菲律宾的驻军高达40万，但也只能控制几个较大岛屿上的主要城镇，广大的山区和丛林，还有众多的小岛屿实际上都是游击队的天下。在这些游击队中，有的是完全自发的，有的则是在盟军麦克阿瑟的领导下，为此麦克阿瑟向这些游击队运去了武器装备、补给物资和电台，还派出军官去指导游击队的军事行动，以加强对游击队的统一指挥。同时，游击队也将从各渠道搜集到的情报，源源不断地送给盟军，使得麦克阿瑟对菲律宾日军的情况了如指掌。

▲ 正驶往莱特岛的美军舰队。

9月18日，西南太平洋战区在澳大利亚悉尼召开军事会议，不但西南太平洋战区的主要将领参加了会议，就连中太平洋司令尼米兹都从珍珠港赶来参加。会议对莱特湾登陆的各项准备工作进行了布置，对一些关键性的工作进行了安排，随后各级参谋人员立即开始着手制订作战计划。

由于作战时间迫在眉睫，所以计划制订工作几乎就是夜以继日，整个计划相当庞大复杂，全套计划书就厚达 2.5 厘米，描述各个作战部队行动时间表就有 25 页，计划最后光要送达的舰长以上级别的文件接收的名单就有 6 页之多。

虽然只是进攻一个小小的莱特岛，但复杂程度同样堪比诺曼底登陆。由于参战的各种作战舰艇数量庞大，这也就意味着没有一个港口能够容纳下所有的舰艇，那么参战舰艇就要分散停泊在几个港口，更困难的是，这些港口到莱特岛的距离各不相同，如新几内亚岛的霍兰迪亚港距离莱特岛是 1 900 千米，阿德米勒尔蒂群岛的马努斯港距离莱特岛有 2 500 千米，最远的是新几内亚岛的芬斯奇哈港，距离甚至超过了 3 300 千米。而且从这些距离不一的港口出发的舰艇，必须克服航速有快有慢的区别，要在同一时间到达莱特岛，难度可想而知。

10 月 16 日，麦克阿瑟乘坐“纳什维尔”号轻巡洋舰率领数量庞大的参战舰艇从霍兰迪亚港起航，直取莱特岛。

10 月 17 日，海军陆战队第 6 突击营搭乘 8 艘快速运输舰在第 77 特混舰队 2 艘巡洋舰、4 艘驱逐舰、3 艘扫雷舰的掩护下，驶抵莱特湾湾口。8 时 05 分，突击营第 4 连首先在巡洋舰炮火掩护下在苏禄安岛登陆。9 时，突击营第 2 连和营主力分别在霍蒙宏岛和迪纳加岛登陆，在三个小岛上，日军除了在苏禄安岛上有 30 多人守备外，另外两个岛都无人把守，所以美军登陆非常顺利。至 12 时 30 分，就完全占领了这三个小岛，并迅速设立起航标灯塔，引导美军舰队进入莱特湾。

▲ 日本陆军南方司令长官寺内寿一。

随后，第 77 特混编队的扫雷舰艇和水下爆破队，在火力支援编队的掩护下，驶入莱特湾，一面开始进行扫雷，一面用舰炮对莱特岛岸上目标开始炮击。

到 18 日 1 时 30 分，美军的扫雷舰艇就已经在迪纳加岛以北海域开辟出一条宽达 9 500 米的安全航道。

通向莱特岛的大门已经被打开了！

日军设在莱特湾湾口的瞭望哨早在 17 日凌晨就发现大批美军战舰正在驶入，并立即发出警报。8 时又发出美军在霍蒙宏岛登陆的报告。

联合舰队司令长官丰田副武在接到警报后反应相当快，8 时 9 分一面向大本营报告，一面向联合舰队所有战舰下达了“捷一号”作战的预先号令，特别是命令栗田的第一游击部队立即开赴前进基地文莱湾。

9时46分，丰田副武向全舰队发出敌情通报：美军在霍蒙宏岛登陆，判断这是美军在菲律宾中南部登陆作战的一部分，尽管敌军进攻帕劳群岛进展迟缓，机动部队损失很大，但仍按照预定计划开始进攻菲律宾。敌军很可能在莱特岛和棉兰老岛登陆，尽管这种可能性很大，但还是没有十足的把握。

接到美军进入莱特湾的警报，第4航空军立即命令第2航空师团出动飞机侦察莱特湾湾口，但由于天气状况恶劣，没有收到确实的侦察报告。第16师团也派出侦察机，同样没能得到准确的航空侦察情报。

18日，暴风雨横扫莱特湾，风速高达30米/秒，日军还是无法查明美军的兵力和意图。但16师团师团长牧野四郎陆军中将认为大批美军舰艇驶入莱特湾，是为了进攻莱特岛还是躲避暴风雨，目前还不得而知。35军司令官铃木和南方军司令官山下奉文的判断也和牧野四郎一样，都对美军舰队大举进入莱特湾，到底是不是进攻莱特岛都无法确定。

而海军却在第一时间里就判断这就是美军进攻莱特岛。丰田副武在8时9分就下达预先号令，但下达正式命令，丰田就非常谨慎了，因为此前有过仓促发动“捷二号”作战的教训，而且这次作战几乎是联合舰队倾巢而出，一旦命令下达，舰队拔锚启航，就难以改变了。

接到联合舰队发出“捷一号”作战预先号令，见海军这样果断，南方军司令官寺内寿一不免有些犹豫，因为如果美军确实是在莱特岛登陆，事关重大，丝毫马虎不得。此时，又接到马尼拉以及莱特岛塔克洛班、布劳恩和圣帕布洛等机场都遭到空袭的报告，寺内这才确定，这一定是美军要进攻莱特岛的前奏。因此，他立即向大本营提议立即发动“捷一号”作战。

▲日本海军联合舰队司令长官丰田副武。

海军军令部总长及川古志郎海军大将和陆军参谋总长梅津美治郎陆军大将接到丰田和寺内的报告，立即上奏天皇，请求批准实施“捷一号”作战。听了两位陆海军最高军令长官的奏报，天皇批准实施“捷一号”作战，并表示：“此次‘捷一号’作战是关系到帝国兴废存亡的最重大战役，自不待言。望你们在作战指挥上，务必圆满完成任务。”

19日0时，日军大本营正式下达发动“捷一号”作

日本陆军第 4 航空军 10 月 23 日作战序列

第 4 航空军

第 2 飞行师团

第 13 飞行团

第 30 飞行战队：战斗机 2 架

第 31 飞行战队：战斗机 5 架

第 22 飞行团

第 17 飞行战队：战斗机 7 架

第 18 飞行战队：战斗机 1 架

第 16 飞行团

第 51 飞行战队：战斗机 7 架

第 52 飞行战队：战斗机 8 架

第 6 飞行团

第 65 飞行战队：攻击机 1 架

第 66 飞行战队：攻击机 5 架

第 7 飞行团

第 12 飞行战队：轰炸机 10 架

第 62 飞行战队：轰炸机 7 架

第 20 飞行团

第 1 飞行战队：战斗机 20 架

第 11 飞行战队：战斗机 5 架

第 25 飞行团

第 3 飞行战队：轰炸机 24 架

第 14 飞行战队：轰炸机 10 架

第 67 飞行战队：攻击机 25 架

师团直辖

第 27 飞行战队：战斗机 4 架

第 45 飞行战队：战斗机 1 架

第 24 飞行战队：战斗机 15 架

第 75 飞行战队：轰炸机 8 架

独立第 70 飞行中队：侦察机 3 架

独立第 73 飞行中队：侦察机 1 架

小计：战斗机 75 架，轰炸机 59 架，攻击机 31 架，侦察机 4 架

第 4 飞行师团

第 20 飞行战队：战斗机 16 架

独立第 52 飞行中队：侦察机 2 架

小计：战斗机 16 架，侦察机 2 架

独立第 10 飞行团

第 83 飞行战队：侦察机 15 架

独立第 44 飞行中队：侦察机 4 架

独立第 45 飞行中队：侦察机 3 架

小计：侦察机 22 架

军直属部队

第 28 飞行战队：轰炸机 12 架

第 208 飞行战队：侦察机 10 架

小计：轰炸机 12 架，侦察机 10 架

合计：战斗机 91 架，轰炸机 71 架，攻击机 31 架，侦察机 38 架

战的命令：我军进行决战的主要地区，是在菲律宾方向，南方军应与海军密切协同，与进攻菲律宾的美军主力展开决战，粉碎其企图。

根据大本营的命令，寺内随即向南方军下达实施“捷一号”作战的命令。山下接到命令随即向第 35 军下达：“举全军之战力，力求歼灭在莱特岛登陆之敌。”

海军还是比陆军快了一步，早在 10 月 18 日 11 时 10 分，丰田就正式下达了发动“捷一号”作战的命令：

第一，第一游击部队从圣贝纳迪诺海峡突入莱特湾，歼灭美军的进攻部队；

第二，机动舰队负责策应第一游击部队的突入行动，将敌军主力牵制到北方，并相机歼灭溃败之敌；

第三，第二游击部队编入西南方向舰队，作为海上机动作战的骨干，坚决实施反登陆作战；

第四，菲律宾基地航空部队，坚决消灭敌军航空母舰；

第五，先遣部队全力消灭敌受伤舰艇，并攻击敌登陆部队；

第六，第一游击部队突入莱特湾的时间为 X 日，机动部队应在 X–1 日至 X–2

日，到达吕宋岛以东海域；

第七，X 日以联合舰队特别命令规定，暂定为 10 月 24 日，机动部队应按这一时间出击，第一游击部队的出击时间由舰队司令决定。

菲律宾人民，我回来了

10 月 19 日拂晓，美军的舰炮火力支援舰队驶入莱特湾，对莱特岛上的目标开始舰炮轰击，这也是美军一贯所强调的登陆开始前的火力准备，美军认为舰炮火力准备对于登陆成功至关重要，尤其是在太平洋战场上，登陆前的舰炮火力准备甚至会持续数天，相比之下，诺曼底登陆时盟军只有几小时的舰炮火力准备实在是太少了。

虽然暴风雨已经过去，但当天依然还是风雨交加，日军也在美军不断空袭的间隙组织飞机冒雨起飞，对美军战舰发起攻击，双方都有些许损失，算是大战开幕前的暖场戏。

美军第七舰队司令金凯德海军中将坐镇旗舰“瓦沙奇”号登陆指挥舰，他将奥登多夫海军少将指挥的舰炮火力支援编队（第 77 特混编队第 2 大队）在莱特湾内展开，除了担负为地面部队提供火力支援外，还要负责封锁苏里高海峡，以防日军从南面突入莱特湾。托马斯·斯普拉格海军少将指挥的护航航母编队（第 77 特混编队第 4 大队）则在莱特湾外的霍蒙宏岛以东海域展开，除了需要对整个舰队和登陆部队提供空中支援外，还要负责对潜和对空警戒，确保舰队和登陆部队安全。

▲ 美军第 6 集团军司令克鲁格和第 7 舰队司令金凯德。

美军在莱特湾登陆部队是由沃尔特·克鲁格陆军中将指挥的第 6 集团军，下辖第 10 军和第 24 军，总兵力约 17 万人，对莱特岛上日军 2.2 万人形成了绝对优势。

19 日 22 时，大批美军两栖登陆

舰艇和运输舰艇涌入莱特湾——美军的登陆开始了！

蒙宏岛和迪纳加岛上的灯塔射出刺眼的白光，划破漆黑的夜幕，指引着舰艇航行的方向。由于天气闷热，士兵都从舱室来到甲板上，整个舰队上空笼罩着大战开始前浓浓的紧张气氛。麦克阿瑟也来到旗舰“纳什维尔”号轻巡洋舰的甲板上，面对黑沉沉的海空，麦克阿瑟还是胸有成竹，他对参谋长萨瑟兰少将说：“我手上是一副三张老 K 的好牌。”麦克阿瑟手下的陆海空三军主将，第 6 集团军司令克鲁格陆军中将、第七舰队司令金凯德海军中将和航空队司令乔治·肯尼陆军中将，三人的名字首字母都是 K。

20 日凌晨，第七舰队的 6 艘老式战列舰到达射击阵位，开始用 406 毫米大口径主炮向岸上目标轰击。紧接着，巡洋舰、驱逐舰也都加入了对岸轰击的行列，各种口径的舰炮倾泻着炮火，莱特岛海岸完全陷入一片火海。

在这轮舰炮火力准备之后，登陆部队开始突击上陆。

在莱特岛东部海滩上，美军分成南北两个登陆区，在北线登陆区是下辖第 24 步兵师和第 1 骑兵师的第 10 军，任务是夺取班罗和塔克洛班地区。第 24 步兵师的任务是攻占班罗后继续推进，一直到达班鲁哥地区。第 1 骑兵师的任务是塔克洛班盆地及其机场。

在南线登陆区是下辖第 7、第 96 步兵师的第 24 军，任务是在图兰加和塔克洛班之间登陆，目标是图兰加机场。第 7 师的任务是攻占布鲁恩之后，继续向北推进到达加米，并占领这一地区的所有机场。第 96 师的任务是夺取一号公路和 566 高地，继续推进到塔纳恩。

9 时 45 分，美军登陆艇排成整齐的艇波开始向海滩冲击。

10 时，北线登陆区的第 1 骑兵师第一梯队 3 个团首先在“白色”海滩登陆，第 7 团 1 营于 16 时攻占塔克洛班机场，7 团 2 营于 16 时 30 分推进约 2 700 米，到达当天任务线。第 5 团控制公路后继续推进，到 21 时 35 分停止进攻，距离当天任务线还不到 1 000 米。第 12 团在 17 时已经推进了约 3 000 米，到达当天任务线。第二梯队第 8 团于 10 时登陆，到 14 时，已经在岸上开设师指挥

▲ 美军战列舰向岸上目标猛烈开火。

▲ 麦克阿瑟的经典形象照。

部和炮兵阵地，第1骑兵师基本完成了当天预定任务。

第24步兵师也是在10时登陆，中午前后就肃清了登陆场地区的日军，日落前攻占160高地，全师向纵深推进2 000米。

当天日落时，北线登陆区已经建立起了正面宽8千米，纵深2.5千米的登陆场。

南线的登陆区，第96步兵师10时在“蓝色”海滩登陆，该师383团上陆后推进顺利，到日落前已经向纵深推进2 500米。该师382团在40高地遇到日军顽强抵抗，激战数小时后才攻占40高地，因此383团当天向纵深推进仅有1 200米。

第7步兵师32团10时在“紫色”海滩登陆，184团则在“黄色”海滩登陆，相对来说，这两处登陆海滩宽度都只有700米左右，比较狭小，而且遭到日军顽强抵抗，因为仅仅向纵深推进约2 000米，没能完成预定任务。

当天日落时，南线登陆区已经建立起正面宽5.5千米，纵深约2千米的登陆场。

总体来说，登陆还是比较顺利的，美军伤亡非常轻微，全天仅有49人阵亡，192人受伤，占领了总面积大约30平方千米的登陆场，有6万部队、4 500辆车辆和10.7万吨物资上陆。

整个上午，麦克阿瑟都站在“纳什维尔”号轻巡洋舰的舰桥上全神贯注地观看部队的登陆行动。吃过午餐，麦克阿瑟回到舱室，换了一套全新的卡其布军服，戴一顶战斗软帽，鼻子上架一副墨镜，手里拿着那只著名的玉米芯烟斗，然后带着肯尼、萨瑟兰等司令部人员和新闻记者换乘一艘小艇，

▲ 莱特湾战役中最著名的照片，麦克阿瑟在莱特湾涉水上岸。

麦克阿瑟的演讲全文

菲律宾人民，我回来了！托万能之主的福，我们的军队又站在洒满了我们两国人民鲜血的菲律宾土地上了。

我们为消灭你们的敌人，为恢复不屈不挠的力量的基础——你们民族的自由，回来了！

站在我身边的是你们的领袖、伟大的爱国者奎松总统的杰出继承人，塞尔希奥总统，以及他的内阁成员。你们的政府已经牢牢站在你们的土地上了！

现在我号召你们，尽最大的努力，发扬已经觉醒的民族勇气，让敌人知道，与他们战斗的力量是极其勇猛的。

向我靠拢，继续发扬巴丹半岛与科雷吉多尔不屈不挠的精神，随着战线向前推进，起来战斗！利用每一个有利的机会，打击敌人！

为了你们的家乡和亲人，战斗！

为了你们的子孙后代，战斗！

为了那些死难者，战斗！

让每一只手臂都坚强如铁，上帝会为你们指路，去争取正义的胜利！

▲ 麦克阿瑟上岸塑像。

再到“约翰兰”号运输船上接上菲律宾总统塞尔希奥·奥斯梅纳，向海滩驶去。

小艇和海滩越来越近，岸上的枪声都清晰可闻，空气中还弥漫着棕榈树燃烧的焦糊味。距离海岸还有几十米的时候，小艇停了下来，所有人都跳下小艇，涉水上岸，也就短短的大约几十米，麦克阿瑟回忆道：“我走了三十多步就上岸了，可这三十多步路对我来说确实是意义最深远的一段路，当我走完这三十几步，站到海滩上的时候，我知道我又回来了！回来打击当年在巴丹半岛的死敌！”

海滩上还有几艘被日军打坏的登陆艇，有一艘还在熊熊燃烧，麦克阿瑟毫不介意大步向前，他登上的海滩是第 24 步兵师所在的“红色”海滩，24 步兵师师长欧文少将迎了上来，向麦克阿瑟简要汇报了战况。然后麦克阿瑟对奥斯梅纳总统说：“总统先生，到家了，等攻下塔克洛班，我就将行政权力转交给你，这可能比原计划要早。形势发展很顺利。”奥斯梅纳对此表示了感谢，并表示已经做好了一切准备。

这时，一名通信军官把麦克风接到他们面前，这是从一辆电台车上拉出来的，电台车则接通了“纳什维尔”号的无线电台，可以向全世界转播。此时，播音员已经用英语、马来语、西班牙语反复播报有重要消息广播，远在美国本土的哥伦比亚广播公司国际新闻部也已经做好了随时中断正常广播插播重要新闻的准备。

麦克阿瑟走上前去，打开了麦克风开关，他的声音都有些颤抖了，看得出他明显有些激动。

——“菲律宾人民，我回来了！”

莱特岛上的战斗

莱特岛登陆是莱特湾海战的导火索，没有莱特岛登陆，就不会有莱特湾海战，但是莱特岛登陆战和莱特湾海战的关系也就仅此而已，不过为了有始有终，还是把莱特岛登陆战的情况也介绍一下。

美军在莱特岛登陆之后，日军感到威胁很大，因此寺内寿一决心全力以赴组织决战，他一面命令第 4 航空军空袭美军登陆舰队，一面抽调第 1、第 26 师团和第 68 旅团驰援莱特岛。

相比之下，35 军司令官铃木宗次对参谋长友近美谊陆军少将说：“现在我们走到了舞台中心，这是我们莫大的荣誉，我们 35 军完全可以凭借自己力量守住菲律宾中部地区，寺内司令官还要派来援军，实在有些过虑了。”

▲ 美军登上莱特岛。

不仅如此，还狂妄地说：“我们不但可以打败在莱特岛登陆的美军，还要进攻新几内亚的美军。”铃木实在是太不自量力了，美军登陆后进展迅速，攻势之凌厉推进之迅捷，很快就给了铃木一记响亮的耳光。

10 月 21 日，南线美军第 7 步兵师展开两个团沿公路向布劳恩大步推进。日军无力抵挡美军的攻势，只能节节败退。第 7 步兵师 184 团在 21 日就占领了图兰加机场，随后继续发展进攻，于 24 日攻占布劳恩。

从 24 日起，第 7 步兵师 32 团在第 776 坦克营的支援下，一路猛攻势如破竹，到 27 日先后攻占了布利、圣班斯和班扬格等 3 个机场。

面对美军如此猛烈的攻势，日军 16 师团根本无力抗击，只能放弃便于美军发扬火力和机动优势的沿海平原地区，一路撤退到达加米。16 师团师团长牧野四郎中将除了留下少数后卫部队坚守达加米城，主力全部撤往山区。

25 日，美军第 7 步兵师将预备队第 17 团投入战斗，这支生力军上阵更是锐不可当，迅速粉碎日军后卫部队的抵抗，于 27 日占领达加米城。

南线美军另一支部队第 96 步兵师进展也同样迅速，该师以 381 团为预备队，巩固海滩登陆场，以 382 团和 383 团并肩突进。10 月 23 日 383 团攻占匹盖斯，并继续向西推进。382 团则沿公路进军，于 26 日占领塔蚌，随后兵分两路向迪加亭岗和开岭推进。26 日，96 师又将 381 团也投入战斗，于 27 日占领塔纳恩城，并继续西进，顺利与 382 团、383 团会师。

至 29 日，南线美军已经相继占领图兰加、布劳恩、达加米和塔纳恩等重镇，占领地区已经扩展到正面宽 18 千米，纵深 15 千米，完成了第二阶段作战任务。

北线美军的进展也丝毫不比南线逊色，第 24 步兵师在 21 日就遭到日军非常顽强的抵抗，因此 24 步兵师师长加文少将请求增援，得到了第 10 军预备队 2 个营的增援，因此于 26 日粉碎日军抵抗，逼近吉罗城。但由于吉罗城外河流影响了推进速度，96 师 34 团直到 9 日才攻占吉罗城，96 师 19 团也在 31 日进抵吉罗城和 34 团会合。随后，34 团继续推进，协同友邻部队第 1 骑兵师攻占卡利盖拉，于 11 月 2 日攻占卡蓬堪。

北线美军另一支部队第 1 骑兵师，这是美国陆军战功卓著的王牌部队，其所辖的第 2 骑兵团（后改称第 5 骑兵团）在南北战争时期组建，1921 年和第 3、第 7 骑兵团合编成第 1 骑兵师，有着“开国元勋师”之誉。此时早已不是骑兵部队了，但依然保留着作为荣誉象征的骑兵师番号。

▲ 莱特湾海滩的美军正向纵深推进。

这支精锐部队一上阵就是不同凡响，21 日开始突进，绕过日军第 16 师团司令部所在的塔克洛班向纵深进军，这种打法让第 16 师团师团长牧野四郎大惊失色，以为美军是要合围塔克洛班，仓皇之下于 22 日放弃塔克洛班，将师团司令部迁往达加米。第 1 骑兵师的后续部队第 7 骑兵团随即进占塔克洛班。

▲ 第 1 骑兵师师徽。

第 1 骑兵师的前锋第 8 骑兵团一路狂飙急进，于 27 日攻占刺匹兹，截断了日军从三马岛增援莱特岛的道路。11 月 1 日，第 1 骑兵师在第 96 步兵师的配合下，猛攻卡利盖拉，日军在美军巨大压力下被迫弃城而逃。

到 11 月 2 日，北线美军已经先后占领班罗、吉罗、塔克洛班、刺匹兹和卡利盖拉等重镇，控制的地区正面达到 28 千米，纵深 35 千米，完成了第二阶段作战任务。

被美军攻势打得焦头烂额的牧野四郎只好向铃木求援，没想到铃木居然下达了要求 16 师团在塔克洛班与美军决战的命令，哭笑不得的牧野只好将 16 师团的真实情况报告铃木——第 16 师团此时只剩下不到 1 000 人，还能够作战的人员只有 500 人，也就是正常情况下一个大队的实力。铃木这才搞清楚前线部队的真实情况，只好接受现实，放弃原定决战计划，等待后续增援部队到来。

日军调来的增援部队是第 1 师团，这是日军 1874 年组建的第一批师团之一，一直是日军战斗力最强悍的常备师团；太平洋战争爆发后就一直是日军的战略预备队，部署在中国东北，直到 1944 年夏季才调到上海，随时准备增援东南亚。美军在莱特岛登陆后，第 1 师团被紧急海运到菲律宾马尼拉。11 月 1 日下午全师团 1 万余人分乘 4 艘运输船在 6 艘驱逐舰和 4 艘海防舰的掩护下开往莱特岛。当晚 19 时，第 1 师团在莱特岛西海岸的奥摩克登陆。

▲ 准备进攻的美军。

35 军参谋长友近美谊在岸边迎接，他和第 1 师团师团长片冈重陆军中将稍事寒暄后就要求第 1 师团立即沿奥摩克到卡利盖拉的2号公路以急行军前往卡利盖拉以南，准备立即向美军发起反击。

片冈担心开进途中是否会遭到美军阻击，但友近表示不会有这种情况，眼下战局紧急，希望第1师团大胆前进。有了友近的保证，第1师团上岸后来不及休整就开始向卡利盖拉开进，但显然片冈的担心不无道理。11月3日正向沿2号公路向奥摩克推进的美军第24步兵师与第1师团不期而遇，日军先头部队在遭到美军阻击后立即抢占了附近的品纳蒙岭，这是2号公路上的战略制高点，如果美军占领品纳蒙岭，那么攻占奥摩克就如同探囊取物，而要是被日军占领了，同样攻占卡利盖拉也是易如反掌。

美军24步兵师师长加文见日军抢先占领了品纳蒙岭，立即调整部署，准备强攻。就在这时，却接到了停止前进的命令，原来第6集团军司令克鲁格在得知日军增援部队在奥摩克登陆，担心日军还会在卡利盖拉登陆，这样就会对态势孤立的24步兵师形成合围，因此要求24步兵师暂缓进攻，等待第1骑兵师赶来，两个师合兵一处再继续进攻。不过克鲁格显然太谨慎保守了，这个叫停的命令使24师错过了一举夺下品纳蒙岭的最好机会，因为此时日军在品纳蒙岭只有少数先头部队，但战机可谓转瞬即逝。片冈在得知2号公路上出现美军大部队，立即意识到品纳蒙岭的重要性，第一时间就命令第5联队赶赴品纳蒙岭，务必利用险要地形坚守这个具有战略意义的锁钥重地。当第5联队到达品纳蒙岭后，美军再要想拿下品纳蒙岭就势必要付出更大代价。

11月5日，美军才开始对品纳蒙岭发起进攻。但经过一天的时间，日军第5联队已经在品纳蒙岭上构筑了坚固的野战防御工事。尽管美军拥有强大的火力优势，但从5日到8日，整整四天猛攻，付出了大量伤亡都没能攻占品纳蒙岭。这也是美军在莱特岛登陆以后从未遇到的顽强抵抗，一再受挫的美军只能无奈地将品纳蒙岭叫作“断颈岭”。

▲ 正在莱特岛上搜索前进的美军士兵。

就在美军对品纳蒙岭屡攻不下之时，日军却主动放弃了品纳蒙岭。原来日军准备在莱特岛和美军展开决战，寺内寿一决定再将第26师团调到莱特岛，和第1师团一起向美军展开反攻。山下奉文认为在美军

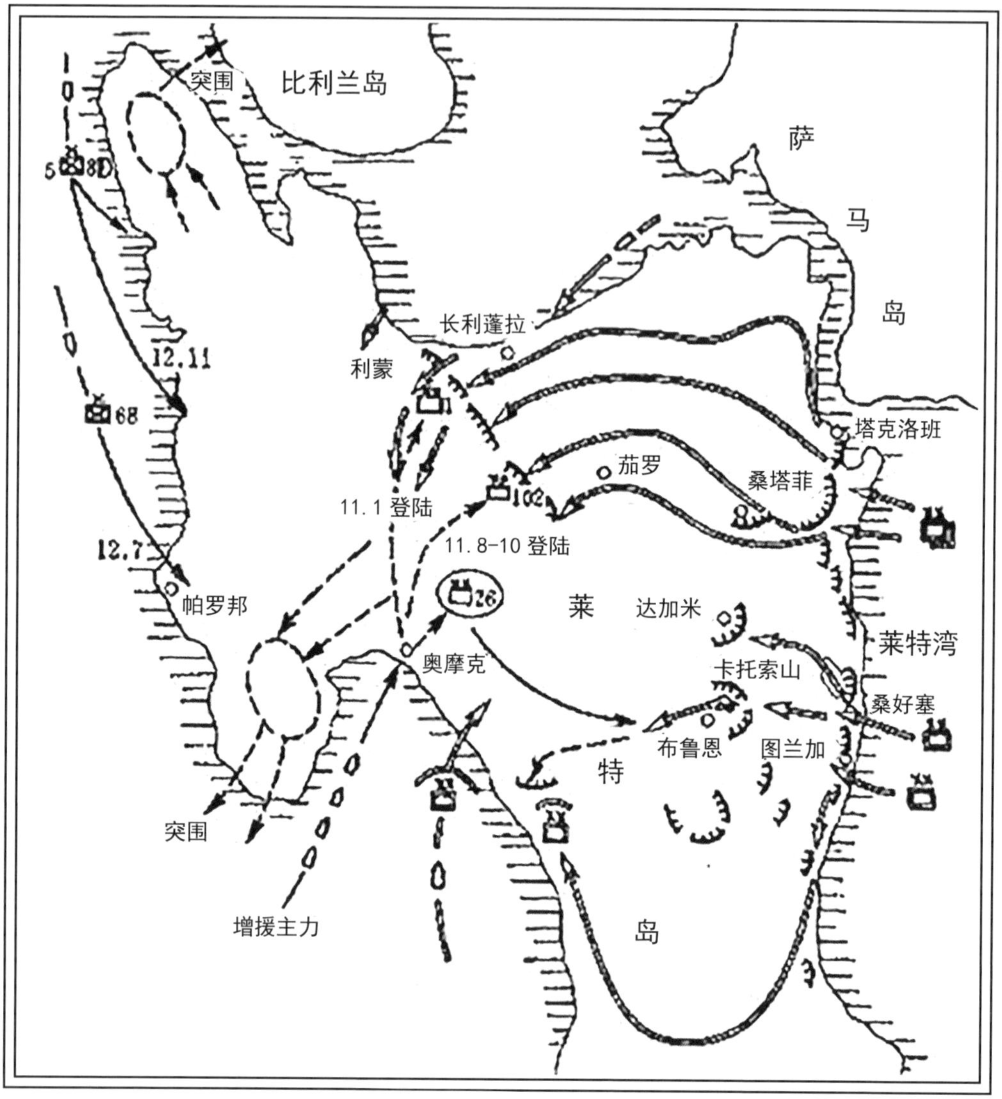

▲ 莱特岛作战示意图。

强大的海空火力优势下，在莱特岛决战只会白白消耗宝贵的兵力，但他的意见被寺内驳回，只好命令第 1 师团放弃品纳蒙岭，向塔克洛班迂回，与 26 师团形成钳形攻势。

但是 26 师团就没有第 1 师团那么幸运了，11 月 11 日运送 26 师团的船队在奥摩克外海被美军发现，随即遭到第七舰队 300 多架次舰载机的猛烈空袭，美军战机集中攻击搭载 26 师团官兵的 6 艘运输船，美军深知这支日军部队一旦登陆势必会给岛上的战斗增加困难，所以即使运输船被击沉，美军战机也对漂浮在海上游向岸边的日军官兵进行扫射。最终美军以损失 9 架飞机的代价，击沉全部 6 艘运输船和 4 艘护航的驱逐舰，日军第 26 师团还没有登上莱特岛就折损过半。

山下见 26 师团如此惨重的损失，进一步坚定了在美军拥有强大海空优势的情况下，在莱特岛进行决战，胜利的可能性是微乎其微的想法，因此他再次向寺内提出终止莱特岛决战计划的建议，但还是被拒绝了。

为了在莱特岛和美军决战，寺内除了调集第 1、第 26 师团，此后又将第 102 师团和第 68 旅团调往莱特岛，从纸面上看，日军总兵力已经超过了 8 万人，但实际上在运输途中就有了不小损失，加上此前战斗中的伤亡，如 16 师团仅剩下一个大队的兵力，第 1 师团也在品纳蒙岭争夺战中损失很大，而第 26 师团更是在运送途中就已经损失了一半兵力，这三个师团真正的实力加在一起还不到正常情况下的一个师团，所以日军到 12 月初，在莱特岛真正的总兵力最多也就只有 5 万人。

而在同一时期，美军又将第 32、第 77 步兵师投入莱特岛，这样在岛上的部队就达到 2 个军 6 个师，总兵力超过了 16 万人，无论在兵力还是火力上都对日军占据压倒性优势。

山下虽然清楚莱特岛的真实情况，在莱特岛上的日军伤亡惨重，根本没有组织决战的力量，能够延缓美军沿着 2 号公路向纵深推进，已经很困难了。但两次建议都被寺内拒绝，他也不能公开抗命，只好在 11 月 15 日下达了《莱特决战指导要领》，在这个要领中，他已经对原定决战计划进行了修正，放弃了在卡利盖拉决战的方案，而是将部队集结在更深远的克劳恩。

日军最后的疯狂

11 月中旬，美军调整部署之后重新发起攻击。第 24 军以 96 师守备达加米至布劳恩一线，保护第 7 步兵师的侧后，让第 7 步兵师能腾出手来全力沿 2 号公路向奥摩克推进；第 10 军则以新到来的生力军第 32 步兵师接替 24 步兵师进攻品纳蒙岭，第 1 骑兵师横越品纳蒙山脊向西进攻，掩护 32 师和 24 师的侧翼。

面对兵力火力都占据绝对优势的美军再兴攻势，早先豪气如云的铃木已经完全被现实所屈服，向山下发出了放弃莱特岛的请求，虽然山下也深知前线的情况不容乐观，但是鉴于南方军坚持要求组织决战的强硬态度，他也只能拒绝了铃木近乎哀求的请求。反而在 11 月 23 日给 35 军下达了“布劳恩进攻战”的命令，要求 35 军以第 16、26 师团，在第 4 航空军的配合下，对布劳恩地区的机场进行反攻。

美军之所以选中莱特岛作为菲律宾战役的首要目标，就是因为莱特岛的地理位置，在莱特岛上的机场如果作为美军岸基航空兵的基地，那么对于争夺菲律宾战役的制空权将具有重大作用。所以，莱特岛上的机场无疑就是美军最看重的。当时莱特岛上共有五个机场，除了在首府塔克洛班和杜拉格两地各有一个机场外，其余巴尤哥、布里和生巴勃罗三个机场都是在布劳恩附近，这样，布劳恩成为双方争夺的焦点也就丝毫不意外了。

按照麦克阿瑟的计划，在登陆五天之后就要有一座拥有 1 500 米跑道的机场投入使用，进驻 75 架战斗机，这些战斗机将为莱特岛上的美军提供有力的空中支援。随后再将另外四个机场陆续扩建，从而能够进驻更多的战斗机、轰炸机，将莱特岛前进航空基地的作用充分发挥出来。

而在莱特岛上的机场投入使用之前，第七舰队虽然有一支护航航母舰队，但这些护航航母担负的任务相当繁重，所以不得不还要依靠哈尔西第三舰队的航母舰载机，不过哈尔西对支援莱特岛地面作战很不以为然，认为日军陆、海军航空兵已经损失殆尽，在莱特湾的美军不太可能遇到有多严重的空中威胁，所以他将原先答应支援麦克阿瑟提供空中支援的航母从 4 艘减到 2 艘，哈尔西的这一做法自然让麦克阿瑟很失望，但哈尔西毕竟不是自己直接指挥的，也无法强求，只好将空中支援的希望都寄托在自己的部队——西南太平洋战区岸基航空兵的身上，但这得有前提，那就是莱特岛上的机场能投入使用。

但是现实远没有计划的那样美好，莱特岛上的五个机场都位于东海岸的平原之上，地势低洼，而 11 月又是雨季，机场的排水不畅，跑道全部都泥泞不堪，飞机根本无法起飞。登陆五天后就要有一座机场能够使用的想法已经彻底落空了。

▲ 莱特岛上的日军。

克鲁格为了尽快打破进展缓慢的僵局，让第 11 空降师在西海岸的比托海滩登陆，以便和东海岸的主力东西对进。但是西海岸地区都是热带丛林，几乎没有道路，运送补给物资和后送伤员都很困难，火炮也很难伴随部队前进。美军情急之下，用一架担负海空救援任务的 C-47 运输机连续飞了 13 个架次，将整整一个 75 毫米榴弹炮连空投到了一处长 150 米、宽 50 米的空地上。这个从天而降的榴弹炮连就位后立即以猛烈炮火支援步兵，发挥了巨大作用。同时第 11 空降师师长乔・斯温陆军少将在没有运输机的情况下，使用 11 架“幼犬”轻型炮兵观测机为进入丛林地区的部队空投补给，建立起了一条空中的“饼干供应线”。这些“幼犬”轻型炮兵观测机从布劳恩附近机场起飞，为丛林地区部队空投补给，虽然“幼犬”载重量很小，但由于距离较近，一天之内可以多次往返，积少成多，每天的空投量都在 200 吨以上，完全可以保障第 11 空降师两个团的作战消耗。另外，美军还开辟了一个简易机场，用来后送伤员。除了这些空运任务，斯温少将和一些参谋军官也搭乘“幼犬”伞降到丛林，加强了对部队的指挥。

由于“幼犬”观测机频繁往返于布劳恩和岛西部丛林之间，很快就引起了日军的注意，决心组织对布劳恩机场的攻击，以切断美军的空运行动。

11 月 27 日，日军 4 架运输机搭载 60 名伞兵对布劳恩机场进行空降袭击，但在途中 1 架飞机因失事坠毁，1 架被美军击落，1 架被美军击伤后迫降在海上，最后只有 1 架按计划在布里机场附近投下了伞兵，但人数太少，很快就被美军消灭。

但这次失败的空降突击给了日军很大启发，铃木决定组织更大规模空降行动，同时地面部队也配合发起进攻，夺取布劳恩地区的三个机场。空降部队为一个大队约 500 名伞兵，由于运输机数量不足，空降只能分成两个波次，出发机场为吕宋岛的安费雷斯和利帕机场，飞行距离约 600 千米，由 12 架战斗机护航。地面部队为第 16、26 师团，进攻时间定在 12 月 7 日凌晨。

美军也察觉到日军可能会袭击布劳恩地区机场，不但提高了机场的警戒级别，还增派了 1 个营加强机场防御力量。

▲ 莱特岛上的日军机枪阵地。

进入 12 月初，连降大雨，道路泥泞，部队行动困难，各项作战准备也难以按时完成，因此铃木只得向山下请示将进攻推迟两天，但山下表示眼下战局危急，最多只能推迟一天。不过由于通信联络中断，16 师团没能接到推迟行动的通知，仍按照原计划的 12 月 6 日凌晨向布里机场发起了攻击。师团长牧野四郎将所有还能投入战斗的人员约600人整编成一个大队，亲自率领这个大队发起冲锋，尽管美军守备部队得到2个坦克连的支援，但人数太少，加上日军攻击非常突然，因此无法击退日军。6时许日军攻占了布里机场。下午，美军调来了第187伞兵团的1个营向布里机场展开反冲击，日军在占领机场战斗中损失也很大，顶不住美军反击，随即被逐出了机场。

7日下午14时30分，日军第2伞兵旅团第3大队第一波次空降部队从吕宋岛起飞，37架满载伞兵的运输机中，20架飞往布里，9架飞往圣巴勃罗，6架飞往巴尤哥，2架飞往塔克洛班，还有2架飞往杜拉格。

18时，日军轰炸机首先对各机场进行轰炸。紧接着，运载伞兵的运输机从200米低空进入机场上空开始空降伞兵，由于护航的战斗机和运输机脱节，没有空中掩护的运输机遭到了美军防空火力的猛烈射击，有18架运输机被击落，而且因为天黑雨大，伞兵着陆非常混乱，绝大部分伞兵都没在预定地点降落。

第3大队大队长白井恒春中佐第一个在圣巴勃罗附近着陆，立即将身边的伞兵集合起来向机场发起攻击，很快就冲进了机场，日军对停放在跑道上的飞机、堆积的航空汽油、弹药连连开火，机场顿时成为一片火海。机场上的美军退到机场南侧构筑了简易的防御工事，转入防御，等待援军。

8日凌晨斯温师长调来1个营对圣巴勃罗机场发起了反击，于中午前后收复机场。白井中佐率领残部退到布里机场，和在布里机场降落的伞兵以及16师团的余部会合，再次占领了布里机场。

9日，斯温投入了第187伞兵团和第38步兵师149团对布里机场展开反攻，美军两个团向布里机场发动钳形攻势，经过激战对布里机场形成合围。就在美军准备发起总攻时，日军第26师团的一个联队赶到布里，突破了美军部分阵地，但美军随即调整部署转手进行反击，使26师团受到很大损失，不得不向西后退。在解决了26师团后，美军再回过头对陷入合围的布里机场日军发动总攻，于11日将这部分日军全部消灭。

▲ 美军向日军发起进攻。

飞往塔克洛班和杜拉格机场的日军运输机要么被美军击

落，要么中途迫降，都没能按计划发起进攻。

布劳恩机场之战是日军在第二次世界大战中最后一次空降突击，伞兵和地面部队协同攻击，虽然最终没能占领机场，但摧毁了美军100多架飞机和大量作战物资，第11空降师因此有一周时间没有得到任何空中补给。

这次空地协同突击作战失败之后，日军并不甘心，铃木还在奥摩克收容残部重新整顿，准备再次向布劳恩发动反攻。美军也不会坐等日军重新集结兵力，为了加快莱特岛作战的进程，麦克阿瑟命令克鲁格将第6集团军的总预备队第77步兵师投入战场。11月8日，第77步兵师在奥摩克南部的伊皮尔登陆，然后沿着海岸北上，直扑奥摩克。这对日军造成了巨大威胁，因为日军此时在奥摩克只有一些后勤单位，根本没有什么战斗力。铃木一面组织后勤部队在奥摩克周围制高点紧急布防，一面调集在布劳恩地区的作战部队迅速回援。但是日军从布劳恩回撤途中多次遭到美军袭击，急切难以脱身，而且这些作战部队迭经苦战，已经十分残破，就算及时回到奥摩克也很难抵挡美军攻势。日军最新的一支援军第68旅团，虽然已经在莱特岛登陆，但却是在岛西北的圣伊西罗德，距离太远，远水救不了近火。最后铃木想尽办法才得到30师团1个步兵大队的增援，但这个大队在奥摩克以东的帕罗邦港登陆，距离奥摩克也有约60千米之遥，又都是山区，也不可能迅速赶到奥摩克。

11月10日，美军77步兵师肃清奥摩克附近高地上的勤杂部队，攻占奥摩克。奥摩克港是莱特岛上最大的港口，美军拿下奥摩克，等于切断了日军增援莱特岛最重要的路线。

11日，日军5艘运输舰搭载3 000名援军和900吨补给物资，在3艘驱逐舰和2艘猎潜艇护送下进入奥摩克湾，对于这支运输船队日军非常重视，还出动了30架战斗机进行空中掩护。但美军空中力量实在强大，接连几个波次的空袭就将这支船队大部消灭，仅有一小部分援军逃到帕罗邦港得以幸免。

还有一支日军运输船队还不知道美军已经占领奥摩克港，竟然稀里糊涂地驶入奥摩克湾，

▲ 美军对盘踞在工事里的日军使用火焰喷射器。

▲ 在莱特岛丛林中作战的美军。

在遭到美军空袭后还想冲进奥摩克港躲避，结果又受到美军77师炮火的迎头痛击，几乎全军覆没。

尽管战局已经如此危急，但铃木还计划在莱特岛与美军决战。但12月15日突然接到山下的命令："解除分配给你部的任务，35军从现在起应在菲律宾南部继续持久作战，以待反攻。"——原来，美军已经在民都洛岛登陆，拉开了菲律宾战役第二阶段吕宋岛作战的序幕，所以日军也改变了原来在莱特岛决战的计划，转而集中兵力固守吕宋岛。铃木接到这一命令，感觉就像是被出卖了，但也没有办法，只好收拢残部退入西部山区继续抵抗。

12月21日，从奥摩克向东攻击的77师与从东海岸一路推进的第10军会师。25日，麦克阿瑟宣布美军全部占领莱特岛。但莱特岛上的战斗还在继续，逃到山区继续顽抗的数万日军一直到1945年春才被彻底肃清，这数万日军中除了约1 000人乘小木船逃离莱特岛，800余人被俘外，其余不是被打死，就是被饿死在岛上的山林中。而美军在整个莱特岛战役中也付出了很大代价，阵亡3 500人，负伤1.2万人。

美军潜艇的下马威

说完了莱特岛之战，再回到莱特湾海战的主线上。

栗田健男海军中将指挥的第一游击部队，是日军"捷一号"作战的头号主力，10月18日接到联合舰队司令长官丰田副武的命令，从驻训的新加坡林加锚地启航，前出到文莱湾，一方面是距离菲律宾更近，能够迅速开赴战区，另一方面则是便于补充燃料。

燃料问题历来是日本海军的头号大事，太平洋战争的爆发很大程度上也是因为石油。所以美国海军情报部门对日军舰队的动向主要就是通过对日军油船的追踪来判断分析。美军太平洋战区联合情报中心在9月中旬就已经发现日军在进行大规模的后勤准备。10月2日，发现日军的2艘油船从苏门答腊前往栗田舰队所在的林加锚地。10 月 16 日，发现先后有 7 艘油船和 2 艘补给船对栗田舰队进行了补给。10 月 20 日，又发现有 2 艘在本土的油船启程南下前往西菲律宾海，显然日军正在准备发动一次大规模行动。不过，美军情报机关的工作很糟糕，如此明显的迹象却没有引起足够的重视，居然得出了日军舰队并没有明确的反击意图，甚至到了 10 月 23 日，也就是莱特岛登陆之后第三天，在日军舰队的一些行动已经被美军发现的情况下，还认为日本海军不过是在进行类似瓜达尔卡纳尔岛争夺战期间所进行的“东京快车”式的增援行动，而不是大规模的反攻行动。

根据一份西南太平洋战区发布的敌情通报中，对日军的行动是这样分析的：“由于航行危险，加上缺乏操作空间，不论是经由圣贝纳迪诺海峡还是从苏里高海峡，日军舰队的行动都是不切实际的。”

相比美军情报机关的自以为是，日军的情报分析就非常准确了，日本海军军令部判断美军将在 10 月下旬对菲律宾发动进攻，首要目标最大可能是莱特岛！不过如今日本海军已经没有多少本钱了，所以不可能对美军的行动来个“先下手为强”，只能等美军确实发起行动了，才能进行反击，当然这样一来，也就等于是将主动权拱手让给美军了。

10 月 20 日下午，栗田的第一游击部队驶抵文莱湾。

到达文莱湾之后，燃料补给却无法按计划进行。除了栗田预先布置的 2 艘油船从新加坡出发，预计 21 日中午抵达文莱湾以外，联合舰队原先安排的油船不是因为躲避美军空袭而无法出海，就是仍然还在执行其他任务无法赶来。这样，燃料缺乏的问题就骤然凸显出来。无奈之下栗田只能以仅有的 2 艘油船来安排加油方案。为了最大限度地保持战斗力，也为了加快燃料补给的速度，决定优先为巡洋舰以下军舰加满油。

21 日 7 时，2 艘油船“八纮丸”号和“雄凤丸”号抵达文莱，但 2 艘油船上的燃料只有 1.6 万吨，对于整个舰队的燃料需求来说，简直就是杯水车薪，但有油总比没有好。补给工作立即按照预定方案通宵达旦展开，一直持续到 22 日 5 时，完成了 15 800 吨燃料的补给工作，其中每艘驱逐舰平均补给约 200 吨，每艘巡洋舰平均补给约 500 吨。

21 日晚上，在第一游击部队的旗舰“爱宕”号重巡洋舰上，举行了出击前的聚餐。这次聚餐会的气氛不同往日，全然没有偷袭珍珠港或者中途岛时的那种慷慨激昂，也没有马里亚纳海战前的破釜沉舟，众多战队司令反而都是很抵触，认为以堂堂联合舰队的主力战舰，杀入莱特湾攻击美军的运输船和两栖舰艇——而且很有可能是卸完了人员和物资的空船，没有什么价值。

一向沉默寡言的栗田这次也破例发表了长篇训词："眼下的战局比诸位想象的还要严重得多，如果国家灭亡了，而舰队还存在，那么将是我们海军官兵的最大耻辱。所以，这次作战是大本营是要我们舰队置之死地而后生。……现在战局发展到如此地步，对莱特湾的突击是我们义不容辞的责任，希望我们能创造奇迹。谁又能断言，我们此次出击不会力挽狂澜？诸位，我们和势不两立的敌军舰队决战的机会到来了！希望诸位努力奋战，建立殊勋！"

听到栗田这么说，各战队司令、各舰舰长的士气算是被激发了起来，但并没有从根本上消除这些军官的心结，因此到了后来的战场上，当栗田下令撤退时，才会没有人提出反对。

10 月 22 日 8 时，栗田率领第一游击部队的本队战列舰 5 艘、重巡洋舰 10 艘、轻巡洋舰 2 艘、驱逐舰 15 艘，从文莱湾启航，杀气腾腾扑向莱特湾。

15 时，西村祥治海军中将率领的第一游击部队第三部队战列舰 2 艘、重巡洋舰 1 艘、驱逐舰 4 艘，也从文莱湾启航，取捷径杀向莱特湾。

日军投入莱特湾海战的另外两支舰队，小泽治三郎海军中将率领的第一机动舰队于 20 日晚从本土濑户内海启航，志摩清英海军中将率领的第二游击部队于 10 月 22 日上午从台湾马公出发。

从文莱湾到莱特湾北端的圣贝纳迪诺海峡有三条航线，第一条航线是从婆罗洲北岸和巴拉望岛南端之间的巴拉巴克海峡出发，然后穿越苏禄海，再转向东北，经锡布延海，到达圣贝纳迪诺海峡。第二条航线是出了文莱湾之后向西北航向，穿过南中国海，经民都洛海峡进入锡布延海，最后到达圣贝纳迪诺海峡。第三条航线出文莱湾先向东北航行，经巴拉望水道，再走民都洛海峡和塔布拉斯海峡，进入锡布延海，到达圣贝纳迪诺海峡。

▲ 日军的战列舰编队。

在这三条航线中，第一条航线最短，但是部署在莫罗泰岛上的美军岸基航空兵作战范围涵盖整个苏禄海，所以这条航线最可能被美军发现，安全性最差。第二条航线虽然不在美军岸基航空兵的作战半径之内，但距离最远，中途需要进行海上加油，燃料本来就是日军的短板，海上加油又耽搁时间。所以栗田只能选择了第三条航线，既可以避开莫罗泰岛上的美军岸基航空兵，又不需要进行海上加油，唯一的缺陷就是要通过航道狭窄的巴拉望水道，一旦遇到潜艇伏击，就很难摆脱。相比之下，第三条航线还是合适的，再说也未必就一定会在巴拉望水道遇到美军潜艇，那就赌一把吧！

栗田率舰队出航之后，以 18 节航速走 Z 字反潜航线，但栗田排出的队形确实非常奇怪：战列舰和重巡洋舰排成两列纵队，两队之间间隔 3 600 米；轻巡洋舰和驱逐舰排成三列纵队，两队在最左右外侧，一队则在两队主力战舰之间，最终形成了五列纵队，而且是轻巡洋舰驱逐舰和战列舰重巡洋舰相互插花式的。看上去，战列舰和重巡洋舰受到了严密保护，但在整个舰队的最前面，居然没有部署一艘用来警戒的驱逐舰，这可是一个非常致命的破绽！栗田舰队就是以这样奇怪的队形在 23 日夜间驶入了宽仅 4 千米、长约 15 千米的巴拉望水道。巴拉望水道东北到西南几乎笔直，是文莱湾到菲律宾中部的必经之路。栗田并没有太担心，因为狭窄的巴拉望水道固然是潜艇伏击的理想之地，但狭窄的水道同样也是一柄双刃剑，潜艇被发现也很难逃脱，所以美军潜艇未必敢在巴拉望水道活动。

栗田想错了，太平洋战争爆发之后，美军的潜艇发挥了重大作用，不要说巴拉望水道，就是东京湾都敢去。此时在巴拉望水道就有两艘美军潜艇——“鲦鱼”号（USS Dace，舷号 SS–247）和“海鲫”号（USS Darter, 舷号 SS–227）正在守株待兔。

23 日午夜过后，“鲦鱼”号和“海鲫”号就在巴拉望水道南口会合，交换了各自获得的情报。0 点刚过去 16 分钟，“海鲫”号的雷达就发现了可疑信号，最初雷达操作员还以为是雨云，但很快就意识到这是一支有多艘战舰组成的大舰队！很快“鲦鱼”号的雷达也发现了这个大目标，于是两艘潜艇立即拉开距离，高速向目标逼近。当时夜幕深沉，真正是伸手不见五指，所以潜艇可以在水面航行而很难被发现。随后“海鲫”号艇长戴维 · 麦克林托克海军中校用无线电发出了在巴拉望水道发现大批日军战舰的警报。在向目标接近过程中，麦克林托克仔细研究海图，寻找理想的攻击点，不但要有良好的攻击角度，还能防止日舰突然调转航向。

5 时 10 分，“海鲫”号到达了理想的攻击阵位，潜入水下。紧接着“鲦鱼”号也潜入水下。“海鲫”号在前，“鲦鱼”号则在“海鲫”号东北约 9 000 米外，挡住了日舰右转的航向，现在日军舰队已经在劫难逃了。

▲“海鲫”号潜艇艇长麦克林托克。

麦克林托克看到日军舰队正迎面驶来，正前方的战舰纵队是驱逐舰，左前方则是大舰纵队，他当然毫不犹豫对准了大舰纵队。

5 时 32 分，麦克林托克潜望镜的十字准线上几乎被第一艘日舰的身影占满，距离还不到 2 000 米！他立即下令发射艇首发射管的 6 枚鱼雷，马上就听到了连续数声爆炸，显然鱼雷命中了！但他来不及观察战果就赶紧右转 180 度，将艇尾发射管的 4 枚鱼雷全部射向第二艘日舰。射出全部鱼雷之后，麦克林托克才将潜望镜转向了第一艘日舰，映入眼帘的是令人终生难忘的场景——这艘日舰从一号炮塔到舰尾都在熊熊燃烧，甲板上都是橘黄色的烈焰和浓烟，上层建筑已经看不到了，舰首已经开始下沉，一号炮塔都快要接近水面了。

艇首 6 枚鱼雷有 4 枚命中右舷，从舰首到舰尾，炸开 4 个大洞，舰身迅速右倾——这艘正是栗田的旗舰“爱宕”号重巡洋舰，栗田第一时间就明白“爱宕”号必沉无疑，立即下令弃舰，同时命令最近的“岸波”号驱逐舰靠上来接走舰员，但“爱宕”号倾斜角度太大，“岸波”号无法靠帮，只好停在 200 米外等待打捞跳海逃生的船员。栗田和舰队司令部人员都只好跳下大海，游向“岸波”号。最后栗田浑身被油污和海水浸透，狼狈地爬上“岸波”号，他身患登革热还没有痊愈，这番折腾，无疑使病情又加重了，对他精神、体力和判断力都有很大影响。

仅仅 18 分钟之后，“爱宕”号就沉入海中，舰员约 360 人丧生，栗田的司令部人员也死伤过半。15 时 40 分日军舰队通过巴拉望水道。17 时，栗田转到“大和”号战列舰上，在“大和”号升起了自己的司令旗。但是栗田司令部通信人员损失大半，司令部通信长居然“奇迹般”地被“高雄”号救起带回了文莱。这样“大和”号不得不抽出一半通信人员承担栗田舰队司令部的通信责任。这不但加重了通信人员的工作量，而且也延误了有关电报的收发，给后来海战中栗田舰队在通信上的一系列迟延、误传、遗漏、译电错误问题埋下了伏笔。

▲ 美国海军“海鲫”号潜艇。

“海鲫”号艇尾鱼雷管攻击的是大舰纵队的二号舰“高雄”号重巡洋舰，2 枚鱼雷命中，多个舱室进水，轮舵失灵，舰身右倾，航速锐减，虽然逃过了被击沉的厄运，但也遭到了重创，无法继续跟随舰队行动，并有 4 人阵亡，31 人负伤。只好在“长波”号和“朝霜”号 2

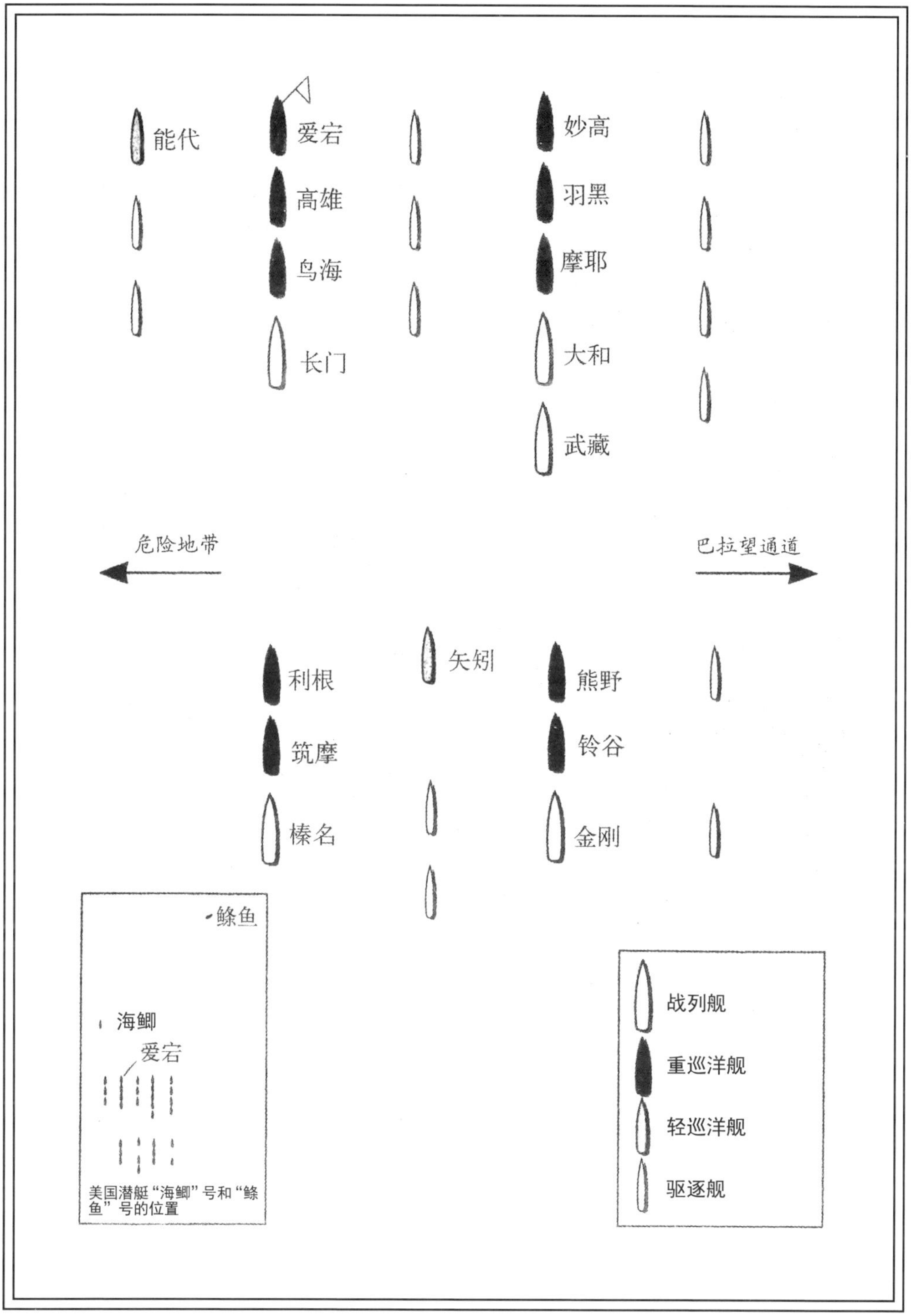

能代
爱宕
高雄
鸟海
长门
妙高
羽黑
摩耶
大和
武藏
危险地带
巴拉望通道
利根
筑摩
榛名
矢矧
熊野
铃谷
金刚
鲦鱼
海鲫
爱宕
美国潜艇“海鲫”号和“鲦鱼”号的位置
战列舰
重巡洋舰
轻巡洋舰
驱逐舰

▲ 巴拉望海战示意图。

▲ 日本海军“爱宕”号重巡洋舰。

艘驱逐舰护卫下向文莱湾返航。

“鲦鱼”号也不甘示弱，紧接着发起攻击。艇长布莱登·克拉盖拉海军少校看到日军战舰在视野中越来越清晰，他看清楚前面两艘是重巡洋舰，于是决定放过这两艘重巡洋舰，攻击第三艘“大家伙”，不过他还是看走了眼，第三艘也不是战列舰——而是“摩耶”号重巡洋舰。

“摩耶”号舰长看到800米外冲过来的鱼雷航迹，惊恐地大叫：“右满舵！”但航海长以为舰长下错了口令，自作主张发号：“左满舵！全速前进！”结果舰身迎向了鱼雷来袭方向，4枚鱼雷分别命中左舷锚链舱、一号炮塔下方、第七锅炉舱和后轮机舱，整个舰身几乎在瞬间被炸成两段，才只有8分钟就沉没了。

日军驱逐舰这才反应过来，冲上来猛投深水炸弹，美军2艘潜艇立即下潜，在深水里躲避了一个多小时，才摆脱了日舰的攻击。美军2艘潜艇浮出水面，准备去追击重伤返航的“高雄”号，就在2艘潜艇兴冲冲展开追击不久，“海鲫”号在一片海图上没有标注的暗礁区触礁搁浅，“鲦鱼”号接走了“海鲫”号的全部艇员。

眼看“海鲫”号已经无法脱险，艇员破坏了重要设备，还安放了炸药包炸艇，也没有炸沉。“鲦鱼”号向“海鲫”号发射了4枚鱼雷，由于“海鲫”号搁浅位置较高，也没能命中。再用甲板炮开火，还是没能将“海鲫”号击沉。

天黑后，日军飞机赶来投下炸弹，照样没能炸沉。接着附近又出现了日军驱逐舰，“鲦鱼”号这才放弃了，载着2艘潜艇的艇员返回澳大利亚。“海鲫”号就这样被抛弃在了蓬勃暗沙的礁石上，到今天成了这场海战的纪念碑。

巴拉望水道伏击战是莱特湾海战的揭幕战，美军以损失1艘潜艇的代价，取得了击沉日军2艘重巡洋舰、击伤1艘重巡洋舰的战果，可谓打了一场漂亮的开锣大戏。

前奏已然吹响，规模宏大的莱特湾海战终于要拉开大幕了。

第六章　海上巨兽的末日

发现日军舰队了

哈尔西率领的美国海军第三舰队，无疑是当时太平洋，甚至是全世界最强大的舰队。按照预定计划，美军发起莱特岛登陆战之后，第三舰队也到达菲律宾海域，为登陆部队提供海空支援。

这支舰队的指挥官是由哈尔西和斯普鲁恩斯轮流担任，采取的是“换人不换马”的策略，哈尔西、斯普鲁恩斯和他们的参谋团队，在一个战役之后就能到后方休息，但现在问题是“马”一直不歇也不行啊。第 38 特混舰队司令米切尔海军中将对此就非常担心，他知道第三舰队的基层官兵至少有 1 万人已经连续十个月在海上，世界上还没有任何一支舰队像他们这样长时间持续在海上作战，所以官兵们的身心都已经非常疲惫了。舰队的军医也报告很多人出现了疲劳症状，体力、反应力都大幅下降，迫切需要休息。米切尔担心这将影响官兵们无法进行有效的作战。

有鉴于此，加上莱特岛登陆开始后已经几天了，也没见日军有什么大的反应，所以哈尔西决定让第 38 特混舰队的 4 个大队轮流返回乌利西环礁，一方面补充燃料弹药，一方面也让官兵进行短暂休整。10 月 22 日，哈尔西命令约翰 · 麦凯恩海军中将指挥的第 38 特混舰队第 1 大队返回乌利西。第 1 大队是第 38 特混舰队 4 个大队中实力最强的一支，在大战来临前夕离开了第一线，不能不说这是哈尔西的一大失策。

23 日凌晨，哈尔西接到了“海鲫”号潜艇发出的敌情报告，终于意识到日军舰队出动了！但哈尔西并没有召回前往乌利西的第 1 大队，而只是取消了其他 3 个大队的补给与休整计划，然后命令 3 个大队立即进行海上补给，完成补给后前往菲律宾中部以东海域，准备迎击来犯的日军舰队。

24 日拂晓，第 38 特混舰队的 3 个大队在菲律宾中部以东海域展开，从北到南依次是：

弗雷德里克 · 谢尔曼海军少将指挥的第 3 大队，位于吕宋岛以东海域；

弗杰拉尔德 · 博根海军少将指挥的第 2 大队，位于圣贝纳迪诺海峡以东海域；

拉尔夫 · 戴维森海军少将指挥的第 4 大队，位于萨马岛以东海域。

▲ 美军第 38 特混舰队三个大队和日军舰队航线示意图。

▲“勇猛”号航母。

哈尔西随第2大队行动，米切尔随第3大队行动。天亮后，哈尔西命令每个大队都派出侦察机对通往莱特湾的航道进行全覆盖分区包干搜索，每10度扇面为1个搜索区，每个搜索区由2个侦察机小组负责，每个侦察机小组由1架SB2C“地狱俯冲者”轰炸机和2架F6F“地狱猫”(旧译作“恶妇”）战斗机组成，另外，每个侦察机小组还有若干架F6F“地狱猫”负责无线电中继，这是考虑到侦察机小组搜索区域距离航母比较远。无线电通信很可能会因为种种原因而出现意外状况，为了确保航母能够及时收到侦察机小组发回的无线电报告，所以美军特意为每个侦察机小组安排了战斗机担负无线电中继任务，可见美军对空中侦察是非常重视的，相比之下日军历来对战役前的空中侦察都很轻视，从中途岛战役到如今的莱特湾海战都是如此，缺乏准确的侦察报告，自然无法使海战指挥官准确判断敌情，在这样的情况下要做出准确的决策，显然是不可能的。

朝阳初升天色逐渐明亮，在第2大队司令博根海军少将的旗舰“勇猛”号（IUSS Intrepid，舷号CV–11，旧译作“无畏”号）航母的甲板上，地勤人员开始忙碌起来，为放飞舰载机进行各项准备工作。

“勇猛”号航母上第18航母舰载机大队（CVG–18）所辖的第18舰载轰炸机中队（VB–18）的马克斯·亚当斯海军上尉坐进了自己SB2C“地狱俯冲者”轰炸机的座舱，在完成了起飞前的最后检测之后，这架“地狱俯冲者”就从航母上腾空而起，紧跟在后面的是4架F6F“地狱猫”。飞到锡布延海大约一半的时候，2架F6F“地狱猫”就脱离编队，开始盘旋——这2架就是担负无线电中继任务的，余下3

▲ SB2C“地狱俯冲者”轰炸机。

架继续向西飞行。锡布延海景色还是很不错的，蓝宝石一般的海面上不时点缀着珊瑚礁和火山岛，但此刻飞行员全然没有欣赏美景的心情，他们全神贯注紧盯着海面和雷达屏幕，生怕漏过了日军舰队。

当侦察机小组接近民都洛海峡南端，塔布拉斯海峡以西海域上空，亚当斯看到雷达屏幕上在大约40千米距离之外出现了几个亮点——有情况！亚当斯立即呼叫“地狱猫”，3架飞机加速向南飞去查看。很快在蓝色的海面上出现了几条白色的细条，毫无疑问，这就是船只航行留下的尾迹，再往前飞就赫然出现了目标！

8时15分，亚当斯的副驾驶马克·埃斯利克海军少尉发出了冷静而简洁明了的无线电报告：“民都洛海峡南端，4艘战列舰，8艘重巡洋舰，13艘驱逐舰，航向050，航速12节，没有补给舰，也没有运输船。”

“地狱猫”上的飞行员比尔·米勒海军中尉也忍不住惊呼起来：“敌人舰队正在民都洛岛海域东进！全是大家伙！”

哈尔西在几分钟之后收到了这份报告，作战室里的气氛似乎瞬间凝固了，不知哪个小参谋轻声重复：“全是大家伙！”接着，作战室里就沸腾了，哈尔西的参谋团队开始议论起来，没有补给舰，没有运输船，也没有航母，如此规模的大舰队到底想干什么？

哈尔西的参谋长罗伯特·卡尼海军少将对这份侦察报告给予了高度评价：“非常好！在以往的海战史中，从没有一次侦察报告能像今天这样正确、详细，而且还如此及时迅速。真得好好感谢侦察机飞行员们如此完美地完成了任务。”虽然栗田舰队实际兵力是战列舰5艘、重巡洋舰7艘（原来10艘已经有2艘被击沉、1艘因伤返航）、轻巡洋舰2艘、驱逐舰13艘，侦察报告仅仅将1艘战列舰看成重巡洋舰，其他信息全部都正确，在整个太平洋战争中这绝对是一次非常出色的侦察。

▲“勇猛”号航母派出的侦察机发现日军栗田舰队时拍摄的首批照片之一。

8时22分，哈尔西命令位于北面的第3大队和南面的第4大队都向居中的第2大队靠拢，3个大队合兵一处，准备对日军舰队发起攻击。

8时37分，哈尔西抓起无

▲ 美军第三舰队司令哈尔西。

线电对讲机的话筒用群呼方式向全舰队下达了命令："攻击！重复一遍，攻击！祝你们好运！"——这道命令和 2 年前 1942 年 10 月圣克鲁斯海战时那道著名的命令如出一辙："攻击！攻击！再攻击！"不过现在哈尔西的底气肯定是更足了。

按正常流程，哈尔西应该先向第 38 特混舰队司令米切尔海军中将下达命令，再由米切尔向各航母特混大队下命令。但这次哈尔西直接向各航母大队下达了命令，哈尔西这么做是为了节省时间避免层层转达命令可能出现的延误，还是疏忽，现在已经不得而知了，但不管什么原因，这样做都是不太妥当的。

8 时 46 分，哈尔西又命令正在前往乌利西环礁的第 1 大队取消补给休整计划，立即和海上补给船队会合，在完成海上补给后立即向主力所在的莱特湾海域靠拢。

9 时，从"企业"号航母起飞的侦察机小组发现了正在苏禄海向苏里高海峡前进的日军西村祥治海军中将率领的第一游击部队第三部队，"企业"号和"富兰克林"号航母的侦察机小组立即展开了攻击，"扶桑"号战列舰舰尾中弹，弹射器上的舰载水上飞机起火；"时雨"号驱逐舰前主炮中弹，5 人阵亡 6 人受伤。但 2 舰损伤都不严重，仍能随舰队行动。

现在情况就明朗了，日军 2 支舰队准备南北夹击莱特湾，哈尔西由于已经命令原来在萨马岛以东海域的第 4 大队北上向第 2 大队靠拢，所以他决定集中第三舰队主力攻击锡布延海的日军舰队，而苏禄海的那支实力相对更弱的日军舰队交给金凯德的第七舰队去对付。

但是哈尔西和金凯德之间无法进行直接无线电联系，所有的来往电报都要先发到设在马努斯岛上的美国海军通信站，再由通信站译出电文，再加密后发出，这样一来通信站的工作量大大增加，完全已经不堪重负了。标有"加急"的电报完全失去了意义，哈尔西和金凯德之间的无线电通信甚至有可能需要几小时，有的电报收到就已经过时了，这还算好的，有的电报根本就收不到。这样的无线电通信对于瞬息万变的战场来说，实在是太误事了。正是由于哈尔西和金凯德没有共同的直接上级，导致两支舰队之间根本不可能进行密切的协同，也为接下来的海战带来了相当不利的影响。

“普林斯顿”号的悲剧

▲ 美军航母舰载战斗机的主力机型 F6F“地狱猫”战斗机。

24日一大早，第38特混舰队第3大队司令弗雷德里克·谢尔曼海军少将在自己的旗舰“埃塞克斯”号（USS Essex，舷号CV–9）航母上对哈尔西派出大量飞机进行搜索侦察的命令忧心忡忡，他认为这样做是在浪费宝贵的舰载机资源，一旦发现日军舰队的准确位置之后，航母舰队剩下的舰载机就不足以在对日军舰队发动攻击的同时保护自己的航母舰队。

谢尔曼的第3大队是在第38特混舰队3个大队中位置最靠北的，换句话说，他将首当其冲面对日军从菲律宾中北部地区和中国台湾出动的攻击机群。而且从23日夜间开始，第3大队周围就不断出现日军飞机，美军的夜航战斗机击落了1架日机，但仍有多架日机一直在第3大队周边不即不离地追踪，严密监视着第3大队的一举一动。天亮后，日军还从马尼拉附近机场起飞了一批飞机前来攻击，谢尔曼下令派出20架战斗机才将这批日机击退。

这些迹象表明，除了日军舰队之外，美军还要面对更严峻的威胁，谢尔曼的判断显然是正确的。

当哈尔西率舰队到达莱特湾附近海域后，他第一时间就询问第七舰队司令金凯德海军中将：“圣贝纳迪诺海峡和苏里高海峡是否已经清除了水雷？”哈尔西之所以会这样问，是因为他认为日军不会大举来增援莱特岛，最多就是利用吕宋岛对莱特岛进行“蚂蚁搬家”式的增援，所以他准备主动出击，打上门去，这才这么询问金凯德。远在珍珠港坐镇指挥全局的尼米兹听到哈尔西这么问，不禁大为吃惊，虽然深知哈尔西就是求战心切，十足的好战分子，但在这样关

▲“普林斯顿”号航母。

键的重大战役，这么鲁莽冲动是会有大问题的。所以他立即给哈尔西发电报，提醒哈尔西第三舰队的主要任务是为莱特岛登陆作战提供海空掩护，并特别强调："第三舰队主力穿越圣贝纳迪诺海峡或者苏里高海峡的行动必须要得到中太平洋战区总司令的批准。"尽管尼米兹已经意识到哈尔西骨子里的冲动，并第一时间给予了警告，但显然并没有真正使哈尔西冷静下来。

10月24日清晨，迎着初升的朝阳，第3大队的航母全部转向逆风，准备根据哈尔西的命令出动搜索机群。就在这时，航母雷达发现了3批来袭的日军机群，总共大约有180架飞机，谢尔曼很清楚，如果还要继续执行哈尔西的命令，将大量战斗机用于执行搜索任务，就很可能使第3大队陷入危险之中，于是他没有丝毫犹豫，当机立断命令取消侦察搜索，起飞所有待命战斗机迎击日军机群。

戴维·麦坎贝尔海军中校是"埃塞克斯"号航母的飞行队长，也是一位已经取得了击落21架日机成就的超级大王牌。他送走了第一批战斗机，又传来了紧急命令："所有飞行员立即上飞机！"他看到此时飞行甲板上只有7架战斗机了，就亲自带队出击。起飞之后他和僚机罗伊·瑞辛海军少尉飞得太快，和另外5架战斗机拉开了距离。

很快，麦坎贝尔就发现了一个有60架飞机组成的日军大机群，但是他毫无惧色，就这样带着僚机以区区2架飞机向这个60架飞机的大机群发起了攻击！当然作为一个有着傲人战绩的王牌飞行员，麦坎贝尔不会莽撞行事，他利用自己高度比日军机群高没有被日机发现的有利态势，首先攻击了一架掉队的日机，这时后续5架美机赶到和日机展开了混战，这给了麦坎贝尔绝好的战机，他带着瑞辛杀入日军机群左冲右突，大开杀戒，当天麦坎贝尔总共击落9架，瑞辛击落6架！麦坎贝尔创造了在太平洋战争中单次出击最高战果，并因此获得国会荣誉勋章。

▲"埃塞克斯"号航母飞行队长麦坎贝尔中校。

麦坎贝尔返航的经历却是麻烦连连，先是被误认为是日机，遭到己方战舰高射炮的射击，还遭到了己方战斗机的拦截，还好在最后一刻被认出是美机才免遭攻击。由于麦坎贝尔为了抢时间起飞，只加了一半燃料就起飞了，所以这时油箱里的油几乎已经见底了，而"埃塞克斯"号航母甲板上停满了飞机无法降落，只好到"兰利"号（USS Langley，舷号CVL–27）轻型航母上降落，当他的飞机停在甲板上的时候，发动机已经因为燃料全部耗尽而熄火了！

▲"普林斯顿"号满目疮痍的甲板。

按照日军"捷一号"计划，将由在菲律宾的岸基航空兵第5基地航空队（原第一航空舰队）派出飞机为栗田舰队提供空中掩护，因此栗田向第5基地航空队司令大西泷治郎海军中将提出空中掩护的请求。第2航空战队司令山口森吉战后在接受盟军审讯时承认曾派出过10架战斗机为栗田舰队提供空中掩护，但栗田回忆却是根本没有看到过一架来担任空中掩护的日军飞机！就算真的有10架战斗机来为栗田舰队提供空中掩护，也实在是太少了。因为大西泷治郎认为以日军岸基航空兵的力量不足以为栗田提供可靠的空中掩护，那还不如"围魏救赵"，直接攻击美军航母舰队。这也正是谢尔曼第3大队不断遭到日军飞机攻击的原因。

9时30分，一架日军"彗星"轰炸机悄悄尾随一队返航的美军飞机，躲过了美军战斗机和巡洋舰、驱逐舰高射炮的对空防御网，接近了第3大队的航母。"普林斯顿"号（USS Princeto，舷号CVL–23）轻型航母刚刚接收了12架飞机着舰，突然这架日军轰炸机从云层中钻了出来，径直扑向"普林斯顿"号。"普林斯顿"号见状，一面紧急转向规避，一面以舰上的全部20毫米、40毫米高射炮猛烈开火，但日军轰炸机不顾炽烈的防空火力俯冲而下，投下了1枚250千克穿甲弹，然后拉起机头冲入云端，但最终还是没有能够逃脱被美军的巡逻战斗机击落的命运。

这颗穿甲弹落在飞行甲板中部前部升降机之后，穿透飞行甲板，又穿透了机库甲板，一直落到面包房才爆炸。开始舰长威廉·伯莱克海军上校认为不过在飞行甲板上砸出一个洞，只要快速用钢板打个补丁，就能恢复起降飞机继续作战。但是这颗炸弹爆炸后在机库引起大火，航空汽油被引燃，火

▲"普林斯顿"号中弹起火。

势越来越大，很快又引爆了机库里准备给舰载机使用的鱼雷。大火逐渐蔓延，并引发了一连串的大爆炸，飞机甲板都被大爆炸撕开了，巨大的爆炸还将沉重的飞机升降机整个抛上天空，再狠狠地砸在甲板上，见到这一幕，伯莱克意识到情况已经非常严峻了，因此下令进入第一阶段抢险，这就意味着除了 490 名损管队员和高射炮手外，其余约 1 000 名舰员全部撤离。

▲“伯明翰”号巡洋舰靠近“普林斯顿”号协助灭火。

一艘驱逐舰靠近“普林斯顿”号左舷，一面协助灭火，一面帮助撤离舰员。当大火蔓延到弹药舱之后，伯莱克只好下令进入第二阶段抢险，也就是撤离高射炮手，只留下损管队员。约翰·霍斯金斯海军上校原来要在几天后接替伯莱克担任“普林斯顿”号舰长，他也决定留下来和损管队员一起，尽全力来保住这艘航母。后来他在抢险中右腿重伤截肢，但在他不懈努力下，最后还是如愿在 1945 年 11 月出任了新的一艘以“普林斯顿”命名的航母（USS Princeto，舷号 CV–37）舰长。

这时第 3 大队里几艘巡洋舰和驱逐舰都靠了过来，协助救火，同时打捞落水官兵。到 13 时 30 分，火势被控制在舰尾，而且舰身还比较平稳，看来还没有沉没的危险。“伯明翰”号轻巡洋舰靠上来，一面协助灭火，一面准备用钢缆拖带“普林斯顿”号。此时，“伯明翰”号的甲板上既拥挤又混乱，不但堆满了灭火设备，还有几百名从航母撤离的舰员。

▲ 全力抢险中的“普林斯顿”号。

“伯明翰”号几次将牵引钢缆送到航母上的努力都失败了，到了 15 时 30 分，“普林斯顿”号舰尾弹药舱发生大爆炸，舰尾都被炸掉了一大块，爆炸产生的金属碎块如雨点般落到“伯明翰”号无遮无掩的甲板上，简直就像是落下了一枚巨大的霰弹，给甲板上的人员造成了巨大伤亡，甲板上到处都

“普林斯顿”号轻型航母

“普林斯顿”号轻型航母是独立级的二号舰，是用独立战争中华盛顿于1777年击败英军的著名战役所在地新泽西州普林斯顿命名。由克利夫兰级轻巡洋舰的七号舰“塔拉哈西”号（USS Tallahassee，舷号CL-61）改建而来。1941年6月2日作为巡洋舰在纽约造船厂开工建造，1942年2月16日开始改建为航母，1942年10月18日下水，1943年2月25日建成。

▲“普林斯顿”号航母下水时的情景。

舰长189.7米，水线长182.9米，舰宽21.8米，吃水7.9米。标准排水量11 000吨，满载排水量15 100吨。四台蒸汽轮机，最大航速31.5节，续航力12 500海里（15节）。

武备为2座四联40毫米高射炮，8座双联40毫米高射炮，11座双联20毫米高射炮。

搭载25架战斗机和9架轰炸机，总共34架舰载机。

编制舰员1 570人。

“普林斯顿”号和独立级的一号舰“独立”号没有机库甲板装甲，其余后续7艘同级舰都有52毫米机库甲板装甲，这也是“普林斯顿”号被一枚穿甲弹炸穿机库甲板的原因。

“普林斯顿”号是美国海军在第二次世界大战中损失的最后一艘正规航母，也是唯一一艘挨了一枚炸弹就沉没的航母。

是断肢残臂，在转眼之间“伯明翰”号排水孔里流出的都是死伤者的鲜血，俨然成了人间地狱。

16时，伯莱克眼看大火已无法控制，只得下令弃舰，40分钟后，所有舰员全部撤离，舰长伯莱克上校最后一个离舰。随后，“欧文”号和“雷诺”号驱逐舰向舰身已经严重变形的“普林斯顿”号发射鱼雷，鱼雷命中“普林斯顿”号航母前部的弹药舱和燃料舱，顿时引起了剧烈爆炸，不到一分钟就解体沉入海中。

“普林斯顿”号共有108人死亡，190人受伤。而遭到池鱼之灾的“伯明翰”号人员伤亡更为严重，死亡229人，失踪4人，重伤211人，轻伤25人。“伯明翰”

号上层建筑和右舷被爆炸的金属碎片打穿了几百个大大小小的洞，不过航海性能基本没有影响，随后就依靠自身动力返回乌利西进行了抢修，修复后还参加了1945年4月的冲绳战役。

▲“普林斯顿”号最后沉没前的场景。

日军在这一天总共出动了约180架次空袭美军舰队，确切说是第38特混舰队第3大队，击沉“普林斯顿”号航母，击伤“伯明翰”号轻巡洋舰，自身损失了约150架飞机。这也是自1944年6月马里亚纳海空战以来，日军飞机单日损失的最高记录了。

▲“伯明翰”号巡洋舰正在协助救助“普林斯顿”号。

至于日军将实力有限的岸基航空兵到底是用来攻击美军舰队，还是为己方舰队提供直接空中掩护更有利，那就只能仁者见仁智者见智了。不过要想同时兼顾这两项任务，以当时日军航空兵力的实际情况来看，显然是不可能的。

不沉之舰还是沉了

10月24日，是栗田舰队从文莱湾出航的第三天。

清晨6时30分，栗田舰队驶出民都洛海峡南端，进入了锡布延海。当时天气晴朗，天空中不时飘过朵朵白云，柔和的东风从海上轻轻拂过。栗田健男海军中将在旗舰“大和”号战列舰的舰桥上，看着眼前蔚蓝的锡布延海，忧心忡忡。昨天遭到美军潜艇攻击，损失了2艘重巡洋舰还在其次，更重要的是舰队的行踪肯定已经暴露了。天亮后美军必然会派出大批侦察机前来搜索，这么好的天气，没有恶劣天

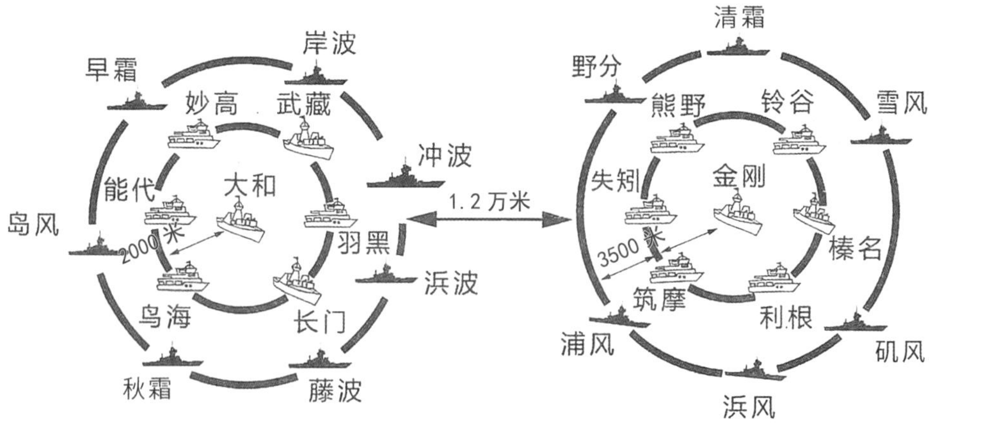

▲ 栗田舰队在锡布延海排出的队形。

气的遮掩，被发现是早晚的事。

8 时，栗田下令舰队改成防空队形，排成两个圆形阵型：

第一个圆形防空阵型由第二夜战部队组成，以“金刚”号战列舰为圆心，“榛名”号战列舰和“矢矧”号、“铃谷”号、“熊野”号、“利根”号、“筑摩”号巡洋舰组成 2 000 米距离为半径的内圆，“浦风”号、“矶风”号、“雪风”号、“浜风”号、“清霜”号、“野分”号 6 艘驱逐舰组成 3 500 米距离为半径的外圆。

在第二夜战部队之后 1.2 万米，是第一夜战部队组成的圆形防空阵型，以“大和”号战列舰为圆心，“武藏”号、“长门”号战列舰和“鸟海”号、“妙高”号、“羽黑”号、“能代”号巡洋舰组成 2 000 米距离为半径的内圆，“岛风”号、“早霜”号、“岸波”号、“冲波”号、“浜波”号、“藤波”号、“秋霜”号 7 艘驱逐舰组成 3 500 米距离为半径的外圆。

▲ 1944 年 10 月 22 日出动时拍摄的栗田舰队舰影。从右向左分别为“长门”号、“武藏”号、“大和”号、“榛名”号、“金刚”号战列舰以及 4 艘高雄级重巡洋舰。

日本海军从甲午战争以来，舰队航行基本都是采用单列纵

▲“勇猛”号的第 18 中队一架 SB2C 轰炸机正准备降落。

队，现在却不得不开始采用美军常用的圆形防空阵型，说明日本海军也终于认识到空中力量对战舰的致命威胁了，只是美军的圆形防空阵型是以航母为圆心，而此时的栗田舰队却是以战列舰为核心，原因很简单也很残酷——因为根本就没有航母！

没有航母舰载机提供随行的空中掩护，再强大的水面舰艇舰队都是任人宰割的鱼肉，这一点，到了 1944 年 10 月已经是不用质疑的战场铁律了。所以，栗田舰队的命运显然令人堪忧。

栗田的担忧很快就成了现实，舰队刚刚完成队形转换，雷达和瞭望塔都发现北面天际线上出现了 3 架美军飞机，栗田用望远镜注视着这三架飞机远远地绕着舰队飞了一圈就掉头返航了。栗田很清楚，美军的空袭很快就要来临了。栗田随即下令全舰队航速提高到 22 节，同时全员就位，准备迎击美军空袭。

由于美军第 38 特混舰队第 3 大队正在全力应对日军岸基航空兵的空袭和救助遭到重创的“普林斯顿”号航母，根本腾不出手来攻击日军舰队，而第 4 大队正在向第 2 大队靠拢，还没有到达起飞阵位，所以美军的第一波空袭就只有第 2 大队“勇猛”号和“卡伯特”号航母出动 45 架舰载机，其中有 21 架 F6F“地狱猫”战斗机、12 架 SB2C“地狱俯冲者”俯冲轰炸机和 12 架 TBM“复仇者”鱼雷机。

10 时刚过，日舰雷达屏幕上就出现了美军飞机的光点，栗田立即下令进入防空作战部署，整个舰队战列舰、巡洋舰和驱逐舰总共 2 000 多门高射炮转向美机来袭方向。1944 年上半年，栗田舰队的主要战舰都在本土紧急加装高射炮，以强化防空火力。现在每艘战列舰上高射炮多达 120 门，每艘巡洋舰也有 90 门，每艘驱逐舰至少

▲ 1944 年 10 月 22 日出动时的“武藏”号。

30门。

▲ 图中间就是三式弹。

10时25分，日军各种口径高射炮向逐渐逼近的美机开火，空中顿时布满了高射炮弹炸开的烟云，但依然无法阻挡美机的猛烈攻击。“大和”号前甲板被1枚炸弹命中，但炸弹没能炸穿厚实的装甲，没能造成什么损失。“武藏”号被2枚炸弹命中，一门主炮转盘被毁，还有一枚鱼雷击中右舷，但没能击穿410毫米厚的舷侧装甲，造成的损失非常轻微。大和级战列舰果然不是浪得虚名，超强的装甲防护能力还是相当有效的。

但“妙高”号重巡洋舰就没那么幸运了，在接连避开两枚鱼雷后，被第三枚鱼雷击中右舷后部，由于没有战列舰那样厚实的装甲防护，被炸开一个大洞，海水汹涌而入，右舷轮机舱和电机舱迅速进水，航速锐减到15节，已经无法跟随舰队继续前进了，栗田批准“妙高”号返回文莱湾，但已经抽不出驱逐舰护航，只好让“妙高”号单舰蹒跚返航。

12时07分，美军第二波空袭临空。这是来自“勇猛”号航母的31架飞机，其中10架F6F“地狱猫”战斗机、12架SB2C“地狱俯冲者”轰炸机和9架TBM“复仇者”鱼雷机。这次美机的攻击全部集中在“武藏”号，看到美机蜂拥而来，“武藏”号炮术长小筱海军中佐请求460毫米主炮发射对空射击的三式弹，但却被精通炮术的舰长猪口敏平海军少将拒绝了，因为据说三式弹对炮管磨损很大，一旦使用，就会影响以后炮击的精度，猪口舰长认为突入莱特湾之后还要进行炮战，所以没有同意。

▲ 此照可能摄于第三攻击波之时，“大和”号和“武藏”号仍在拼命地转圈以躲避空袭，同时也向空中发射三式弹。

这轮空袭，有两枚炸弹分别落在“武藏”号舰艏和烟囱附近，前者造成舰艏甲板破损卷曲，后者贯穿最上层甲板和中层甲板，在中层甲板的10号士兵舱爆炸，大火很快蔓延到第 2 机械室和第 10、12 号锅炉房。第 2 机械室蒸汽管道被烧坏，滚烫的蒸汽充满了整个舱室，里面的水兵不得不撤离，这导致“武藏”号只剩下三轴推进。另外还有五枚在 1 号主炮塔两舷形成近失。更严重的是三枚鱼雷命中左舷，造成“武藏”号左倾 5 度，第 2 水压机室进水，舰艏下沉 2 米，航速也降至 22 节。

13 时 25 分，美军第 3 大队击退了日军岸基航空兵的攻击，终于可以投入对日军舰队的攻击。由“列克星敦”号航母起飞的 8 架 F6F“地狱猫”、10 架 SB2C“地狱俯冲者”和 16 架 TBM“复仇者”组成的第三攻击波飞抵栗田舰队上空。

这时美军已经确定日军舰队没有任何空中掩护，F6F“地狱猫”也就不再需要在高空为轰炸机和鱼雷机保驾护航，直接俯冲下来对“武藏”号上层建筑和高射炮用机枪进行扫射。第一次攻击美军轰炸机利用云层的掩护，从舰尾方向进入，两枚炸弹落在右舷，一枚落在舰尾，还有三枚近失。同时 2 架鱼雷机也投下鱼雷，一枚击中右舷 60 号肋骨附近。

到了这时，猪口舰长才算看清了形势，同意发射三式弹。“武藏”号总共发射了 28 发三式弹，也毫无作用，根本无法阻挡美军飞机的猛烈攻击。

第二次攻击由 3 队美机组成。第一队俯冲轰炸机从舰首右前方突入，4 枚炸弹命中，上层建筑损毁严重，在前甲板进行抢修的损管人员全部被炸死。第二、三队 8 架鱼雷机分别从右舷和左舷同时发起攻击，对“武藏”号形成夹击。“武藏”号几乎无路可逃，左右两舷分别被 2 枚鱼雷击中，舷侧装甲被击穿，造成损害最大的是击中右舷第 138 号肋骨附近的那枚鱼雷，命中位置几乎和第一攻击波

▲“武藏”号遭到美军飞机猛烈攻击。

命中的鱼雷重叠，造成了大量进水，舰艏进一步下沉，速度也降至20节，开始逐渐掉队。

这一攻击波中“矢矧”号轻巡洋舰舰艏中弹，前甲板受损，多处漏水，舰身前倾，航速减慢。“大和”号也被一枚近失弹炸伤起火，但损失轻微。

14时15分，美军第4大队“企业”号和“富兰克林”号航母的65架舰载机组成的第四攻击波大举来袭，这时“武藏”号已经掉队，所以美机的攻击转而针对栗田舰队的本队，一枚炸弹落到“大和”号左舷锚链舱，炸穿了舰艏楼的几层甲板，左舷水线以下部位被炸出两个破洞，造成了舰艏进水近3 000吨，吃水增加了约1米。

美军的第四攻击波虽然没有直接攻击“武藏”号，但“武藏”号航速越来越慢，和本队的距离也逐渐拉大，而且情况还在进一步恶化。猪口舰长向栗田报告：

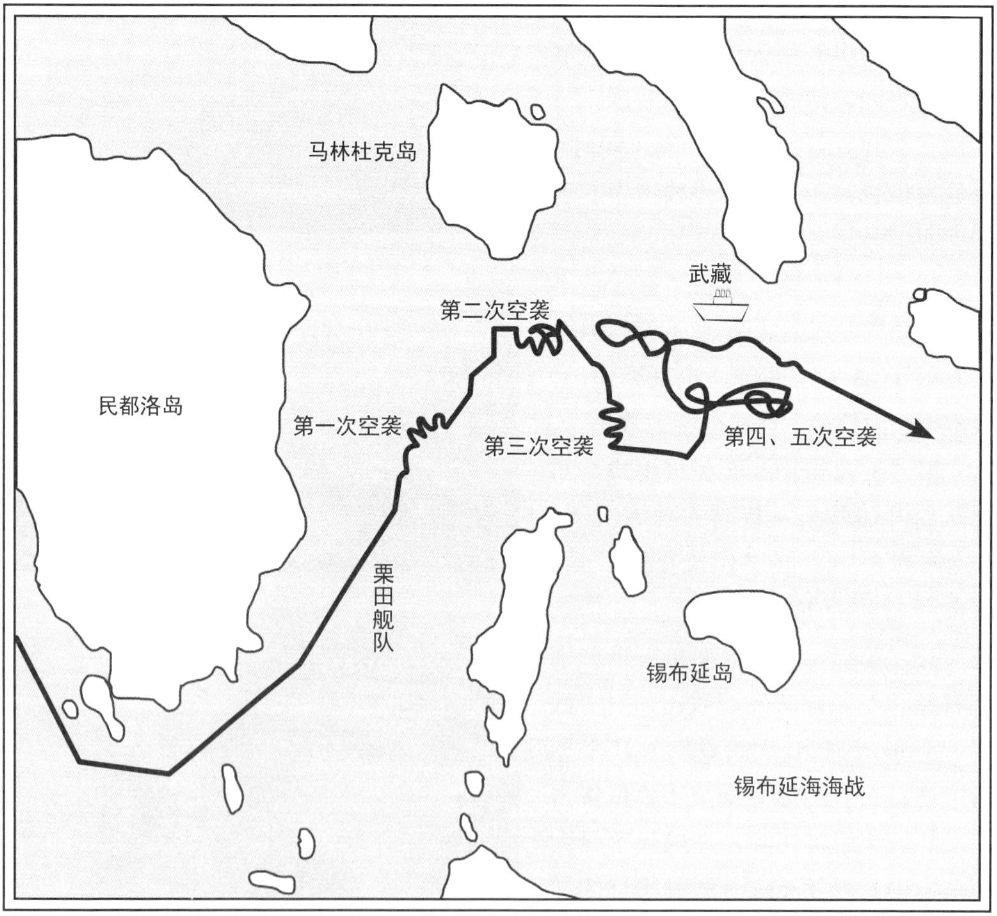

▲ 栗田健男舰队所遭到的5次空袭位置示意图。

“武藏”号战列舰

“武藏”号战列舰是大和级的二号舰，而大和级则是有史以来排水量最大、主炮口径最大的战列舰，堪称战列舰的登峰造极之作，名副其实的超级战列舰。

日本海军建造大和级的指导思想，是将美国海军作为假想敌，并在1934年提出了“九段作战”理论，在这个战略设想中，第四阶段就是由2—4艘新型战列舰和2—4艘新型航母为核心的机动部队，在马绍尔群岛附近海域对美军实施航空打击，并在最后阶段与美军舰队展开决战。

但由于在华盛顿海军会议达成的海军条约，日本海军的战列舰总吨位只能达到美、英海军战列舰总吨位的60%，所以在数量上日本海军是很难和美国海军抗衡的，在这样的形势下，日本海军就决定建造在性能上远远超过美国海军战列舰的“超级战列舰”，用质量上的优势来抵消数量上的不足。这就是建造大和级的由来。

1935年，《华盛顿海军条约》还没有到期，日本就已经开始秘密设计大和级战列舰。由福田启二海军大佐担任总设计师，由日本造船业的元老平贺让担任顾问。

原来日本海军计划给这款新型战列舰安装史无前例的20英寸（508毫米）主炮，但这种超大口径主炮的建造超出了当时日本军工生产的水平，所以只好改为采用同样正在秘密研制中的“九四式50厘米炮”（实际口径为460毫米）。为了保证建造工程顺利进行，所以在其他方面都尽可能采用成熟技术，原来球鼻首设计、采油机推进等在当时比较先进的技术最终都被放弃，重新修正后的建造方案被命名为A-140-E6案，并获得了日本海军通过。

1937年日本通过了建造2艘大和级的财政预算，一号舰“大和”号于1937年11月开工建造。

按照日本海军军舰命令的规定，战列舰都是用古代令制国的国名来命令，武藏国的疆域就是现在东京都、埼玉县、神奈川县横滨市、川崎市。镰仓时代，武藏国是关东八国之一。

“武藏”号由三菱长崎造船厂建造，1938年3月29日开工，1940年10月1日下水，1942年8月5日建成。

作为世界上最大的战列舰，“武藏”号可谓名不虚传，标准排水量6.4万吨，满载排水量7.28万吨，从水线到主桅顶端就有40米。四个螺旋桨直径就达6米，螺旋桨中间的主舵更是重达70吨。

▲刚建成时的“武藏”号。

动力系统是12台锅炉和4台蒸汽轮机，分成4

▲“武藏”号的460毫米主炮。

组，每组3台锅炉和1台主机，这样可以更便于装甲防护和损害管制。总输出功率15.2万马力，由于为了追求稳定性，舰替比较粗短，加上大量装甲防护造成重量过大，所以最大航速只有27节，比当时主流战列舰的最大航速要慢一些。

主炮是3座三联共9门460毫米，当时战列舰405毫米主炮就已经算是王者了，460毫米更是空前绝后，每枚炮弹的重量就达到1.5吨，射程更是超过2.5万米。另外，还有2座三联155毫米副炮，12座双联127毫米高射炮，115门单管25毫米高射炮，火力之强更是令人咋舌。

“武藏”号的装甲防护也是一大特点，全舰的装甲总重量就有21 266吨，占全舰总重量的30.8%。两舷从中甲板以下装甲厚度达到410毫米，可以抵御406毫米炮在2万米距离直接命中的伤害。中甲板装甲厚度200毫米，可以抵御从3 400米高度投掷900千克炸弹的打击。最上层甲板装甲厚度也在50毫米以上，可以抵御227千克炸弹直接命中的打击。

主炮塔四周围壁装甲厚度为560毫米，炮塔顶盖和旋转底座的装甲厚度为250毫米。司令部舰桥装甲厚度也有500毫米。

弹药舱装甲厚度270毫米，主锅炉舱和主机舱装甲厚度为200毫米。从舰替外壳到主锅炉舱和主机舱之间，一共有5道保护层，分别是外壳、防雷保护壳、内壳和2层水密舱。

为了提高抗沉性，全舰设有1 147个水密舱，其中装甲甲板以下1 065个，这样可以使储备浮力达到5.75万吨。而且主水密舱都安装有注排水设备和燃油排调设备。每个主锅炉舱和主机舱都安装2台排水量500吨/小时的大型排水泵，每个辅机舱安装1台排水量250吨/小时的排水泵。另外，全舰还有20台排水量100吨/小时的应急排水泵。

根据设计要求，如果被一枚鱼雷命中，在采取损管措施后，5分钟内横倾不会超过4度，舰艏舰尾吃水差不会超过2.3米。如果被两枚鱼雷命中，在采取损管措施后，20分钟内可以达到上述标准。即便军舰横倾达到18度，在采取对称注水或燃油的情况下，也能恢复平衡。

因此，“武藏”号综合性能非常强悍，被誉为战列舰的“王中王”，有着“不沉之舰”的赞誉。但是在锡布延海海战中，还是被美军航母舰载机击沉，再次用事实雄辩地证明，没有制空权，再强大的战列舰都不堪一击。“武藏”号可谓生不逢时，因为战列舰时代已经一去不返了。

“本舰航速已降至6节，损伤严重，但还有作战能力。”栗田只好命令“武藏”号返航，并指派“利根”号重巡洋舰、“清霜”号和“岛风”号驱逐舰护送“武藏”号返航。栗田这个命令实在令人费解，“武藏”号已经难以挽救，尽管是日本海军的国宝级重器，但在目前情况下再派出三艘战舰护送返航，完全是和不惜一切代价冒死进击莱特湾的战役指导思想背道而驰。

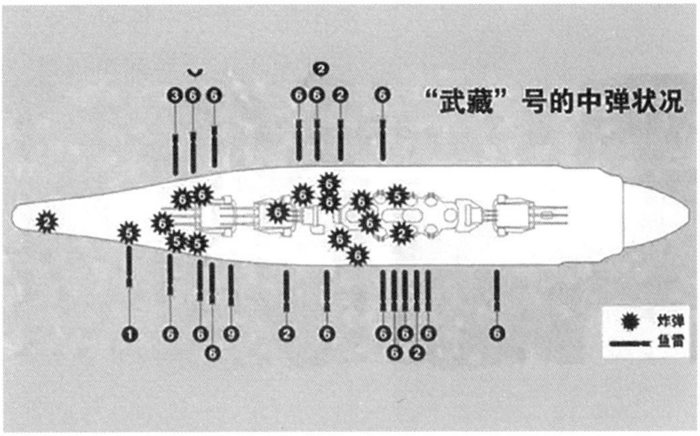

▲“武藏”号中弹状况示意图。图中的数字表示美军的第几次攻击波。此图以《战舰大和、武藏——设计与建造》（松本喜太郎著）为基础，再参照美军资料等制成。命中的鱼雷中也包括没有爆炸的鱼雷，另外图中没有标示近失弹。从图中来看，鱼雷基本命中位置都在两舷，即使进水，“武藏”号也能够保持平衡。据说美军根据这次攻击“武藏”号的教训，在 1945 年 4 月攻击“大和”号的时候，鱼雷攻击尽量集中在单舷。

14 时 55 分，美军三个航母大队联手出击，总共出动了 90 架舰载机，其中一部分攻击了栗田的本队，大部分则攻击了返航的“武藏”号。

“长门”号战列舰被三枚炸弹命中，多门副炮被毁，锅炉舱受损。“浜风”号驱逐舰被近失弹炸伤。

而“武藏”号无疑是这一波空袭的重点，有 11 枚鱼雷、10 枚炸弹命中，还有 6 枚炸弹近失。其中第一枚炸弹命中右舷防空指挥所，将整个舱室炸飞，第一舰桥炸裂，在防空指挥所内指挥作战的猪口舰长右肩重伤，多名军官毙命。这样“武藏”号又丧失了对空作战指挥和操舰指挥能力。接着 3 枚炸弹几乎同时命中左舷，上甲板炸裂，机关炮、通信指挥室、第一收报室、电话室均被摧毁，大火一直烧到第 8 号锅炉房。第五、六枚炸弹落在右舷，第七枚炸弹击中中央高射炮兵休息所，把旗甲板以下前桅后部大部炸毁。第八枚炸弹落在左

▲ 24 日当天下午的“武藏”号，其舰艏已几乎与海面持平。

▲“武藏”号舰长猪口敏平海军少将。

舷中部，将上甲板第 5 乘员舱和中甲板医疗室炸毁。第九枚炸弹击中前部主炮塔，炸出直径 10 厘米，深 20 厘米的大洞。第十枚命中右舷前部，炸毁了军官室，造成最上层甲板出现纵向大裂纹。

鱼雷造成的损伤更严重，有三枚鱼雷命中左舷前部，两枚命中右舷中部，造成装甲向内凹陷，大量进水。此外，还有六枚鱼雷命中左舷后部，导致第 8 号锅炉房、第 2 机械室、第 4 机械室严重进水。其中三枚几乎击中同一位置——第 140 号肋骨附近，进一步加剧了进水。

此时，“武藏”号向左倾斜 10 度，舰艏吃水由 4 米增大到 8 米，1 号炮塔前的左舷最上层甲板已经大部浸没水下。虽然全力抢救，通过注排水将左倾减少到 6 度，但是前倾的状态仍然没有改善。

到了 15 时 30 分，“武藏”号已经丧失了全部动力。16 时 21 分，“武藏”号修复了舵机，但是由于可注水区域已经全部注水，因此左倾和艏倾都已无法改正。“武藏”号为了纠正倾斜将甲板上的重物都移到右舷，连左舷主锚也被丢弃。

18 时，第 1 战队司令官宇垣缠海军中将询问猪口舰长：“自航还有可能吗？”15 分钟后猪口舰长回答：“右舷内侧推进轴运转可能，操舵没问题。”然而，这是“武藏”号发出的最后信息。之后，“武藏”号左倾又达到 10 度，向右舷第 3、7、11 号锅炉房和第 3 机械室注水，也无法恢复平衡。

18 时 50 分，“武藏”号舰艏已完全沉入水中，只有前甲板上的两座主炮炮塔顶盖还露出水面，所有的机械设备都已经停止了工作，猪口舰长将军官们都集合在一起，对大家说：“感谢诸君的奋斗，望各位好自为之，善始善终。”并让副舰长向联合舰队发出最后的诀别电。

19 时 15 分，左倾增大到 12 度，猪口舰长判断已经无法挽回，只好下令弃舰，他自己则留在舰桥上，遵循海军的传统和战舰共存亡。15 分钟后，左倾增大到 30 度，而且倾斜还在迅速增加。19 时 35 分，累计被 19 枚鱼雷和 17 枚炸弹直接命中的“武藏”号向左倾覆，同时舰体内开始不断出现爆炸。“武藏”号沉没在北纬 13 度 7 分，东经 122 度 32 分的海域，舰上官兵有 1 021 人丧生。

在锡布延海海战中，美军先后出动 260 架次舰载机，向日军栗田舰队发动了 5 个波次的猛烈空袭，取得击沉“武藏”号，另外击伤多艘战列舰、巡洋舰、驱逐舰的战果，仅仅损失了 18 架飞机。

杀了一个回马枪

美军 5 轮空袭过后，栗田看着自己散布在海面上的舰队，“武藏”号已经遭到重创而返航，估计难逃沉没的厄运，“大和”号虽然多处中弹，但所幸还没有大碍，“长门”号也中弹受伤，航速已经降至 20 节，原来航速最快的“矢矧”号轻巡洋舰航速也降低到 22 节，此外，还有多艘驱逐舰中弹，各有损伤，只是都不严重。所以栗田只好将整个舰队的航速放慢到 18 节，才不至于让受伤的战舰掉队。

此外，在遭受美军舰载机一波接一波的蹂躏时，栗田就向菲律宾和中国台湾的基地航空部队发出急电：“我部舰队正在锡布延海苦战，预计敌军空袭将更加激烈，请火速向可能位于拉蒙湾的敌军航空母舰发起积极进攻。”应该说，这封看似平静的电报表达了栗田对岸基航空兵的强烈不满，原来答应提供的空中掩护始终没有出现，而美军舰载机的攻击却越来越猛烈，但还指望着岸基航空兵攻击美军航母，所以字里行间还不得不非常客气。

随着美军飞机结束最后一轮攻击扬长而去，栗田的心情一点都没有放松下来，他深知现在离日落还有两三个小时，美军很有可能还会再来几轮空袭。美军航母可以在战列舰根本无从打击到的距离，出动舰载机对自己舰队进行攻击，而己方的航空兵从天亮开始，都没有出现过一架！如果这样继续前进，很可能还没突入莱特湾，自己的舰队就会在美军舰载机一轮又一轮的攻击下损失惨重，照眼下的战局来看，原定作战几乎没有成功的可能。

几支友军舰队的情况怎样了？

到目前为止，只有在中午和下午 14 时收到过西村的两封电报：

中午的电报是：“今晨遭到敌军空袭，不过受损轻微，不影响作战。”

14 时的电报是转发“最上”号重巡洋舰的舰载水上侦察机在早晨对莱特湾侦察后发回的报告：“莱特湾南部水域有战列舰 4 艘、巡洋舰 2 艘。登陆滩头有大约 80 艘运输船。苏里高海峡有 4 艘驱逐舰和若干艘鱼雷艇。莱特湾东南 40 海里有航

▲“矢矧”号轻巡洋舰。

▲ 从更低空的角度拍摄的“大和”号和“武藏”号。

母12艘、驱逐舰10艘。”——“最上”号的侦察机发回的报告和实际情况还有不小的出入，但这却是栗田在整个莱特湾海战期间收到的唯一一份侦察报告。而且莱特岛东南12艘航母，更是使栗田对战局的判断产生了严重干扰和影响。

而担负诱敌重任的小泽舰队和原定提供空中支援的岸基航空兵都杳无音讯，更是让栗田心中没底。

15时30分，栗田终于决定掉头向西北方向返航，之前作战参谋大谷藤之助海军中佐就向参谋长小柳富次海军少将提出掉头返航的建议，但栗田一直没有决定。美军5轮空袭造成的惨况和莱特岛东南还有美军12艘航母的情报，才促使栗田下了这个决心。

同时栗田向联合舰队司令长官丰田副武发出一封电报，说明自己掉头返航的原因：“从上午6时30分到下午15时30分，我部连续遭到敌军5次空袭，损失惨重。敌军的攻击越来越频繁，飞机的数量也越来越多，如果继续强行进军，我部的损失将无法估量，根本没有到达目的地的可能。因此我部暂时退避到敌军飞机攻击范围之外，等友军（基地航空部队）取得战果之后，我部将再次进击。希望得到司令长官的批准。”

▲ 在锡布延海战中“大和”号和“武藏”号在美军空袭下完全是任人宰割。

这是栗田在莱特湾海战中第一次掉头返航，因此战后遭到不少诟病，认为他就是一个胆小怕死的舰队司令。但和栗田后来的第二次掉头返航相比，这次返航更具有战术意义，甚至从某种角度说，这次掉头返航，是日军在莱特湾海战中最有效的行动之一。

16时40分，哈尔西接连

▲ 从前往后分别是“长门”、“武藏”和“大和”号 3 艘战列舰。

收到两份报告，第一份是跟踪栗田舰队的侦察机发回的，报告栗田舰队正掉头向西撤退。第二份是在吕宋岛海域的巡逻飞机发来的，发现了日军航母舰队——正是小泽的“诱饵”舰队。

可以想象，哈尔西在收到这两份报告之后有多兴奋，栗田舰队在遭到 5 轮猛烈空袭后损失惨重而被迫撤退，这太正常了，这一路日军的威胁可以解除了。而迟迟没有出现的日军航母舰队被发现了，正好可以腾出手来，全力以赴去消灭这支最有威胁最有价值的目标了！

遭到迎头痛击的栗田知难而退，这完全在预料之中。但是美军根本没有想到，栗田的掉头只是暂时性的，战术撤退，至少在此时，他并没有放弃突入莱特湾的打算。美军根本不可能想到，日军的主攻部队就是栗田这样一支近乎是“裸奔”的舰队！

在发回栗田舰队已经掉头向西撤退的报告后，追踪监视栗田的美军侦察机就很放心地返航了。从这时开始，美军就失去了对栗田舰队的监控——想想也是，有必要还要浪费宝贵的航空兵力去监视一支已经被打得灰头土脸落荒而逃的舰队吗？

所以，栗田这次撤退，有意无意之间就为自己创造了绝佳的战机，而栗田也没有浪费这个近乎奇迹的机会。虽然没有收到小泽诱敌成功的通报，但掉头西撤之后一个多小时都没有遭到空袭，加上燃料并不充裕的因素，终于促使栗田决定再次掉头，杀个回马枪。

17 时 15 分，栗田下达了再次掉头的命令，不过这回不是撤退，而是向东，向莱特湾前进！

参谋长小柳对这个命令提出了意见：“现在掉头是不是太早了？而且联合舰队的指示也还没有来。”

“没关系。再不掉头我们就没有时间了。”栗田淡淡地回答。15 分钟后，整个舰队完成了 180 度转向，重新向莱特湾进击，以 18 节航速驶向圣贝纳迪诺海峡。

17 时 50 分，丰田副武的回电来了：“天佑神助，鼓起余勇，全军突击！”——简洁明了，丰田对“捷一号”作战的决死之心从来没有动摇过。

▲联合舰队参谋长草鹿龙之介海军中将对栗田的后撤极为不满。

同时，联合舰队参谋长草鹿龙之介海军中将也给栗田发来了措辞相当严厉的电报："值此关键时刻，你部擅自撤退，捷号作战必将彻底崩溃，海军突入莱特湾的机会将永远不会再出现了。……即使你部通过圣贝纳迪诺海峡时间比预定计划有所延误，也必须突入莱特湾，和敌军舰队决一死战！"

其实，联合舰队显然不用如此激动，因为栗田已经重新掉头杀向莱特湾了。而他之前在15时30分掉头西撤，一方面是对岸基航空兵没有按计划提供空中掩护表示不满，另一方面也是暂避一下美军凌厉的攻击，等天黑后再重新向莱特湾进击，因为当时飞机普遍缺乏夜航能力，除了少数尖子飞行员和配备雷达的夜航飞机外，几乎没有夜战能力，所以夜间进军遭到大规模空袭的可能性要比白天小得多。他只是没想到，这次战术性后撤，竟然取得了如此显著的迷惑作用，竟然让美军完全对他的舰队放弃了最低限度的戒备。

第七章　最后的战列舰对决

一心赴死的西村

西村祥治海军中将是日本海军第二舰队第 2 战队司令官，“捷一号”作战开始前，第二舰队改称第一游击部队，第 2 战队也随之改称第一游击部队的第三部队，下辖“山城”号、“扶桑”号战列舰，“最上”号重巡洋舰，“山云”号、“满潮”号、“朝云”号、“时雨”号驱逐舰。在日军的“捷一号”作战计划中，第 2 战队是和栗田的第二舰队主力分开行动，这主要是因为第 2 战队的“山城”号和“扶桑”号两艘战列舰都是舰龄将近 30 年的老舰，性能早已落伍，尤其是最大航速理论上有 24 节，实际上也就 20 节上下，跟不上舰队主力的速度，反而会成为拖后腿的累赘，所以干脆分开行动，让第 2 战队成为南路的主力。

西村祥治由于独子西村桢治海军大尉于 1941 年 12 月在菲律宾战死，战争又眼看败局已定，难以扭转。所以对西村祥治来说，人生已经失去了意义。在林加锚地驻训期间，西村对部下就经常灌输以死报国的思想。在出发前的聚餐会上，西村更是一反常态，和每个人干杯，俨然就是“风萧萧兮易水寒，壮士一去兮不复还”的生死诀别。毫无疑问，西村对这次作战，完全就是抱着赴死之心。

西村舰队的航线是穿过苏禄海，进入棉兰老海，然后经苏里高海峡进入莱特湾，这是从文莱湾到莱特湾距离最近的航线。之所以选择这条航线，主要是考虑到军舰航速较慢和燃料不足，这样可以和栗田指挥的第二舰队主力同时到达莱特湾，展开南北夹击。苏禄海是在美军岸基航空兵的航程范围之内，因此被美军发现的可能性很大，所以让西村走这条航线，肯定也有吸引美军注意，减轻栗田舰队压力的考虑。

▲ 日军“扶桑”与“山城”号两艘老旧的战列舰。

10 月 22 日下午 15 时，西

▲ 日军第 2 战队司令西村祥治海军中将。

村率领舰队从文莱湾启航，穿过巴拉克水道，于 24 日 6 时进入苏禄海，西村随即命令“最上”号起飞舰载水上侦察机对莱特湾进行侦察，这架侦察机不负使命，于 7 时发回了侦察报告，尽管不是很准确，但毕竟是日军在整个莱特湾海战中唯一一次对莱特湾还称得上有效的侦察。

为了避开美军侦察机，西村舰队在苏禄海的航线尽量往东北，直到接近民都洛海后才改向东南。但在 24 日 9 时刚过，西村舰队就被美军第 38 特混舰队第 4 大队的舰载机发现，随即遭到 28 架美机攻击，不过这些美机都是主要担负侦察搜索任务的，携带的炸弹也很有限，更是在接到第一架飞机报告后陆续赶来，而不是专门进行攻击的有组织空袭，基本就是顺手牵羊之举，所以西村舰队也只有“扶桑”号、“最上”号和“时雨”号三艘负了轻伤，损失轻微。此后，美军第三舰队集中全力攻击锡布延海上的栗田舰队，再没工夫来顾及西村舰队。

所以西村舰队在遭到几次零星空袭后，就再也没有受到攻击。西村排出了防空队形，“最上”号在前，“山城”号和“扶桑”号在后跟进，左右两翼各有 2 艘驱逐舰屏护。小心翼翼准备迎击美军的大举空袭，没想到接下来却再没有遭到任何空袭，一路平安无事，顺风顺水，以 18 节航速前行，比预定计划提前三小时进入了棉兰老海，照此推算，进入莱特湾的时间也会比预定计划提前一小时。

日军联合舰队的计划是在 25 日凌晨 5 时，南北两路同时发起对莱特湾的攻击，所以西村向栗田发电：“我舰队预计在 25 日凌晨 4 时到达达拉谷（莱特岛东岸的一处村庄）海域。”

▲ 在苏禄海上遭遇美军空袭的西村舰队。

但是栗田舰队由于在锡布延海连续遭到美军五个波次的大规模空袭，再有过两小时的掉头折返，按时到达莱特湾显然已经不可能了，栗田接到西村电报后，估算了自己的航程和速度，推算出到达莱特湾最

▲“最上”号重巡洋舰。

快也要到25日中午11时，比计划时间要整整晚六小时！所以在22时45分回电西村：“我舰队将于25日0时突入圣贝纳迪诺海峡，预计25日11时进入莱特湾。”同时，栗田又在这封电报里指示西村：“第2战队（西村舰队）按预定计划突入莱特湾之后，于25日上午9时在苏禄岛东北10海里与舰队主力会合。”

表面上看这是栗田要求西村等待和舰队主力会合，但栗田的真实意思是担心西村舰队区区7艘战舰，而且还是以2艘老旧不堪的战列舰为核心，怎么可能突破美军舰队的拦截？所以“按预定计划”其实是让西村按照自己的计划，于4时突入莱特湾，不用等待栗田舰队。如果到了9时，西村舰队还没有全军覆没，剩余的战舰到苏禄岛东北与突入莱特湾的舰队主力会合。

作为栗田的老部下，西村自然明白栗田的弦外之音，所以他没有减慢速度等待栗田舰队，而是继续保持原来航速径直杀向苏里高海峡。

栗田和西村的联系很顺畅，毕竟原来就是同一支舰队的。但栗田和另外两支舰队，小泽和志摩舰队的联系就几乎没有。小泽舰队距离远，又出现了无线电设备故障，无法取得联系，还情有可原。但和志摩舰队没有联系就有点说不过去了，特别是同样都是担负从南路突入莱特湾任务的西村和志摩，距离不过一两个小时的航程，却也没有任何联系，就实在有些匪夷所思了。

志摩舰队24日上午被美军岸基航空兵的一架巡逻的B–24轰炸机发现，由于和西村舰队距离很近，所以美军判断这两支舰队是同一支舰队的两个组成部分。哈尔西忙于攻击栗田舰队，也没顾得上攻击志摩舰队，所以志摩舰队没有遭到任何袭击，非常平静地进入了苏禄海。

西村和志摩是江田岛海军兵学校39期的同学，但志摩晋升海军少将和中将都比西村早，所以按照日本海军不成文的规定，志摩是西村的先任，如果两人执行同一项任务，肯定是由志摩指挥西村。但联合舰队并没有明确的命令提到南路突击由志摩统一指挥。西村一直在海上征战，很看不起大部分时间都是在机关任职的志摩，偏偏西村舰队的实力又更强，所以西村自然不会主动联系志摩，给自己找个

“婆家”。志摩很清楚西村的想法，所以也不想主动联系西村，去自讨没趣。而且机关出身的志摩是惯打滑头仗的，对“捷一号”作战这样近乎于自杀式进攻的方式从内心深处是不认同的，也就更没有心思去联系西村了。

就这样，两支执行同样任务，距离只有几十海里的舰队，居然彼此互不联系，自顾自埋头冲向莱特湾。

不给对手一点机会

从 10 月 24 日上午陆续发现西村和志摩舰队后，美军并没有派出飞机追踪监视，所以此后对南路日军的具体情况可以说是一无所知，但没有关系，南路日军的动向没有丝毫悬念，就是穿过苏禄海，经苏里高海峡进入莱特湾。

哈尔西对南路日军根本看不上眼，他的注意力先是栗田舰队，后来是小泽的机动舰队，所以从一开始，哈尔西就将对付南路日军的任务交给了金凯德的第七舰队。

第七舰队 1943 年 3 月成立以后，首任舰队司令亚瑟・卡本特海军中将由于和麦克阿瑟处不好关系，所以 1943 年 11 月就由金凯德接任，金凯德和麦克阿瑟的关系就很融洽，所以他一直干到了太平洋战争结束之后的 1945 年 11 月。

此时第七舰队可谓兵强马壮，虽然不能和第三舰队比肩，但实力还是很强大的。所以他很有底气，而且推算日军舰队最快也得到 24 日夜间才能进入苏里高海峡，所以金凯德有充足的时间来排兵布阵。

▲ 美军第 77 特混编队第 2 大队司令奥登多夫海军少将。

金凯德将迎战日军南路舰队的任务交给第 77 特混编队第 2 大队，也就是由 6 艘战列舰为核心的舰炮火力支援部队，由司令杰西・奥登多夫海军少将具体指挥。美军的这 6 艘战列舰虽然也是老式战列舰，但比日军的 2 艘老旧战列舰要新一些，无论是舰炮口径、射速还是装甲防护，各方面都胜过日军。唯一不足之处是弹药，当时战列舰主炮主要使用两种炮弹，一种是高爆弹（HP），另一种则是穿甲弹（AP）。高爆弹针对岸上目标和没有装甲防护的军舰，穿甲弹则针对有装甲防护的军舰。由于第 2 大队的任务主要是为登陆部队提供舰炮火力支援，尽管在战前准备时，就有人提出要考虑可能会与日军舰队进行炮战，但最终还是认为不会与日军舰队交战的意见占了上风，所以6艘战列舰携带的炮弹中只有四分之一是穿甲弹，四分之三都是高爆弹。而且经过连日对岸炮击，高爆弹也所剩不多。现在就是要进行补给都来不及了。

▲美军第7舰队司令金凯德海军中将。

金凯德认为对付日军实力弱小的南路舰队有2艘战列舰、3艘重巡洋舰、3艘轻巡洋舰和10艘驱逐舰就足够了，但奥登多夫却不这么想，他历来推崇绝对不给对手一点机会。所以，奥登多夫采取了牛刀杀鸡战术，在苏里高海峡集结了所有能调集的舰艇，总共有6艘战列舰、4艘重巡洋舰、4艘轻巡洋舰和28艘驱逐舰，另外还有39艘鱼雷艇，几乎是金凯德计划的两倍以上！

奥登多夫根据苏里高海峡的地形特点——日军舰队通过开阔的苏禄海之后，必须要经过内格罗斯岛和棉兰老岛之间狭窄的棉兰老海，转过贝纳翁岛之后才进入更狭窄的苏里高海峡——采取节节阻击，逐次消耗，最后在主防线展开对决，一举将日军舰队全歼。

他首先将39艘鱼雷艇分为3艘一组，分散部署在从保和岛到苏里高海峡南口之间的160千米海域，任务是报告日军舰队的行踪，并伺机展开鱼雷攻击。

全长80千米，宽30千米的苏里高海峡，从南到北近乎垂直，而且海峡两侧还有很多岛礁，是伏击的理想之地。奥登多夫沿着海峡从南到北布下了天罗地网，先是第54驱逐舰中队的2艘驱逐舰在左翼，第24驱逐舰中队6艘和第54驱逐舰中队另外3艘驱逐舰在右翼，形成第一道拦截线；接着第56驱逐舰中队9艘驱逐舰，3艘在左6艘在右，形成第二道拦截线。由驱逐舰组成的这两道拦截线，将充分利用海峡两侧岛礁掩护对日军舰队用鱼雷和舰炮展开夹击。

第三道拦截线是由巡洋舰组成，由于这道拦截线位置正好有西布森岛，奥登多夫担心日军舰队会绕过西布森岛迂回到自己防线侧后，所以在左翼部署了“路易斯维尔”号（USS Louisville，舷号CA–28）、“波特兰”号（USS Portland，舷号CA–33）、“明尼阿波利斯”号（USS Minneapolis，舷号CA–36）3艘重巡洋舰和“丹佛”号（USS Denver，舷号CL–5）、“哥伦比亚”号（USS Columbia，舷号CL–56）2艘轻巡洋舰，而在右翼只部署了“施洛普希尔”号（澳大利亚海军）1艘重巡洋舰和“菲尼克斯”号（USS Phoenix，舷号CL–46）、“博伊西”号（USS Boise，舷号CL–47）2艘轻巡洋舰。

在苏里高海峡北口是主防线，6 艘战列舰在此一字排开，正好占据了战列舰炮战最有利的 T 字阵形的一横，而日军舰队在狭窄的海峡里，就是 T 字阵形的一竖。这样，美军战列舰可以集中全部舷侧炮火，而日军战列舰则只能用舰艏的前主炮发射火力。

奥登多夫的兵力部署是典型的前轻后重，越到后面兵力越强，日军舰队一路遭遇鱼雷艇、驱逐舰、巡洋舰的攻击，必然受到很大削弱，等到了主防线以外 2 万米距离，再由战列舰压轴登场。这是最能发挥战列舰大口径主炮穿甲弹威力的距离。这绝对是一个完美的计划。

按理说，奥登多夫应该亲自指挥战列舰所在的主防线，但他觉得左翼巡洋舰更重要，就亲自坐镇左翼巡洋舰。而将战列舰交给格里尔·韦勒海军少将指挥，右翼巡洋舰则由罗素·伯基海军少将指挥。

奥登多夫将韦勒和伯基叫到自己的旗舰“路易斯维尔”号重巡洋舰，对作战方案进行研究，韦勒和伯基对这个作战方案一致同意，就是对缺乏炮弹的战列舰表示了担心，要求立即设法进行进击补给，至少要保证战列舰的主炮能进行五轮穿甲弹齐射，另外高爆弹也要补充，因为对付没有装甲防护的驱逐舰就需要使用高爆弹。

作战方案得到两位下属的支持，奥登多夫就要将作战命令传达给所有参战舰艇，但如果使用无线电通信，加密解密都需要时间，为了节省时间，奥登多夫决定用灯光信号下达命令。很快，在黄昏的夕阳下，美军战列舰、巡洋舰和驱逐舰的灯光都在频繁闪烁，蔚为壮观。

随着夜幕降临，苏里高海峡里充溢着大战一触即发的紧张气氛。人类海战史上最后一场战列舰之间的炮战即将开始！

鱼雷艇打响第一枪

太阳落山了，黑沉沉的夜幕笼罩了海空，只有微弱的月光洒在海面上，菲律宾的雨季，天气潮湿闷热，不时有闪电划破夜空，也划破了令人窒息的沉闷。美军的 39 艘鱼雷艇全部关闭了发动机，隐蔽在岛礁后面，静静地等待日军舰队来到。

22 时 15 分，西村舰队开始进入狭窄海域，西村下令将队形改为单纵列，“满潮”号驱逐舰为前卫，“朝云”号驱逐舰在“满潮”号 1 000 米之后跟进，后面 500 米是“时雨”号和“山云”号驱逐舰警戒两翼，这 2 艘驱逐舰后面 1 500 米是西村的旗舰“山城”号战列舰，“扶桑”号战列舰和“最上”号重巡洋舰则以 1 000 米间隔在后跟进。

22时36分，隐蔽在保和岛附近海域的PT-131号鱼雷艇的雷达屏幕上出现了日军战舰的回波信号——日军舰队终于来了！

▲ 日军“山城”号和“扶桑”号战列舰编队。

第一组3艘鱼雷艇立即启动发动机，以24节航速开始向日军舰队冲去。几分钟后，“时雨”号的“猫眼”瞭望——日军为了更好进行夜战，专门挑选了夜间视力过人的士兵进行强化训练，并保证供应富含维生素A的食物，这些夜视能力出众的夜间瞭望哨在日本海军内部就被称为“猫眼”，而他们也确实不负众望，夜间观察和搜索能力甚至超过了当时性能还比较简陋的雷达，为日军取得多次夜战胜利立下了奇功。这次也是这样，“猫眼”瞭望发现了鱼雷艇高速航行时舰艏划开海面所产生的反光，立即发出了警报。

西村随即命令“时雨”号进行反击，“时雨”号打开了探照灯，探照灯刺眼的光束划破了夜空，迅速罩住正在高速接近的鱼雷艇，“时雨”号的127毫米主炮立即开火。美军鱼雷艇为了躲避日舰炮火开始急转，并释放烟雾。PT-130号鱼雷艇被“时雨”号一发炮弹击中，但非常幸运没有爆炸。更幸运的还在后面，又一发炮弹击中鱼雷发射管，将发射管里的鱼雷头都炸掉了一大块，竟然都没有引爆鱼雷，实在是福星高照。

PT-152号鱼雷艇也被“时雨”号一发炮弹击中前甲板，顿时燃起大火，并有1人阵亡3人受伤，眼看很难扑灭大火，但这艘鱼雷艇同样幸运，“时雨”号另一发炮弹落在旁边，激起的水柱溅落下来，竟然奇迹般地将大火浇灭了！

▲ 正在攻击日军舰队的美军鱼雷艇。

PT-131号鱼雷艇虽然没有被直接命中，但艇身也被近失弹的弹片击穿了很多窟窿。“时雨”号的炮火既凶猛又准确，迫使美军3艘鱼雷艇不得不忙于规避炮火，根本无法占据攻

美军鱼雷艇

鱼雷艇，也叫鱼雷快艇，是以鱼雷为主要武器的小型战斗舰艇，由于吨位有限，自持力很小，所以只能在近海活动。除了执行攻击任务以外，也可担负巡逻、警戒、反潜、布雷等任务。鱼雷艇由于速度快，机动灵活，又要和敌舰进行贴身肉搏式的交手，所以被誉为“海上突击手”。

最早期的鱼雷艇诞生于美国南北战争期间，不过这时还没有鱼雷，是用一根长长的撑杆，撑着水雷向敌舰猛烈撞击，将敌舰炸毁，所以确切说应该是水雷艇。直到1866年，英国工程师R·怀特黑德发明了世界上第一枚鱼雷，之后才算有了以鱼雷作为主要武器的鱼雷艇。1877年，英国制造出了专门发射鱼雷的鱼雷艇“闪电”号，鱼雷艇就此问世。

美国海军将鱼雷艇称为“PT艇”(PT Boats)，PT是“Patrol Torpedo”的首字母缩写，PT艇直译就是巡逻鱼雷快艇。由于鱼雷艇吨位太小，所以美军鱼雷艇都没有艇名，只是以PT加数字序号作为舷号。

美国从20世纪20年代开始发展鱼雷艇，先后研制出3个型号共8艘鱼雷艇（PT-1到PT-8号），但这8艘鱼雷艇主要都是用来进行技术验证和测试，并没有实际装备部队。

1940年起，美国的ELCO造船公司根据海军的要求开始生产第一种量产型鱼雷艇，这就是PT-10——19系列（PT-10到PT-19号共10艘）。采用双层木板结构，艇身长21.336米（70英尺），可以携带4枚鱼雷和2挺12.7毫米机枪，最大航速可以达到39节。这10艘鱼雷艇在第二次世界大战中都援助英国，悬挂英国海军旗参战，主要活动在地中海。

在战争中，美国海军主要装备了77型（艇身长77英尺）、78型（艇身长78英尺）和80型（艇身长80英尺）3种型号，其中80型是产量最大的，衍生出5个子型号，总产量超过300艘。

80型是美军在太平洋战争中使用最广泛的鱼雷艇，采用平坦的前甲板，交错式炮台和专用导航室。由于艇身长度增加到24米（80英尺），排水量也增加到38吨，所以最大航速有所下降，但抗风性有所提高。最初装备4具鱼雷发射管和2挺12.7毫米机枪、1门20毫米炮。后来不断有改进，陆续加装烟雾发生器、1门40毫米炮、雷达、1门37毫米炮和8管火箭发射器，并采用马力更大的发动机，使最大航速提高

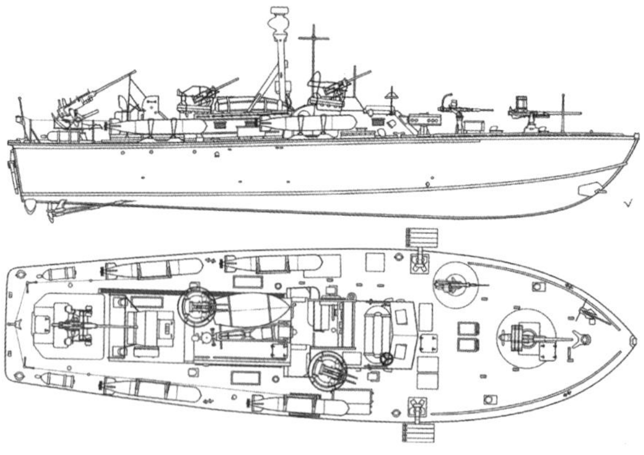

▲80型鱼雷艇结构线图。

到 40 节以上。

后期 80 型的性能为：艇身长 24 米，宽 6.9 米，排水量 61 吨，最大航速 40 节，续航力 500 海里。武备为 4 具鱼雷发射管，2 挺 12.7 毫米机枪、1 门 20 毫米炮、1 门 37 毫米炮、1 门 40 毫米炮和和 2 具八管火箭发射器。

编制艇员 17 人。

在整个战争期间，美军总共有 69 艘 80 型鱼雷艇沉没，原因既有被敌军击沉，也有机械故障和意外失事，损失率高达 23%，是损失率最高的作战舰艇。

击阵位发射鱼雷，只好悻悻退出战斗。

在击退了美军第一组鱼雷艇后，西村命令舰队一分为二，“最上”号重巡洋舰和“满潮”号、“朝云”号、“山云”号 3 艘驱逐舰先行，搜索前进。“山城”号、“扶桑”号 2 艘战列舰和“时雨”号驱逐舰在后跟进，这样的部署就是想以“最上”号和 3 艘驱逐舰来开道，保证 2 艘主力战列舰的安全。接着，西村向栗田电告了战况：“遭遇敌鱼雷艇来袭，正在消灭敌鱼雷艇。”西村显然太乐观了，美军的鱼雷艇攻击才刚刚开始。

西村的部署还是很有效的，先行的“最上”号和 3 艘驱逐舰果然很快就遭到了美军第二组 3 艘鱼雷艇的攻击，第二组鱼雷艇比第一组有所进步，3 艘鱼雷艇中有 2 艘发射了鱼雷，但都没有命中，随即也被日舰猛烈炮火击退。

接下来的时间里，不断上演美军鱼雷艇高速接近，日舰打开探照灯，再以炮火猛烈还击，鱼雷艇撤退这样的场景。一方面保和海还比较宽阔，日舰还有很大机动回旋余地，另一方面，日舰的夜战能力确实非常出色，美军 39 艘鱼雷艇的攻击都没有取得战果，不过也不是一无所获，这些鱼雷艇不断将日军舰队的动向报告给奥登多夫，使得奥登多夫对日军舰队的情况洞若观火完全掌握。

0 时 40 分，西村舰队开始进入狭窄的苏里高海峡，表面上苏里高海峡宽度有 3 万米，但两侧都有小岛暗礁，真正能够安全航行的只有海峡中间宽度约 2 万米的航道，确实非常狭窄。所以西村只得再次调整队形，依次以“满潮”号、“朝云”号、“山城”号、“扶桑”号和“最上”号排成单纵列，“时雨”号和“山云”号则分别位于两侧，西村舰队就这样闯入了苏里高海峡。

25 日凌晨 2 时 13 分，美军鱼雷艇全部退出战斗，39 艘鱼雷艇总共发射 34 枚鱼雷，没有取得任何战果，PT–493 号 1 艘被击沉，还有 9 艘中弹负伤。

驱逐舰立大功了

在奥登多夫最初的计划里是没有第 54 驱逐舰中队的，因为第 54 驱逐舰中队隶属于威尔金森海军中将指挥的登陆编队，但第 54 驱逐舰中队指挥官科沃德海军上校从无线电通话里知道当晚日军舰队会从苏里高海峡来犯，而且奥登多夫的舰炮支援大队已经在进行迎战准备了，科沃德可不想错过这个千载难逢的机会。而且科沃德知道自己的驱逐舰中队位置比奥登多夫的战舰都要更偏南，正是迎击日军舰队更理想的位置。所以他决定主动请战，他通过无线电对讲机呼叫奥登多夫："如果我与南面的敌军舰队接触，我将用鱼雷攻击，然后为你让开一条路。如果你同意的话，我马上提交详细的作战计划。"大约 5 分钟之后，奥登多夫同意了科沃德的要求，科沃德立即报告了自己的计划："我将本中队 5 艘驱逐舰一分为二，一组 2 艘，另一组 3 艘，从东西两侧同时对日军舰队展开鱼雷攻击。"科沃德是参加过瓜达尔卡纳尔岛战役的老兵了，他经历了瓜岛战役的多次海战，这些海战的经验使他明白，驱逐舰的 127 毫米主炮对于装甲防护坚固厚实的战列舰来说，根本毫无用处，反而舰炮射击时的炮口火焰还会在夜间暴露驱逐舰的位置，所以他计划只使用鱼雷而不用舰炮，鱼雷可以对战列舰造成致命威胁，而且夜间鱼雷攻击，也更为隐蔽不会暴露驱逐舰的位置，就连鱼雷的航迹也很难发现。

奥登多夫批准了科沃德的计划，欣喜过望的科沃德立即率领第 54 驱逐舰中队的 5 艘驱逐舰以 30 节航速南下，迎向闯入苏里高海峡的西村舰队。

渴望参战的除了科沃德以外，还有"纳什维尔"号（USS Nashville，舷号 CL-43）轻巡洋舰舰长查尔斯·肯尼海军上校，但麦克阿瑟和他的指挥部还在"纳什维尔"号上，所以肯尼恳请麦克阿瑟离开"纳什维尔"号，以便他能指挥"纳什维尔"号参战，但被麦克阿瑟一口拒绝："我这辈子还从没见识过海战，我想这是我这一生唯一的机会，所以我不会离开你的战舰。"肯尼只好请金凯德来劝说麦克阿瑟，金凯德也认为麦克阿瑟不应该在巡洋舰上，就邀请麦克阿瑟到自己的旗舰"瓦萨奇"号指挥舰，但麦克阿瑟坚决不愿从一艘军舰换到一

▲ 美军驱逐舰在苏里高海战中大放异彩。

艘商船（“瓦萨奇”号是由商船改装）上。金凯德没有办法，他自然不会同意让麦克阿瑟去见识海战，只好命令“纳什维尔”号留在后方，其他巡洋舰都赶赴苏里高海峡。

2时，科沃德率领“瑞米”号（USS Remey，舷号DD–688）、“麦高文”号（USS McGowan，舷号DD–678）、“梅尔文”号（USS Melvin，舷号DD–680）3艘驱逐舰为右翼从海峡西侧南下，“麦克德莫特”号（USS McDermut，舷号DD–677）和“莫森”号（USS Monssen，舷号DD–798）2艘驱逐舰为左翼从海峡东侧南下。

2时40分，美军驱逐舰上的雷达就在3.8万米距离之外发现了日军西村舰队的回波信号，并且辨别出2艘战列舰、1艘巡洋舰和4艘驱逐舰。双方以40节的相对速度迅速接近，科沃德走出作战指挥中心，来到舰桥上，他认为在舰桥上能够更好指挥夜战。随着距离逐渐接近，美军无线电对讲机里的各种呼叫此起彼伏，混乱嘈杂，大战即将开始的紧张气氛已经非常浓郁了。

2时50分，科沃德给5艘驱逐舰分配了任务，要知道美军5艘驱逐舰排水量总共才1.2万吨，而对手7艘战舰的排水量加在一起超过了10万吨，但科沃德毫无惧色，成竹在胸，率领驱逐舰按计划发起了攻击！

美军每艘驱逐舰都配备两组共10具鱼雷发射管，同时可以进行10枚鱼雷的齐射，5艘驱逐舰就是50枚鱼雷。这么多鱼雷同时射向日军舰队，攻击密度相当高。刚才美军鱼雷艇攻击颗粒无收，除了缺乏经验，主要是因为3艘一组，兵力分散，每次攻击最多也就12枚鱼雷，最少只有两三枚，而且日军舰队当时所在的海域也比较开阔，所以能够轻松躲避。但现在就不同了，日军舰队在苏里高海峡的狭窄海域，美军驱逐舰发射的鱼雷却足足有47枚！

3时，美军5艘驱逐舰同时实施鱼雷齐射。“麦克德莫特”号驱逐舰的鱼雷兵维吉尔·罗林斯上士等鱼雷发射出去之后就一直掐着秒表估算鱼雷命中的时间，“该打中了”。罗林斯话音刚落，他的这句话就像咒语显灵一样，南面漆黑的夜暗中突然出现了一个巨大的爆炸火球，紧接着又是两次剧烈爆炸，爆炸引起的火球在夜空中宛如节日绽放的烟花，非常美丽，但同时又极为恐怖，

▲ 反映苏里高海战的油画。

令人不寒而栗，因为这火球带来了无情的毁灭和杀戮。

“扶桑”号战列舰被“梅尔文”号发射的4枚鱼雷击中，顿时就被炸成两截，前半截几乎在瞬间沉没，后半截一直在燃烧，一个多小时后才沉入海底。全舰1 200名舰员无一生还。不过“扶桑”号的状况把双方都搞糊涂了，以为有两艘战舰被击中了。“山云”号和“朝云”号也都被鱼雷击中，“山云”号被击沉，“朝云”号遭到重创，舰艏被炸掉。

在美军驱逐舰开始鱼雷攻击时，日舰也发现了来袭的美舰，“时雨”号发射了照明弹，“山城”号主炮也开始射击，但西村显然没有料到美舰根本就没想要展开炮战，而是纯鱼雷攻击，所以没有下令进行反鱼雷攻击，结果遭到惨重损失。可见，西村被认为是日军最无能的将军绝不是无稽之谈。

第54驱逐舰中队的这次攻击，战果极为丰硕。第54驱逐舰中队在射出鱼雷之后，就立即转向撤退，分别撤向海峡两侧的岛屿，以便背靠岛屿，利用岛屿的雷达回波隐蔽自己的踪迹，躲避日舰的还击炮火。科沃德的这一招确实高明，一击就走，绝不恋战，毫不拖泥带水。不进行舰炮射击，自然没有炮口火焰。又借助岛屿雷达回波遮掩，无论是目视还是雷达，都很难发现。所以第54驱逐舰中队的这轮攻击，毫发无损全身而退。

对于这场海战，科沃德的旗舰“瑞米”号驱逐舰上的一名军官伦纳德·赫德森海军中尉曾有过非常生动的回忆——“舰长通过无线电要求后面的驱逐舰：‘跟着我！’然后他命令：‘准备发射鱼雷！发射！’但鱼雷偏离了目标，就在我们发射鱼雷的时候，日舰也发现了我们，他们迅速打开探照灯，一下就找到了我们，我感到就像一只巨大的闪光灯照相机在给我们拍照。我们离他们太近了，他们只能用高射炮向我们开火，我们遭到了猛烈炮击，炮弹就在我们四周不断落下，但我们一块皮也没擦破，最终我们还是冲出去了，整个54中队都安全地冲出去了！”

▲ 经过改装的“扶桑”号战列舰。

被“麦克德莫特”号鱼雷击中的正是西村的旗舰“山城”号战列舰，并引起了大火，熊熊的火势将夜空照得如同白昼，日军另外几艘战舰的身影顿时一览无遗，成为美军第二批驱逐舰攻击的明显目标。

第二批美军驱逐舰是第24驱逐舰中队的6艘驱逐舰，和第54驱逐舰中队一样，他们也兵分两路从两翼同时发起攻击，

3时23分，左翼的澳大利亚驱逐舰“阿兰达”号向日军“时雨”号发射了4枚鱼雷，但都没有命中。“比尔”号（USS Beale，舷号DD–471）驱逐舰向日舰发射了5枚鱼雷，同样没有命中。只有“基伦”号（USS Killen，舷号DD–593）发射的5枚鱼雷有1枚命中了已经陷入火海的“山城”号，使“山城”号的航速降至5节。

右翼3艘驱逐舰由第24驱逐舰中队指挥官麦克曼尼斯海军上校率领，绕到日军舰队侧后发起攻击，不但发射了鱼雷，还用舰炮进行射击。“哈金”号向“朝云”号发射了5枚鱼雷，但居然都被已经遭到重创的“朝云”号避开了，但几枚鱼雷继续前行，一头撞上了“满潮”号，“满潮”号迅即爆炸沉没。

美军“戴利”号舰艏发生了不知原因的爆炸，有说是日舰发射的鱼雷，也有说是刚才第54驱逐舰中队发射的鱼雷，还有说是被“山城”号还击的炮火击中。

经过这两轮驱逐舰鱼雷攻击，日军舰队的队形完全被打乱了，和美军右翼3艘驱逐舰混杂在一起，奥登多夫发现了这一状况，立即命令右翼驱逐舰撤退，因为战列舰和巡洋舰的炮击马上就要开始了，和日军战舰距离太近，容易遭到误伤。

西村指挥着已经重伤的“山城”号继续蹒跚地向北航行，此时跟随“山城”号的只有“最上”号和“时雨”号。3时30分，西村向栗田发电报告：“我舰队在苏里高海峡北端两侧与敌驱逐舰鱼雷艇遭遇，我舰队两艘驱逐舰中雷。‘山城’号中雷一枚，但还能继续航行。”——此时西村并不知道“扶桑”号已经沉没，所以没有报告“扶桑”号的情况。谁也没想到，这是西村发出的最后一封电报。

3时54分，美军第三批驱逐舰接着开始攻击，这是第56驱逐舰中队的9艘驱逐舰，右翼6艘分为两组在五分钟时间里发射了30枚鱼雷，尽管射程只有8 000米，但却无一命中。

第56驱逐舰中队指挥官斯莫特海军上校亲自率领3艘驱逐舰为左翼，发起鱼雷攻击时间比右翼要晚，4时14分，3艘驱逐舰才进行了鱼雷齐射，只有1枚鱼雷击中了“山城”号。但就在斯莫特撤出战斗时，美军战列舰和巡洋舰的炮击就开始了，炮火迅速覆盖了日军

▲日军“山城”号战列舰。

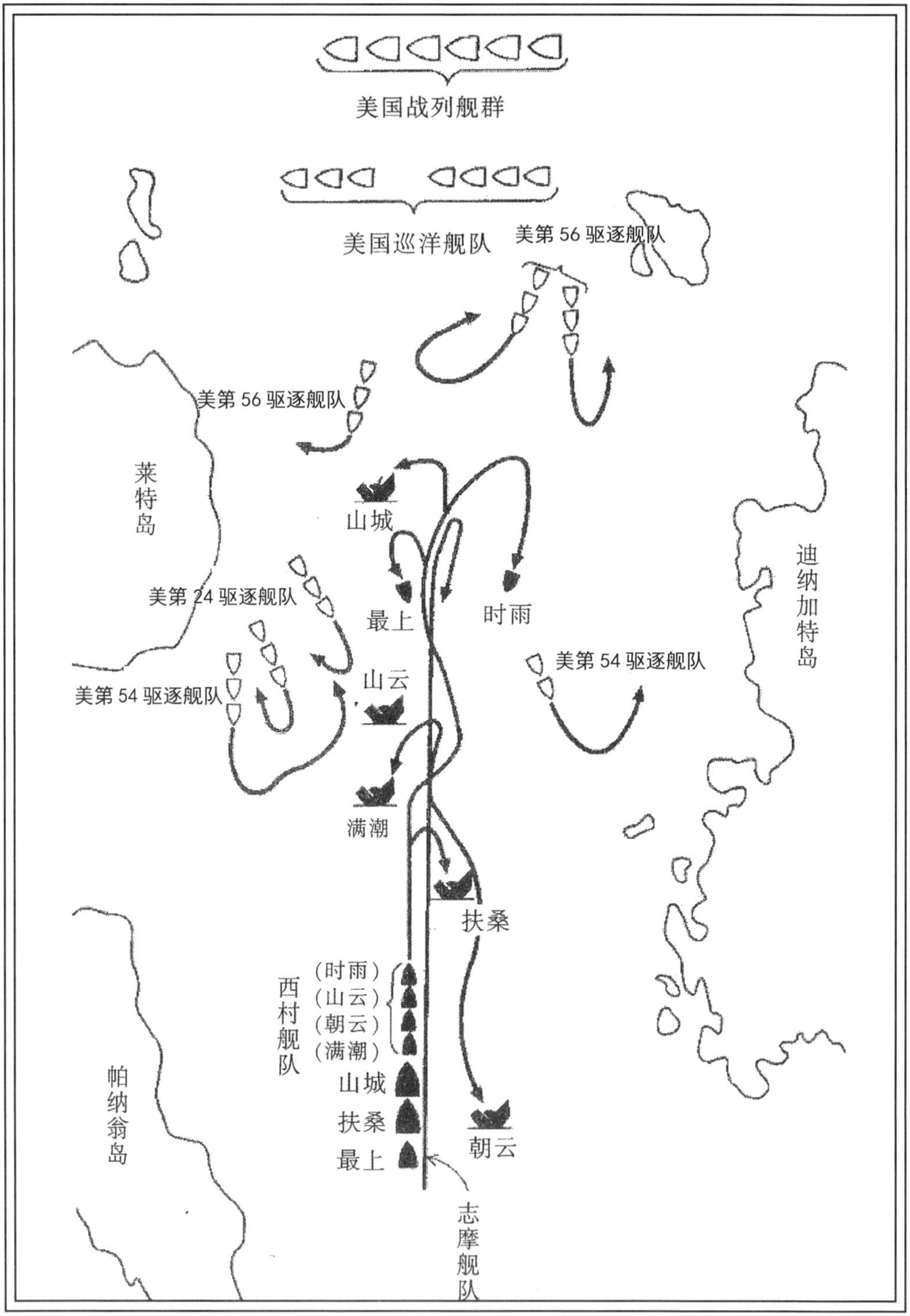
美国战列舰群
美国巡洋舰队
美第 56 驱逐舰队
美第 56 驱逐舰队
莱特岛
山城
最上
时雨
美第 24 驱逐舰队
美第 54 驱逐舰队
美第 54 驱逐舰队
山云
迪纳加特岛
满潮
扶桑
西村舰队
(时雨)
(山云)
(朝云)
(满潮)
山城
扶桑
最上
朝云
帕纳翁岛
志摩舰队

▲ 苏里高海战阵型图。

舰队所在海域，炮弹如雨点般落下。在这紧要关头，“艾尔伯特·格兰特”号（USS Albert W. Grant，舷号 DD–649）驱逐舰竟然出现机械故障而掉队，孤零零地处在双方交火的弹雨之中，转眼间就被 18 发炮弹命中，其中至少 11 发是己方巡洋舰的炮弹——舰艏水线中弹导致前舱大量进水，上层建筑被炸得面目全非，40 毫米炮弹弹药舱起火爆炸更是雪上加霜，34 名舰员阵亡或失踪，94 人受伤，伤亡几乎达到舰员总数的一半。幸存人员竭尽全力灭火自救，一直坚持到了天亮，“纽康姆”号（USS Newcomb，舷号 DD–586）驱逐舰赶来救助，“格兰特”号终于获救，修复之后还参加了 1945 年 4 月的冲绳战役。

还有必要说一下，就在斯莫特的驱逐舰编队里，有两位年轻的军官后来成为美国海军的掌门人——海军作战部长，这两人分别是“罗宾森”号（USS Robinson，舷号 DD–562）上的埃尔莫·朱姆沃尔特和“班尼恩”号（USS Bennion，舷号 DD–662）上的詹姆斯·霍洛威。

“格兰特”号驱逐舰也是苏里高海战中美军唯一一艘遭到伤亡的驱逐舰。毫无疑问，美军驱逐舰在苏里高海战中的表现可谓相当出色，这一战也成为海战史上驱逐舰鱼雷攻击的典范。

来自珍珠港的复仇

美军驱逐舰在鱼雷攻击之后就掉头高速返航，很快就将日军的还击炮火远远抛在身后。官兵们都松了一口气，正当气氛开始缓和的时候，“麦克德莫特”号上的一名水兵突然大声高喊：“快看那边！”声音里充满着惊谔，顺着这名水兵的手看过去，天空中几道闪烁着红色光芒的细线，就像流星一样，正从北面迅速向南划过，紧接着又是几道，同时北面也传来了沉闷的隆隆轰响——美军的战列舰开火了！

▲ 苏里高战役为数不多的照片，美军巡洋舰编队正在进行主炮齐射。

3 时 51 分，奥登多夫命令巡洋舰开始射击，奥登多夫和手下的参谋军官一直在无线电对讲机里听着鱼雷艇和驱逐舰的报告，对日军舰队的行踪了如指掌。奥登多夫原来打算等驱逐舰完成攻击，全部退出战斗之后，巡洋舰和战列舰再开火，但是由于日军舰队已经很接近了，很快日舰就到达了最有利于发挥战列舰主炮威力的26 000米，当战列舰上的火控系统自动锁定了目标，奥登多夫知道不能再等，立即下令“开火！”——3时53分，战列舰开始射击。

战列舰406毫米、356毫米巨炮轰然作响，迸发出耀眼的火光，将接近1吨重的炮弹射向目标。在苏里高海峡北端一字排开严阵以待的美军6艘战列舰，“田纳西”号（USS Tennessee，舷号BB–43）、“加利福尼亚”号（USS California，舷号BB–44）、“宾夕法尼亚”号（USS Pennsylvania，舷号BB–38）、“密西西比”号（USS Mississippi，舷号BB–41）、“马里兰”号（USS Maryland，舷号BB–46）和“西弗吉尼亚”号（USS West Virginia，舷号BB–48）。更具有意义的是，在这6艘战列舰中，除了“密西西比”号，其余5艘在1941年12月7日日军偷袭珍珠港时都遭到了攻击，有的倾覆，有的被重创，经过大修后才重返战斗序列。美国参加太平洋战争，就有一句著名的口号“为了珍珠港！”此时此刻，这5艘战列舰的怒吼，才可以说是真正来自珍珠港的复仇。

摘录“西弗吉尼亚”号10月25日的几段航海日志，来感受一下当时的战斗状况。

0332（3时32分，航海日志上的时间表示法，下同）：接到上级命令，向28 000码远的目标开火。

0333：前进4 000码。炮长报告一个大目标距离39 000码。

0351：右翼巡洋舰开火。炮长报告瞄准一个大目标很长时间了，舰长批准开火。

0352：8门（4座双联）主炮开始齐射，距离22 800码，穿甲弹。

0353：炮长报告第一次齐射命中目标。

0354：两次齐射之间间隔40秒，主炮连续齐射。其他战列舰也在我们第二次或第三次齐射时开火了。

0358：炮长报告目标停止

▲ 美军战列舰编队。

▲ 苏里高海战中的“西弗吉尼亚”号。

运动。雷达报告目标回波在变小。

0402：战列舰编队转向 130 度，接到停火命令。作战中心报告，目标左转，仍在继续航行。

0411：雷达报告目标回波突然变亮，然后逐渐熄灭。

0412：目标消失。能看到一艘战舰燃烧起火。

……

这场战列舰的炮战让所有人大饱眼福。在“格兰特”号驱逐舰上，士兵汤姆·汉耶追忆道：“战列舰的齐射划过夜空，如同一道道地狱中的彩虹。这是我有生以来看到过的最美丽的画面。在黑暗中，曳光弹划着弧线一闪而过，接着就看到了远处的火光，然后听到了爆炸声，显然有敌舰被击中了。”美军第 56 驱逐舰中队指挥官斯莫特描述道，这场炮战是他所目睹过的最壮丽景象，“那穿梭的炮弹，如同灯火辉煌的列车驶过夜幕下的山梁”。奥登多夫后来回忆海战的场景：“我记得确实有一两发炮弹向我的旗舰打来，但在那时候，我太兴奋了，根本就没注意这些炮弹都落到了哪里。”

迎着美舰密集而猛烈的炮火，西村舰队仅存的 3 艘战舰还继续向苏里高海峡北口驶去。随着和美舰的距离越来越近，受到的打击也越来越沉重。

▲ 珍珠港事件中被击毁的“西弗吉尼亚”号。

“田纳西”号、“加利福尼亚”号和“西弗吉尼亚”号 3 艘战列舰装备了先进的雷达和火控系统，所以命中精度相当高。其中“西弗吉尼亚”号发射了 93 发 406 毫米炮弹，另外 2 艘总共发射了 132 发 356 毫米炮弹。还有 3 艘战列舰没有装备先进火控系统，“马里兰”号根据“西弗吉尼亚”号的射击诸元和炮弹落点，发射了 18 发

日本海军三大祥瑞舰之一的“时雨”号驱逐舰

“时雨”号驱逐舰是日本海军白露级驱逐舰的二号舰。白露级是根据初春级在“友鹤事件”中暴露出来的问题进行了全面改进之后的新一代驱逐舰。由于强调高航速性能，所以最大航速比有明级更快。同时重心降低，舰身尺寸和船板也有改进。武备基本沿袭了初春级，但鱼雷武装改为 2 座四联 610 毫米鱼雷发射管。正是从白露级开始，四联鱼雷发射管成为日本海军驱逐舰的标准配置。1934 年 5 月“第四舰队事件”之后，对正在建造中的白露级也进行了改进，所以 10 艘白露级中，最后四艘因为和前六艘有所不同，所以后四艘也被称为是“白露改进”型。

白露级总体性能比较出色，除了续航力还不能让日本海军非常满意外，强大的武备，优秀的适航性和船体强度，都使得白露级成为一款堪称杰出的驱逐舰，为日本海军接下来建性能更强的造潮级和阳炎级打下了基础。

舰长 111 米，舰宽 9.9 米，吃水 3.5 米，标准排水量 1 685 吨，动力为 3 座锅炉，总输出功率 42 000 马力，最大航速 34 节，续航力 4 000 海里（18 节）。编制舰员 226 人。

武备为 2 座双联 127 毫米主炮，1 座单管 127 毫米主炮，2 座单管 40 毫米机炮，2 座四联 610 毫米鱼雷发射管。

“时雨”号 1933 年 12 月 9 日动工建造，1935 年 5 月 18 日下水，1936 年 9 月 7 日建成服役。加入联合舰队后，和同级姊妹舰“白露”号以及初春级的“有明”号和“夕暮”号一起被编入横须贺镇守府的第一水雷战队下辖的第 9 驱逐队。1938 年 12 月 4 艘一起转至佐世保镇守府，第 9 驱逐队也随之改为第 27 驱逐队。

太平洋战争爆发后，“时雨”号随第 27 驱逐队参加了多次重大战役，在珊瑚海海战和瓜岛海战中都几次化险为夷，毫发无损平安返航。

这还仅仅只是开始，在 1943 年 8 月的韦拉湾海战中，“时雨”号的妖性逐渐显露——当时“时雨”号和“荻风”号、“岚”号、“江风”号 3 艘驱逐舰一起执行为新乔治亚岛运送援军和补给的“东京快车”任务。结果遭到美军 6 艘驱逐舰的拦截，日军 4 艘驱逐舰全部被美舰发射的鱼雷击中，其他 3 艘驱逐舰全部被击沉，唯独“时雨”号吉星高照，击中的鱼雷竟然没有爆炸，“时雨”号立即掉头退出战斗，借助夜色掩护逃脱。

1944 年 2 月，“时雨”号驱逐舰原计划与“香取”号巡洋舰和“舞风”号驱逐舰一起护送特设巡洋舰“赤城丸”从特鲁克岛返回本土，结果出发前一天美军航母舰队大举空袭特鲁克，“香取”号、“舞风”号在空袭中被击沉，而“时雨”号依旧毫发无损。

1944 年 6 月，“时雨”号参加了著名的马里亚纳海战，这场大海战中，日军被击沉航母 3 艘、油船 2 艘，被击伤航母 3 艘、战列舰、巡洋舰和油船各 1 艘，几乎全军覆没。而“时雨”号仍然是奇迹般的零伤亡。

1944 年 10 月的莱特湾海战，“时雨”号伴随西村舰队闯入苏里高海峡，结果西村舰队 7 艘战舰中又是仅有“时雨”号一艘逃脱。尽管在之前曾经遭到美军飞机空袭，前主炮中弹，

▲“时雨”号驱逐舰。

5人阵亡，6人受伤。但在西村舰队全军覆没的苏里高夜战中，“时雨”号被美舰一发炮弹击中——居然又是没有爆炸的哑弹！因此“时雨”号得以再次逃过被击沉的厄运，尽管被破掉了零伤亡的金身，但相比西村舰队中的其他战舰，“时雨”号的运气还是好到惊人。

1944年12月，日本海军用“云龙”号航母向吕宋岛运送飞机和作战物资，由“时雨”号等三艘驱逐舰护航，途中遭到美军潜艇攻击，“云龙”号航母和另外两艘驱逐舰被击沉，又是只有“时雨”号毫发无损。

正是因为这么多好到逆天的运气，而且都是同行的友舰遭难，唯独“时雨”号平安无事，因此在日本海军中，“时雨”号就和有着相同奇迹的“雪风”号和“野分”号并称为“三大祥瑞”。特别是“时雨”号和“雪风”号最为邪性，所以有着“吴之雪风，佐世保的时雨”之说。

不过“时雨”号比“雪风”号更为邪门，逢战必败，逢败必跑，而且“时雨”号从来不会打捞落水的友舰幸存官兵，一向是只顾自己逃命。或许因为这个原因，多少也救过人的“雪风”号算是积了德，幸运地活到了战后。而“时雨”号于1945年1月24日，在马来西亚的哥打巴鲁以东海域被美军潜水艇“黑鳍白鱼”号（SS-322）击沉，38人阵亡，220人获救。

需要特别说明一下，这次行动中，“时雨”号和“雪风”号一起参加，两舰以往都是专克友舰而自己每次都能全身而退的“幸运舰”，所以这次很多人都在期待到底会出现什么诡异的情况，甚至还有人为哪一艘会沉而下注——结果还是“时雨”号好运到了头。

随后于同年3月10日被除籍。同时随着“时雨”号被击沉，10艘白露级驱逐舰至此也全部战沉。

而三大祥瑞中有着“补枪王”之称的“野分”号驱逐舰在1944年10月莱特湾海战中被美军击沉，是三大祥瑞中最早被击沉的战舰。最终只有“雪风”号才是真正的“不死之舰”活到了战后。

▲ 美军“马里兰”号战列舰。

406毫米炮弹。“密西西比”号只进行了一次齐射，发射了12发356毫米炮弹，只有“宾夕法尼亚”号一炮未发，因此战后受到了奥登多夫的严厉批评，讥讽地称其为“最沉默战舰”。

虽然美军战列舰发射的炮弹并不太多，但非常准确，而一旦命中，大口径主炮的威力绝对是恐怖的。在日军队形最前面的“山城”号连连中弹，上层建筑面目全非，从舰艏到舰尾，全舰一片火海，但还在一发两发地顽强还击，西村用灯光信号通知后续两舰：“我舰航行困难，各舰继续前进，突入莱特湾！”不到10分钟，浑身烈焰的“山城”号便倾覆沉没，全舰1 400人除了10人获救外，包括西村祥治在内全部丧生。

美军的炮弹不断落在“时雨”号周围，激起的巨大水柱此起彼落，尽管没有直接命中，但大口径炮弹近距离爆炸的强大冲击波还是让“时雨”号的精密仪器全部失灵，连无线电通信设备也无法正常使用了。舰长西野繁海军中佐站在舰桥上，竭力使自己保持镇静，不断下达口令，指挥战舰前行。他实在不明白为什么西村会采用这样近乎愚蠢的方式冲击美军早已设下的火力网，成为美军最理想的活靶子。但他此时已经别无选择，只能不断进行大范围机动，躲避雨点般落下的炮弹。幸运的是在这样猛烈的炮战中，“时雨”号只被一发203毫米炮弹击中燃料舱，更幸运的是，居然是一发没有爆炸的哑弹！如果这发炮弹爆炸肯定会引起燃料起火，那么“时雨”号一定在劫难逃。

这时，西野突然发现周围已经看不到任何友舰，而且由于无线电故障，既收不到信号也无法呼叫，看着前面犹如杀戮修罗场一般的海域，西野知道继续前进必然死路一条，于是遵循“时雨”号一贯逢战必败，逢败必跑的“优良传统”果断下令掉头后撤，以30节高速向南撤退。

很快，“时雨”号就逃出了美舰的炮火打击范围，周围是平静的海空。不久西野就发现了“最上”号重巡洋舰，此时的“最上”号正在熊熊燃烧，但还在缓缓移动。再往南，就看到了“扶桑”号的残骸，倾斜着燃烧着，但还漂浮在海面上。“时雨”号继续向南，一心就想离开这片危险海域。但是，舵机却突然失灵了，只好停下来紧急修理。这时“时雨”号上的所有人都是既焦虑又忐忑，因为舵机失灵就意味着丧失机动性，一旦美军战舰追来，那就只有任人宰割的份了。

突然，瞭望的报告打破了寂静：“前方发现不明船只！”几个暗影正从南面驶来，所有人的心都提到了嗓子眼，就在这时，一艘迎面而来的战舰打出了灯光信号——“我是那智。”

原来是志摩清英的第二游击部队赶到了！

不战而退的志摩清英

见是友舰，“时雨”号悬着的心才算落地了，随即回答：“我是时雨，我舰舵机失灵。”

令人费解的是“时雨”号居然没有将刚才苏里高海战的情况告诉志摩，也没有通报苏里高海峡里有美军驱逐舰鱼雷伏击和战列舰炮火拦阻，就这么和志摩舰队擦肩而过，继续南驶。报告舵机失灵不过是为自己脱离战场找的借口，何况志摩也不是“时雨”号的直接上级，也无法多说什么。

“时雨”号不通报战况，很大程度是为了尽快离开这片是非之地，不想多耽搁。不过，志摩也没有询问前方战况，实在是很奇怪。

西野在战后接受采访时解释了没有向志摩通报的原因：“我没有告诉志摩将军是因为我和他没有直接隶属关系，我不受他指挥。而且我想他已经对战场有了一定了解，他能看到燃烧的‘最上’号和‘扶桑’号，也能看出我是在撤退。”

而志摩应该已经看到了漂浮在海面上的战舰残骸，也看到了夜空中曳光弹划过的弧线，以及炮击和爆炸的声音，应该知道战斗已经开始了，自己即将进入战场，却不询问刚刚从战场上撤下来的“时雨”号，简直匪夷所思。就这样，志摩舰队在稀里糊涂中进入了苏里高海峡。

▲ 第二游击部队司令志摩清英海军中将。

志摩舰队从中国台湾启航后，一直比较顺利，即便被美军飞机发现，也没有遭到攻击。直到在进入苏里高海峡之前，才遭到了美军鱼雷艇的攻击，“阿武隈”号轻巡洋舰被鱼雷击中，30人阵亡，航速减至10节，已经掉队了。所以进入海峡时，志摩将2艘重巡洋舰和4艘驱逐舰排成单纵列，旗舰“那智”号在前面，后面依次是“足柄”号和4艘驱逐舰。这样简单的队形对美军更有利，因为美军的雷达性能还远没有现在这样先进，对于复杂的队形辨识、追踪和瞄准确实有点困难，现在这样的单纵列，就容易多了。

此时，虽然离日出已经没有几个小时了，但黎明前的夜色更重，夜空依然黑沉沉的，再加上战场上的硝烟和烟雾，整个夜空犹如一块厚重的幕布，令人觉得神秘莫测，几处燃烧的战舰残骸，残火摇曳，还有不时闪现的炮口火焰和划破夜空的曳光弹，更是显得诡异阴森。“那智”号舰长森辛吉海军大佐看着海空，心中莫名惊惧，他预感到幕布后面危机重重。

随着逐渐深入海峡，“那智”号的雷达已经发现了海峡里的状况，志摩下令左转准备战斗。这时，森辛吉猛然发现旁边的“最上”号和“那智”号的距离很近，隐隐觉得有问题。确实，他没有想到“最上”号是死而未僵，并不是静止不动，而是以 6 节的航速在海面缓慢飘移！等到他看到“最上”号舰艏划开海面的白色浪迹，这才意识到“最上”号是在动！他赶紧下令右满舵，但已经晚了，伴随着巨大的令人心悸的金属摩擦声，“最上”号一头撞上了“那智”号。此时，“最上”号舰长、副舰长都已经丧生，是由炮长在代理指挥，而且舵机损坏，实际上根本无法控制，只能任其顺着海流漂移。

森辛吉手忙脚乱指挥“那智”号挣脱了“最上”号的怀抱，舰艏左舷被撞坏，航速下降到 20 节，还算万幸，其他没有大碍。志摩还想继续北上展开战斗，但森辛吉立即表示了反对，“敌人肯定在北面等着我们，只要我们一到距离，他们就会开火。西村已经全军覆没，我们再继续前进，就会落得和西村一样的结果。”志摩想了一会，同意了森辛吉的意见，下令掉头向南撤退。

苏里高海峡夜战就此落幕，但战斗还没有完全结束。天亮后，苏里高海峡到处是残骸碎片、大片大片的油污在海面上蔓延，有好几千米长，还有很多落水的日军官兵在海面上随波逐流。美军驱逐舰前去救助，但大多数日军官兵都拒绝救助。

▲“那智”号重巡洋舰。

“朝云”号驱逐舰被美军鱼雷炸掉了舰艏但仍然没有沉没，天亮后清扫战场的美军驱逐舰赶来，“朝云”号尽管舰艏已经沉入水里，但仍然与美军驱逐舰展开炮战。后来美军 2 艘巡洋舰也赶来加入战斗，“朝云”

号继续负隅顽抗，直到连舰尾都沉入水里，还在继续开炮，这种精神让作为对手的美军也非常敬佩。

同样顽强的还有“最上”号，面对天亮后奥登多夫指挥的“路易斯维尔”号、“波特兰”号和“丹佛”号 3 艘巡洋舰，依然以一敌三，不但没有被击沉，反而以 8 节的航速缓缓漂移出海峡，美军 2 艘鱼雷艇上来拦截，“最上”号虽然几乎丧失了机动能力，但 203 毫米主炮完好，代理指挥的又是炮长，因此攻击力还是很强，竟然用猛烈炮火将鱼雷艇击退。不过，“最上”号的好运很快也到头了。天亮后美军飞机终于可以登场了，“最上”号再度受伤，彻底丧失航行能力，志摩派来保护“最上”号的“曙”号驱逐舰只好接上“最上”号的幸存舰员，用鱼雷将“最上”号击沉。至此，西村舰队只有“时雨”号一艘逃回，其余 6 艘全部沉入了海底。

志摩舰队在撤退时也遭到了美军鱼雷艇的攻击，虽然“那智”号被一枚鱼雷击中，但没有沉没，反而击伤了 1 艘鱼雷艇。在美军飞机随后的空袭中，也只有之前遭到重创的“阿武隈”号轻巡洋舰在“潮”号驱逐舰护卫下就近驶入保和海西部的达皮丹港进行抢修，航速恢复到 12 节之后于 26 日 6 时出港，沿内格罗斯岛向西北航行，被美军发现，随即遭到多次空袭，终于在当天中午被击沉。志摩舰队的其余战舰都逃过了覆灭的厄运。

日军“捷一号”作战从南面突击莱特湾的两支舰队总共有 2 艘战列舰、1 艘重

苏里高海战美日两军参战战列舰对照表

美军参战战列舰				
舰名	舷号	建成时间	排水量	主炮
宾夕法尼亚号	BB-38	1916 年 6 月	36 500 吨	4 座三联 356 毫米
密西西比号	BB-41	1917 年 12 月	35 000 吨	4 座三联 356 毫米
田纳西号	BB-43	1920 年 3 月	40 345 吨	4 座三联 356 毫米
加利福尼亚号	BB-44	1921 年 6 月	40 345 吨	4 座三联 356 毫米
马里兰号	BB-46	1921 年 7 月	40 000 吨	4 座双联 406 毫米
西弗吉尼亚号	BB-48	1932 年 7 月	40 000 吨	4 座双联 406 毫米
日军参战战列舰				
扶桑号		1915 年 11 月	39 155 吨	6 座双联 356 毫米
山城号		1917 年 3 月	39 155 吨	6 座双联 356 毫米
日美对比				
日军		美军		
数量	2 艘 *	数量	6 艘	
总排水量	78 310 吨	总排水量	189 840 吨	
主炮总数	24 门 356 毫米	主炮总数	16 门 406 毫米 +48 门 356 毫米	

* 注：西村祥治的舰队编有 2 艘战列舰，但“扶桑”号刚刚进入苏里高海峡就被美军驱逐舰击沉，实际上和美军战列舰交火的只有“山城”号一艘战列舰。

巡洋舰、1艘轻巡洋舰和3艘驱逐舰被击沉，1艘重巡洋舰和1艘驱逐舰被击伤，人员损失超过3 000人。

而美军仅有1艘鱼雷艇被击沉，1艘驱逐舰和10艘鱼雷艇被击伤，阵亡39人，负伤114人。

对于苏里高海战，美军评价相当高。金凯德认为是“极为重要，极为高效的海战”。尼米兹的评价则是“也许是海战史上最伟大、最迅疾、最具摧毁性的炮战”。这场海战的美军指挥奥登多夫在事后说：“这是一场梦想中的海战。”他完全有理由这么说，因为在这场海战里，美军战列舰牢牢掌握了只有在教科书上才会出现的最理想的T字横头阵，并以压倒性的优势取得了胜利。

很多资料上都把这场海战说成是海战史上最后一场战列舰之间的对决。但其实仔细研究的话，战列舰之间的对决有点言过其实，到最后的战斗时，日军只剩下1艘已经受伤的战列舰，美军则是6艘战列舰，完全没有还手之力，简直就是一场一边倒的屠戮。而且在战术上也有不少水分。首先，虽然美军战列舰重炮齐射，但日军两艘战列舰中“扶桑”号已经被美军驱逐舰鱼雷击沉，“山城”号也被鱼雷重创，并没有出现类似日德兰海战那样旗鼓相当的炮战。其次，教科书式的T字横头阵，其实得益于苏里高海峡的狭窄地形，以及一心求死的西村祥治根本无意实施规避机动才得以实现。

此外，双方的实力对比也过于悬殊，即使美军不投入战列舰，光凭巡洋舰和驱逐舰也完全可以将日军舰队消灭。

但是，苏里高海战之所以能够名垂青史，更多的还是象征意义。对于5艘经历过珍珠港事变的老式战舰来说，这是复仇；对于曾经的海战霸主战列舰来说，这是绝唱。

在苏里高之后，海战史上再也没有出现过令巨舰大炮主义者血脉贲张的战列舰对决。“密西西比”号那一轮齐射，竟成了战列舰迟暮而悠长的挽歌。

对于这场海战，海军史学家萨缪尔·莫里森生动地写道：“在1944年10月25日4时10分，‘密西西比’号的齐射如同哀鸣的丧钟……此后，战列线战术如同古希腊方阵、西班牙长矛阵、英格兰长弓，以及萨拉米和勒班陀的桨帆船一般，在历史的长河中永久湮灭了”。

还有人的描述更为感慨动情：“炮战后的海峡重归寂静，从沃尔特·雷利与德·勒伊特，到东乡平八郎和杰利科，所有伟大的海军上将们，都在这异界般的静谧里英灵显圣。他们默然肃立着，向那曾属于他们但现已逝去的海战时代做最后致敬。”

第八章　跌宕起伏的海战大剧

不要抱活下来的希望

10月25日拂晓，离日出还有几个小时，位于萨马岛以东海域的美国海军第七舰队第77特混编队第4大队第3分队（无线电呼号塔菲3号“Tafi 3”）的护航航母就已经开始忙碌起来了。分队司令克里夫顿·斯普拉格海军少将早早来到旗舰“方肖湾”号（USS Fanshaw Bay，舷号CVE-70）护航航母上的作战指挥中心，监听飞行员们和航母以及飞行员之间的无线电通信，在必要时候他也会直接通过无线电指挥飞行员们。

在第77特混编队第4大队的三个分队中，第3分队是位置最北面的，也就是最接近日军栗田舰队要通过的圣贝纳迪诺海峡。而在美军的整体作战计划里，莱特湾南面的苏里高海峡是由第七舰队负责把守，北面的圣贝纳迪诺海峡是由哈尔西的第三舰队负责守卫，而且刚刚得到通报，第三舰队已经在昨天下午将栗田舰队打得落花流水狼狈溃逃，当晚奥登多夫的舰队又在苏里高海峡给了南面来犯的日军西村舰队极为沉重的打击，所以第3分队可以说是处在最安全的大后方。

第77特混编队第4大队是第七舰队的护航航母部队，也是唯一拥有舰载机的部队，是美军岸基航空兵进驻莱特岛机场之前，保护整个莱特岛、莱特湾地区上空安全的空中力量。他们不但要负责为莱特岛上的地面部队提供空中支援，而且要为整个舰队提供防空和反潜警戒，还要对外围重要航道进行侦察，监控日军舰队动向，所以任务非常繁重。

▲ 美军舰载机正从航母上起飞。

25日一早，第3分队按照计划就要在日出前后起飞12架F4F“野猫”战斗机为莱特岛上的地面部队提供空中掩护，要

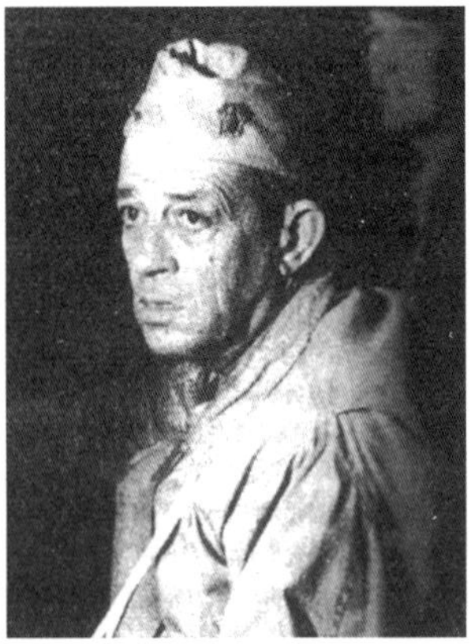

▲ 第 77 特混舰队第 4 大队第 3 分队司令克里夫顿·斯普拉格海军少将。

起飞 4 架 F4F“野猫”战斗机和 8 架 TBM“复仇者”鱼雷机攻击莱特岛上的日军阵地，要起飞 8 架 F4F“野猫”战斗机为第 3 分队提供空中警戒，还要起飞 2 架 F4F“野猫”战斗机和 4 架 TBM“复仇者”鱼雷机进行反潜巡逻。由于护航航母上地勤人员的出色工作，仅仅只用了半小时就完成了这些舰载机的起飞，当天的第一波战斗部署大功告成，结束了各自工作的水兵们有的回铺位休息，有的去餐厅吃早饭。

比尔·布鲁克斯海军少尉是“圣洛”号（USS St.Lo，舷号 CVE–63）护航航母的“复仇者”鱼雷机飞行员，他在 5 时 45 分起飞，此时距离日出的 6 时 27 分还有四十多分钟，而且由于正值雨季，空中很多积云，天亮的时间还要晚一些。

在距离航母西北方向大约 30 多千米，布鲁克斯在厚厚的云层中竭力寻找缝隙，好穿云而下，他盘旋了好几圈之后才找到了云层缝隙，就赶紧按下机头穿出云层，马上就看到了在云层下方的海面上有十多艘军舰正在高速行驶！这一定是哈尔西的第三舰队，后座的炮手乔治·唐斯也看到了军舰，他禁不住喊道：“谢天谢地！这是我们的舰队！”但很快布鲁克斯心里犯起了嘀咕，怎么没有看到航母，哈尔西的舰队必然是有航母的，而且这些军舰的轮廓也不太像美舰，毕竟布鲁克斯是受过严格的日美双方主要战舰轮廓和航迹的识别训练。他随即降低了高度，想更仔细地看个清楚。塔式桅杆——那可是日军大型战舰所独有的外部特征，毫无疑问，这些都是日军战舰！布鲁克斯的心猛然沉了下去，就像要证实布鲁克斯的判断，日军战舰的防空炮火向“复仇者”猛烈开火，机身周围立即布满了高射炮爆炸的黑色烟团，布鲁克斯猛踩油门，发动机骤然发力，冲过了防空火网。但是他此刻更担心的是第 3 分队的安全，因为日军舰队距离第 3 分队还不到 35 千米了！也就是只有一小时的航程了！

布鲁克斯立即呼叫“圣洛”号护航航母：“在舰队西北方向 35 千米，发现日军水面舰艇编队，4 艘战列舰，4 艘重巡洋舰，2 艘轻巡洋舰，以及 10 艘驱逐舰，航速 20 节，正向我舰队驶来。”——此时是 25 日 6 时 47 分。

无疑，布鲁克斯发现的正是日军栗田舰队，4 艘战列舰，6 艘重巡洋舰，2 艘轻巡洋舰和 11 艘驱逐舰，布鲁克斯报告基本没有太大的出入。斯普拉格第一时间收到了这份报告，但他显然根本不相信，他认为飞行员看到的可能是哈尔西的战列舰部队第34特混舰队，而这个愚蠢的飞行员打破了无线电静默，反而暴露了第3分队的位置。斯普拉格忍不住在无线电对这个飞行员冷嘲热讽了一番，还要他报出名字。

布鲁克斯对于无线电另一头传来的讥讽十分不满，他不知道这些话是出于一个海军少将还是海军少尉，但这些话是真的刺激到了他。于是他驾机再次靠近日军舰队，自然又激起了一阵猛烈的高射炮火，他打开无线电开关，将隆隆的炮声传了回去，然后更明确地报告："我看到了塔式桅杆，还有日军的太阳旗，而且我发现的这艘战列舰是我见过的最大的战列舰。"

其实，早在6时36分，第3分队的无线电里就监听到了日语对话，但从无线电监听人员到斯普拉格，都没有意识到这是日军舰队已经逼近了，都以为只是莱特岛上的日军在进行无线电干扰。

斯普拉格这才明白自己遇到了怎样严峻的局面，第3分队包括6艘护航航母、3艘驱逐舰和4艘护卫舰（美军称为护航驱逐舰），其中护航航母和驱逐舰的主炮是127毫米，最大射程1万米，炮弹重量40千克，而日军4艘战列舰，装备的是356毫米、406毫米和460毫米主炮，射程超过3.2万米，炮弹重量超过1吨！127毫米炮根本无法击穿战列舰厚实的装甲防护，火炮对战毫无胜算。虽然驱逐舰也装备对战列舰有致命威胁的鱼雷，但鱼雷最大射程不到1万米，这也就是说如果驱逐舰要想发射鱼雷，就必须要冒着日舰的猛烈炮火接近到1万米距离，基本上就是自杀了。护航航母虽然有舰载机，但主要担负对地攻击和反潜作战任务，主要装备高爆弹和深水炸弹，只有少量穿甲弹和鱼雷，而且飞行员大都没有接受过对舰攻击的训练，即使有穿甲弹和鱼雷，也很难取得战果。

而第3分队核心力量的6艘护航航母，和第三舰队的舰队航母轻型航母不同，都是按照民船标准建造的，最大的主炮只有1门127毫米炮，最大航速只有19节，和日军的战列舰巡洋舰对战，可以说是打打不过，逃逃不掉，实力悬殊，甚至连招架之功都没有。

▲第一个发现日军舰队的美军飞行员布鲁克斯海军少尉。

在美国海军里，护航航母的舰种字母代号是CVE，是"护航航空母舰"(Escort Aircraft Carrier)的字母缩写。由于护航航母为了缩短建造时间，是按照民用船只标准建造，船体结构、原料、管线都是采用民用标准，更没有装甲防护，所以美国海军水兵就给护航航母起了很多绰号，如"吉普航母""西红柿罐头"等，来形容

美军卡萨布兰卡级护航航母

护航航母，就是护航航空母舰的简称。护航航母顾名思义，就是担负为运输船队护航任务的小型航母，是为了担负护航任务而诞生的。护航航母和轻型航母在吨位和舰载机数量等方面都相差无几，表面上看起来没什么差别，但最关键的区别在于，护航航母是按照民用船只标准来建造，而轻型航母却是按照军用船只的标准来建造的。

飞机对于潜艇具有全方位的压制性优势，所以是最有效的反潜手段。但是岸基飞机的航程有限，不足以覆盖大洋深处，所以必须要有能够伴随运输船队航行，及时出动舰载机为船队提供空中掩护的航母。但是正规的舰队航母或者轻型航母一方面数量有限，另一方面使用成本也太高，为运输船队护航，实在有些大材小用，而且一旦在护航行动中遭到损失，就更得不偿失了。

但是面对德国潜艇极其严重的威胁，英国又迫切需要有能够为运输船队提供全程不间断的空中掩护。最初英国将水上飞机母舰改装成飞机弹射船，在需要的时候可以弹射起飞飞机来提供空中掩护，但飞机起飞后无法降落，只能弃机跳伞或迫降在海面上，起飞就是消耗，成本太高。所以英国就开始尝试将商船改装成专用的反潜航母。

1941 年 8 月，英国将俘获的德国商船“汉诺威”号改装成世界上第一艘护航航母“大胆”号。尽管“大胆”号 1941 年 12 月就在护航时被德国潜艇击沉，但在三四个月的实际使用中，展现出了护航航母在为运输船队护航时的巨大价值和极高的性价比，因此促使英美开始大力发展护航航母。

为了应对德国潜艇的威胁，英国迫切需要大量的护航航母，但自身造船资源已经不堪重负，只好向美国求援。美国总统罗斯福随即指示海事委员会全力研制护航航母。1941 年 8 月，美国第一艘护航航母“长岛”号建成服役。太平洋战争爆发后，美国更是开足马力建造护航航母。

从 1941 年 8 月到 1945 年 8 月的 4 年间，美国建造了长岛级 6 艘、博格级 44 艘、桑加蒙级 4 艘、袭击者级 1 艘、卡萨布兰卡级 50 艘、科芒斯曼特湾级 19 艘，总计 124 艘护航航母，其中 38 艘援助英国。

▲ 卡萨布兰卡级护航航母。

由于太平洋战场上，日军潜艇的威胁远没有大西洋上德国潜艇这么大，所以美军护航航母除了担负反潜护航的老本行，也经常担负支援两栖登陆、攻击岸上目标和运送飞机等任务。

而在美国建造的护航航母中，卡萨布兰卡级有50艘，是各型护航航母中建造数量最多的，占到了护航航母总数的40%，无疑是美国护航航母的主力型号。卡萨布兰卡级都是以太平洋沿岸海湾和岛屿来命名，有少数几艘则以美军在太平洋战争中著名战役发生地命名。

萨马岛海战中，美军第七舰队第77特混编队第4大队第3分队的6艘护航航母都是卡萨布兰卡级，这也成了卡萨布兰卡级在整个战争中的高光时刻。

1942年，美国相继建成了44艘博格级，但其中34艘援助给了英国。而美国自己也迫切需要大量护航航母，但博格级的船体C3型货船的数量也不足，这就迫使美国海事委员会不得不寻找其他的解决方案。在罗斯福总统的亲自关心下，“自由轮”的建造厂商亨利·凯泽工业联合体提出一种结构更简单，更容易流水线批量建造的船体方案，这就是卡萨布兰卡级。

卡萨布兰卡级的船体比博格级更长，特别是飞行甲板加长了5米，大大改善了博格级无法在恶劣天气下起降飞机的缺陷，而且船体建造更多采用便于批量建造的焊接工艺。

和之前几个级别的护航航母不同，卡萨布兰卡级从一开始就是按照护航航母来设计建造，而不是在商船的船体上改建，为了方便在战后改回商船使用，在动力上采用了航速更高，耐用性和维护保养更好的单流往复式蒸汽轮机。

1942年初，50艘卡萨布兰卡级的订单全部交给了亨利·凯泽工业联合体，从1942年7月开始，相继开工建造，到1944年7月全部建成，平均每星期就有一艘建成服役。到了后期，“阿德默勒尔蒂群岛”号（USS Admiralty Islands，舷号CVE-99）和“布干维尔”号（USS Bougainville，舷号CVE-100）的建造时间更是只有76天。

卡萨布兰卡级不但数量最大，而且在战争中的表现也很出色，承担了大量反潜护航、对地空中支援、飞机运输、人员运送和后勤补给等作战使命，航迹遍及三大洋，为战争的胜利做出了巨大贡献。

在整个战争期间，美国总共损失了6艘护航航母，其中5艘是卡萨布兰卡级。

卡萨布兰卡级主要性能：

舰长156.1米，宽19.8米，吃水6.3米。标准排水量6 530吨，满载排水量10 200吨。动力系统2台蒸汽机，4座锅炉，双轴，输出功率9 000马力，最大航速19.5节，续航力11 200海里（12节）。

武备：1门单管127毫米炮，4座双联40毫米高炮，12门单管20毫米炮。

舰载机：28架（18架战斗机+10架鱼雷机）。

编制舰员：860人。

美军第 77 特混编队第 4 大队作战序列

第 77 特混编队司令金凯德海军中将（兼）

第 4 大队司令托马斯·斯普拉格海军少将

第 1 分队司令托马斯·斯普拉格海军少将（兼）

4 艘护航航母，3 艘驱逐舰，4 艘护卫舰

第 2 分队司令菲利克斯·斯普坦海军少将

6 艘护航航母，3 艘驱逐舰，4 艘护卫舰

第 3 分队司令克里夫顿·斯普拉格海军少将

6 艘护航航母：“方肖湾”号（USS Fanshaw Bay，舷号 CVE-70，第 3 分队旗舰）

“圣洛”号（USS St. Lo，舷号 CVE-63）

“白平原”号（USS White Plains，舷号 CVE-66）

“加里宁湾”号（USS Kalinin Bay，舷号 CVE-68）

“基特昆湾”号（USS Kitkun Bay，舷号 CVE-71）

“甘比尔湾”号（USS Gambier Bay，舷号 CVE-73）

3 艘驱逐舰：“希尔曼”号（USS Heermann，舷号 DD-532）

“霍埃尔”号（USS Hoel，舷号 DD-533）

“约翰斯顿”号（USS Johnston，舷号 DD-557）

4 艘护卫舰：“丹尼斯”号（USS Dennis，舷号 DE-405，护卫舰分队旗舰）

“约翰·巴特勒”号（USS John C. Butler，舷号 DE-339）

“雷蒙德”号（USS Raymond，舷号 DE-341）

“塞缪尔·罗伯茨”号（USS SamuelB. Roberts，舷号 DE-413）

合计：16 艘护航航母，9 艘驱逐舰，12 艘护卫舰

没有装甲防护的薄皮大馅。由于连最重要的燃料舱和弹药舱也都没有装甲保护，所以水兵就把护航航母的舰种代号 CVE 说成是“易燃的、易受攻击的、可牺牲的”（Combustible Vulnerable Expendable，首字母缩写同样是 CVE），现在看来，这个玩笑式的定义竟然一语成谶，再贴切不过了。

6 时 50 分，斯普拉格用舰艇通信系统群呼分队里的所有舰长，命令所有舰艇加速到 18 节——这已经是能达到的最大速度了，同时转向东航行。一方面拉开和日军舰队的距离，一方面向东也是逆风，可以让护航航母起飞舰载机。同时命令驱逐舰和护卫舰释放烟雾，遮掩护航航母。

完成向东转向仅仅 5 分钟之后，斯普拉格就迫不及待地命令护航航母尽快起飞

所有舰载机，不过他还不忘提醒一句：“全体飞行员注意，在进行攻击之前，请确认识别是否是我方军舰。”看来他对发现的舰队可能是第三舰队的舰艇还抱着一丝幻想，但是很快日军舰队射来的炮弹就彻底粉碎了这点可怜的幻想。

▲“塞缪尔·罗伯茨”号护卫舰舰长鲍勃·科普兰海军中校。

第 3 分队的一部分舰载机在天亮前后就已经起飞了，现在则是将留在航母上的其余飞机全部放飞，同时斯普拉格也将已经飞往莱特岛掩护地面部队和攻击日军阵地的飞机全部召回，命令他们立即放弃原定任务转而去攻击来袭的日军舰队。

同时，斯普拉格也向南面的友军——第 77 特混编队第 4 大队第 2 分队（无线电呼号塔菲 2 号“Tafi 2”）紧急求援：“塔菲 2 号！塔菲 2 号！请回答！请回答！我们遇到了拥有战列舰和巡洋舰的日军舰队，他们就在我们身后 25 千米，正在追击我们，我们受到了攻击！”

第 2 分队司令菲利克斯·斯普坦海军少将收到求援后，立即回答斯普拉格：“瑞格（斯普拉格的昵称），不要惊慌！请记住，我就在你身后。不要冲动！不要鲁莽行事！”在第 77 特混编队第 4 大队的三个分队中，第 1 分队正在和日军岸基飞机激战，只有第 2 分队是唯一没有和日军直接交手的部队，所以斯普拉格向第 2 分队求援是最合适的，斯普坦沉着坚定的回答，稳定了斯普拉格的焦虑紧张情绪，使他很快冷静下来。

第 77 特混编队第 4 大队司令托马斯·斯普拉格海军少将也了解到第 3 分队面临的困境，两位斯普拉格海军少将，其实并没有血缘关系，只是同姓巧合而已，所以在有些相关文章中，会将两位斯普拉格少将混淆。托马斯·斯普拉格少将第一时间向第七舰队司令金凯德请求允许调集所有的鱼雷机（第 77 特混编队第 4 大队的舰载机里没有配置轰炸机，只有战斗机和鱼雷机）前去支援第 3 分队。这个请求立即得到了金凯德的批准，不过托马斯·斯普拉格希望火速派出奥登多夫的战列舰支援第 3 分队的请求，金凯德却没有同意，因为他担心南路日军还可能会卷土重来，苏里高海峡还需要战列舰守卫。或许会有人质疑金凯德过于谨慎保守，但作为整个第七舰队和莱特湾地区海上力量的指挥，金凯德更多考虑的是全局，而不仅仅着眼在一支分队上。

但这样一来，在 25 日的上午，第 3 分队以及在稍南位置的第 2 分队，都将得不到任何强有力的支援，一切都只能靠他们自己了。

第3分队的7200名官兵很清楚自己所面临的处境，正如“塞缪尔·罗伯茨”号护卫舰舰长鲍勃·科普兰海军中校对全体舰员所说的那样：“我们遇到了一支极为强大的敌军舰队，他们距离我们还不到25千米，正朝我们扑来。他们拥有4艘战列舰、8艘巡洋舰，以及十多艘驱逐舰。这将是一场敌众我寡实力相差悬殊的战斗，不要抱活下来的希望，只有尽我们所能，给敌军以最大的打击！”

天上真的掉馅饼了

10月25日0时35分，栗田健男海军中将率领的第一游击部队主力顺利通过了圣贝纳迪诺海峡。自从栗田在锡布延海遭到美军第三舰队舰载机五个波次大规模空袭之后，一度折返以暂避美军的凌厉攻势，后撤两小时后才重新掉头，这一回马枪非常成功，完全骗过了第三舰队司令哈尔西，所以从24日17时15分重新向莱特湾进发到25日清晨，一路上都没有再遭到美军攻击，甚至连栗田最为担心的圣贝纳迪诺海峡，都没有美军阻拦，除了几次因为错误的潜艇警报引起了几场虚惊之外，可以说是平安无事。

24日下午惨烈的海空作战，让人心有余悸。而这一夜如此平静，让日军上下都觉得不可思议，忐忑不安地等待着即将到来的这一天，不知道会遇到怎样的情况。

5时30分，栗田收到了南路日军舰队发来的电报，得知西村舰队在苏里高海峡全军覆没，志摩舰队也已经撤退，这也就意味着原先南北夹击的计划已经落空了，只有自己这支舰队孤军奋战了。而小泽舰队的调虎离山是否得手，是否已经成功诱使美军主力北上，也一直没有消息。在此情况下，栗田认为突击莱特湾作战要想成功，岸基航空兵的空中支援是关键，所以接连两次发电报向联合舰队请求派出岸基航空兵进行空中掩护，当然在电报最后他还是表示了坚定的战斗决心：“我们也许会遭遇损失，但我们仍然会攻入莱特湾，坚持战斗到最后一个人。”

▲ 向莱特湾进发的栗田舰队。

当舰队驶出狭窄的海峡后，栗田下令全员就位，进入最高戒备，同时舰队排成19号夜间航行警戒队形，这种队形是以战列舰为中心，巡洋舰和驱逐舰分别位于前列和两侧，可以使战列舰得到严密保护，但是这个队形的弊端是前后队列拉得太长，绵延超过20千米，容易被发现。

一路没有遭到任何攻击，是好事同时也是坏事，日军上下所有人都在紧张期待着美军潜艇和水面舰艇的攻击——飞机在夜间很难出动，但连续六个小时都异常平静，长时间的高度紧张使人很容易疲劳，随着天色逐渐发亮，紧张情绪也逐渐达到高潮，因为大家都清楚，只要天一亮，美军的飞机就会来了！

6时，栗田舰队到达苏禄安岛灯塔356度方位，80海里处，按现在航速推算，可以比计划提前两小时也就是9时到达预定与西村舰队会合的海域，当然现在西村舰队都已经在海底了。当地的日出时间是6时27分，由于正值雨季，不时有暴雨，所以天气状况很差，所以此时天色依然很昏暗。

6时23分，“大和”号的雷达发现50千米外出现美机。该来的总是要来，随后又有多艘日舰雷达发现了美机。6时40分，栗田下令调整航向并将航行队形改为圆形防空队形。紧接着有2架美机接近舰队，最外围的驱逐舰高射炮开火，美机立即掉头离开。很显然，这是美军的侦察机，舰队的行踪已经暴露，接下来必然又是一场恶战。

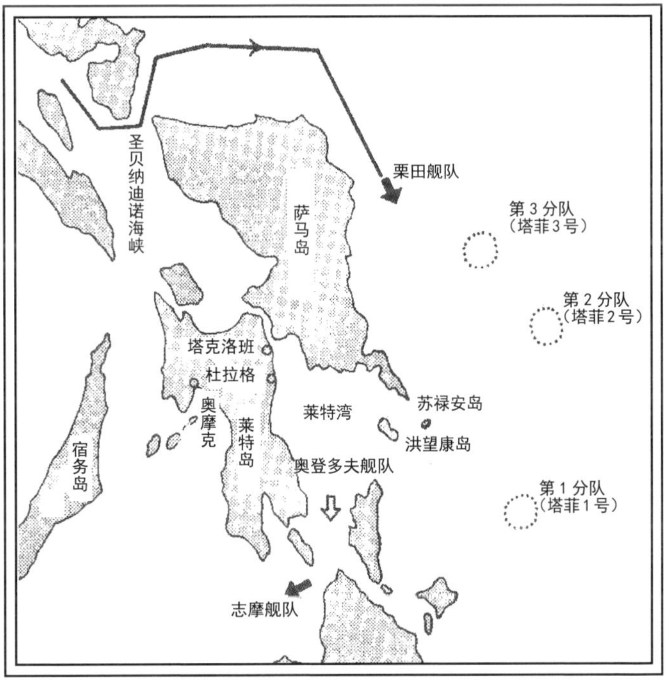

▲ 10月25日莱特湾形势图。

但是几分钟之后的6时45分，“大和”号等来的不是美军飞机大举来袭，而是——在35 000米距离外出现了几根桅杆，栗田随即下令提高航速，准备和美军舰队交火。但很快瞭望哨就报告发现美军舰载机正在起飞，这竟然是一支航母舰队！听到这个消息，栗田和他的参谋团队都有些懵了，在这么近的距离遭遇美军航母舰队，这是什么情况？但很快他们就意识到这不是圈套而是千载难

▲ 日军栗田舰队的核心，由3艘战列舰组成的第1战队。

逢的战机！

战列舰在舰炮射程范围和航母遭遇，航母的远程打击优势就不复存在，战列舰的主炮优势将能够充分发扬，在这样的距离上，战列舰将完胜航母！

但是面对这个突然从天上掉下来的大馅饼，栗田和他的参谋团队，经历了连续两天来的高度紧张压抑，突然又遇到了狂喜，这样巨大的反差，自然会影响到正确而冷静的判断，栗田和他的参谋团队一致认为，眼下遇到的是美军第38特混舰队的一个航母大队，一支以舰队航母为核心，由多艘巡洋舰和驱逐舰组成的快速航母舰队！既然是快速航母，那么就能够以30节的航速逃跑，所以栗田决定抓住这个转瞬即逝的千载良机，不再调整航向和队形，立即展开追击："抓住天赐良机，以现队形全速追击，先以炮火压制敌舰载机的起飞着舰能力，再歼灭敌机动舰队！"这时是6时52分，根据栗田的这一命令，日军舰队加速到24节开始追击美军舰队。

不能不说栗田的决定非常果断，如果事实果真如此也不失正确。但由于最基本的判断错误，美军根本不是什么快速航母舰队，而是最大航速只有19节的护航航母，所以这个决定在战术上就带来了灾难性的后果。

几分钟之后，美军舰队就进入了日军战列舰的主炮射程。6时58分，"大和"号的460毫米主炮在32 000米距离首先开火，就此拉开了萨马岛海战的大幕。三分钟后，"长门"号的406毫米主炮也开火了。而第3战队铃木义尾海军中将认为自己战队的"金刚"号和"榛名"号两艘战列舰由于和美舰距离更近一些，而且航速也比"大和"号要快，就采取单独出列先向北再向东追击美舰的战术。但"榛名"号因为轮机故障，最大航速只能达到26节，只好跟随航速较慢的第1战队"大和"号和"长门"号行动，最后只有"金刚"号单独冲向美舰，并于7时在24 000米距离开火，"榛名"号要到7时02分才在30 800米距离开火。

栗田考虑到自己的舰队里，战列舰的最大速度达不到30节，驱逐舰虽然能够达到30节以上，但由于燃料不足，也无法长时间高速航行，所以只能以巡洋舰进行追击，一旦美舰被巡洋舰击伤而减速掉队，就可以让战列舰驱逐舰追上去击沉。所以命令重巡洋舰以最大航速追击美舰，驱逐舰则跟随战列舰行动。接到命令，由

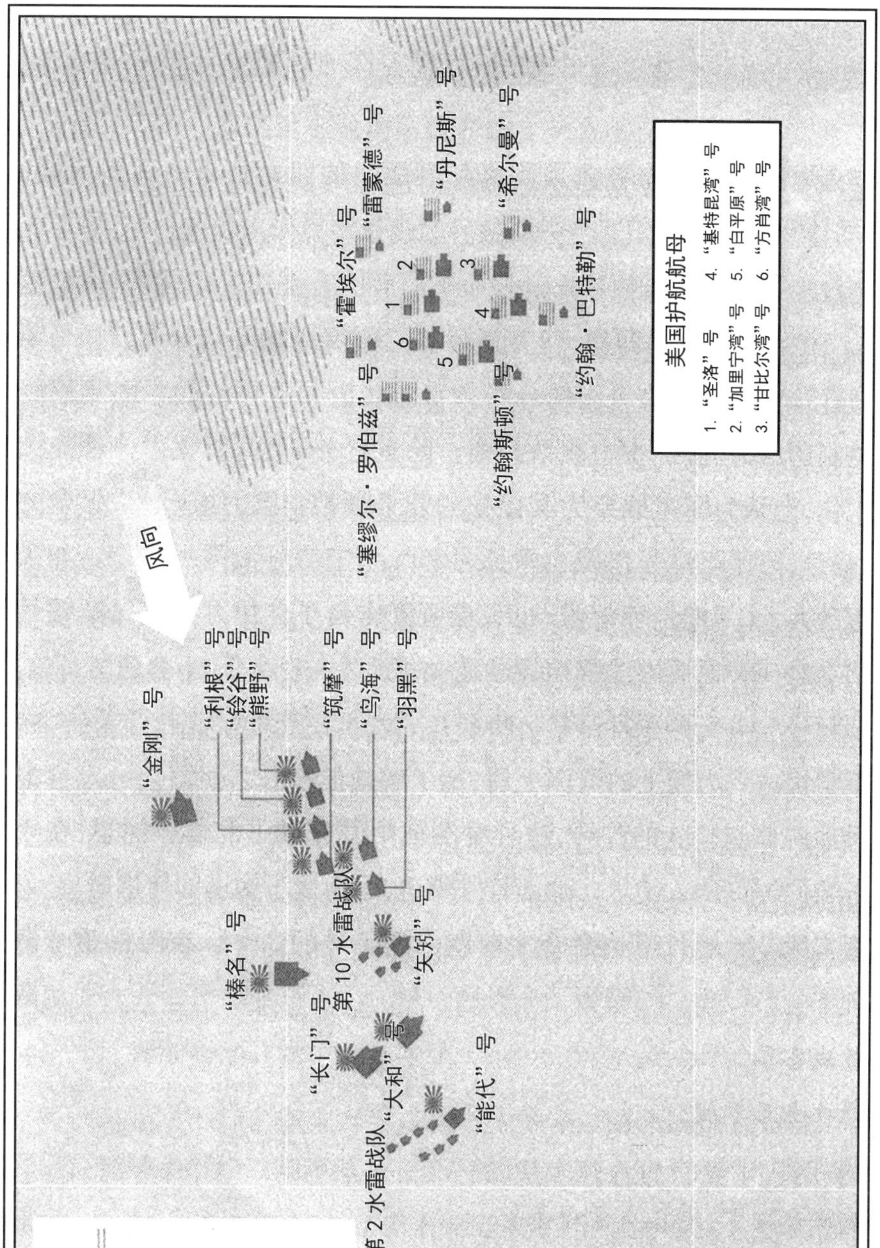

▲ 10 月 25 日 7 时萨马岛海战态势图。

▲ 全速前进的日军巡洋舰。

重巡洋舰组成的第 7 战队在前，第 5 战队在后立即开始全速追击。

高度兴奋的栗田在完成作战部署后第一时间向联合舰队报告了与美军航母舰队交战的好消息。7 时 04 分，日军发现美军航母正转向逆风，一面高速逃跑，一面起飞舰载机。因此栗田立即命令第 1 战队转向 70 度，用主炮压制美军航母起飞舰载机——这是个大昏招，虽然看起来用战列舰的大口径主炮进行压制射击是很不错的选择，但战列舰主炮威力够猛，射速却太慢，压制作用远不如射速更快的中小口径舰炮，而且这次转向第 1 战队的航线穿越了左侧第 10 水雷战队的航线，迫使第 10 水雷战队紧急转向，同时也和右侧的第 2 水雷战队拉大了距离。

7 时 03 分，第 4 战队的“羽黑”号和“鸟海”号在 16 800 米距离开始射击。两分钟后，第 7 战队的 4 艘重巡洋舰也相继开火。但好景不长，美军航母很快就驶入了暴雨区，加上驱逐舰释放的烟雾，日舰逐渐失去了目标。到 7 时 09 分，日军战列舰和巡洋舰先后停止了炮击。

直到 7 时 15 分以后，随着能见度改善，日舰又恢复了射击。7 时 30 分，栗田发现美军航母正向东南方向逃跑，便下令各舰全力追击。冲在最前面的重巡洋舰遇到了美军驱逐舰护卫舰的顽强抵抗，7 时 16 分，第 7 战队旗舰“熊野”号被美军“约翰斯顿”号驱逐舰发射的鱼雷击中右舷舰艏，第 10 号肋骨之前的舰体被全部炸掉，航速迅速下降到 14 节开始掉队，战队司令白石万隆海军少将只好让“筑摩”号舰长则满幸次海军大佐代理战队指挥。

除了驱逐舰，美军的舰载机也对日舰展开了猛烈攻击。不但有第 3 分队的舰载机，南面第 2 分队的也从 7 时以后陆续起飞了 36 架战斗机和 43 架鱼雷机前来支援，由于缺乏穿甲弹和鱼雷，飞行员也没有受过对舰攻击训练，所以无法像第三舰队在锡布延海那样对某一艘军舰进行志在击沉的集中攻击，而是针对目前的战况，采取了对所有日舰全面攻击，主要目的不是要击沉日舰而是阻挠日舰对第 3 分队的追击。即便如此，美机的攻击也取得了很大战果，第 7 战队的“铃谷”号左舷后部中弹，舰体出现破口，后部燃料舱进水，800 吨燃料无法使用。左舷推进轴受损，

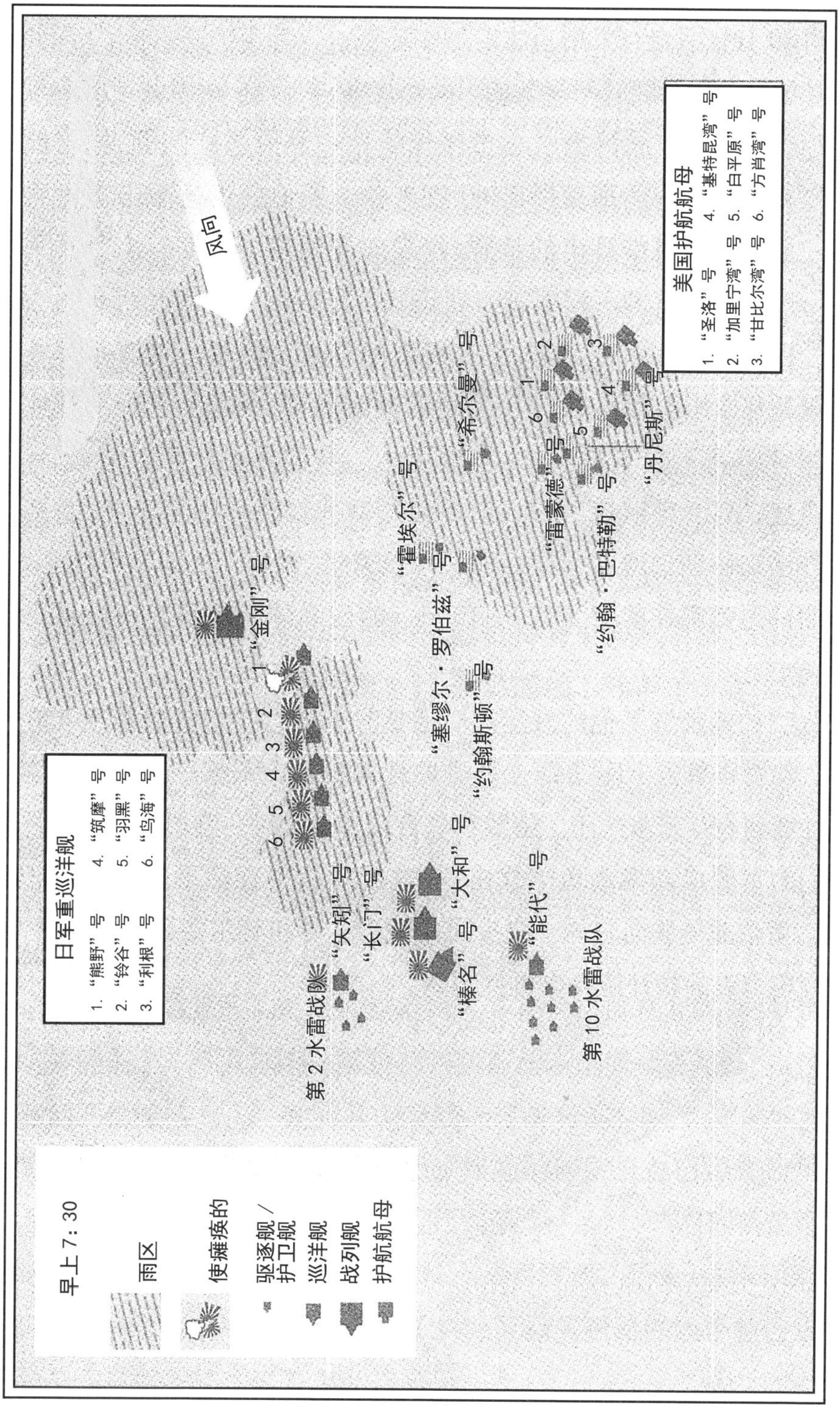

▲ 10 月 25 日 7 时 30 分萨马岛海战态势图。

萨马岛海战日军参战舰艇序列

第一游击部队（原第二舰队）司令长官：栗田健男海军中将

参谋长：小柳富次海军少将

第一部队

第 1 战队

司令官：宇垣缠海军中将，战列舰 2 艘（“武藏”号沉没）

战列舰：“大和”号 *、“长门”号 *

第 5 战队

司令官：桥本信太郎海军少将，重巡洋舰 2 艘（“妙高”号重伤返航）

重巡洋舰：“羽黑”号、“鸟海”号（原属第 4 战队）

第 2 水雷战队

司令官：早川干夫海军少将，轻巡洋舰 1 艘，驱逐舰 9 艘

轻巡洋舰：“能代”号（战队旗舰）

第 2 驱逐队

司令：白石长义海军大佐，驱逐舰 2 艘

驱逐舰：“早霜”号、“秋霜”号

第 31 驱逐队

司令：福冈德治郎海军大佐，驱逐舰 2 艘（另有 2 艘已返航）

驱逐舰：“岸波”号、“冲波”号

第 32 驱逐队

司令：大岛一太郎海军大佐，驱逐舰 3 艘

驱逐舰：“浜波”号、“藤波”号、“岛风”号

第二部队

第 3 战队

司令官：铃木义尾海军中将，战列舰 2 艘

战列舰：“金刚”号、“榛名”号

第 7 战队

司令官：白石万隆海军少将，重巡洋舰 4 艘

重巡洋舰：“铃谷”号、“熊野”号、“利根”号 *、“筑摩”号

第 10 水雷战队

司令官：木村进海军少将，轻巡洋舰 1 艘，驱逐舰 6 艘

轻巡洋舰：“矢矧”号 *（战队旗舰）

第 17 驱逐队

司令：谷井保海军大佐，驱逐舰 4 艘（另有 2 艘已返航）
驱逐舰：“浦风”号、“矶风”号、“雪风”号、“野分”号
合计：4 艘战列舰，6 艘重巡洋舰，2 艘轻巡洋舰，11 艘驱逐舰

注 1：带 * 标记的是在之前锡布延海战中负伤的军舰
注 2：原第 4 战队由于所辖的 4 艘重巡洋舰中“爱宕”号、“摩耶”号沉没，“高雄”号受伤返航，因此战队解散，仅剩的“鸟海”号转归第 5 战队指挥
注 3：提前返航的军舰为第 4 战队的“高雄”号重巡洋舰、第 5 战队的“妙高”号重巡洋舰、第 31 驱逐队的“朝霜”号、“长波”号驱逐舰（护送“高雄”号返航）、第 17 驱逐队的“浜风”号、“清霜”号（护送“武藏”号，在“武藏”号沉没后直接返航）

导致航速下降到 23 节，不得不退出战斗。第 5 战队的“羽黑”号 2 号炮塔中弹，舰长杉浦嘉十海军大佐立即命令向弹药舱紧急注水，才避免了炮弹殉爆。

则满幸次海军大佐指挥的第 7 战队另外两艘巡洋舰“利根”号和“筑摩”号也遭到了美机空袭，虽然没有中弹，但为了规避美机攻击不得不进行多次急转，拉大了和美舰的距离。第 7 战队司令白石万隆海军少将见旗舰“熊野”号伤势严重，已经无法继续作战，而同样负伤掉队的“铃谷”号伤势稍轻，就命令“铃谷”号靠过来，转移到“铃谷”号上继续指挥战斗。

战列舰也同样遭到了攻击，“金刚”号遭到美军战斗机扫射，主炮测距仪被毁。“大和”号突然在右舷发现 6 枚鱼雷航迹，栗田下令掉头向北规避。这绝对是个下策，因为这样一来，就造成了转向之后 4 枚鱼雷在右，2 枚鱼雷在左，“大和”号被夹在中间整整十分钟都无法改变航向，必须要等鱼雷从舰体旁边通过之后才能转向。更严重的问题是，美军舰队在南，“大和”号为了规避鱼雷向北航行了足足二十分钟，再要掉头向南，基本上就追不上美军舰队，而且

▲“大和”号战列舰。

和战场距离越来越远。因此栗田的这一决定引起了第1战队司令宇垣缠海军中将的强烈不满，他认为栗田此举不但跳过他越级指挥，而且明显是在消极避战，向南规避才是上选。同时，跟随“大和”号行动的“长门”号也一起向北，等于追击美军的兵力又少了一艘战列舰。

由于这次机动，栗田和战场越来越远，对战场的掌握和判断也更加困难，这对接下来的海战是非常不利的。

最勇敢的战斗

当第3分队司令斯普拉格海军少将确定自己和一支强大的日军水面舰艇舰队不期而遇之后，他意识到在自己身后，莱特湾登陆滩头上，还有很多运输船在进行补给物资的卸载，而现在能够保护这些运输船的就只有自己这支实力薄弱的小舰队了，他立即决定率领这支小舰队尽可能抵御日军舰队，尽管他知道在这样实力相差悬殊的情况下，能够坚持半小时都几乎不可能，但是眼下自己的使命就是将日军舰队吸引过来，拖延他们对莱特湾的攻击，坚持到援军赶来，尽管这样无疑会让自己的末日来得更快。

他命令护航航母全速向东南撤退，同时起飞所有舰载机攻击日舰。驱逐舰护卫舰则释放烟雾遮掩护航航母，然后向日舰进行鱼雷攻击——这也不是为了击沉日舰而是迫使日舰转向规避，为护航航母的撤退争取到宝贵的时间。

很快，用肉眼就能看到海平线上出现了日舰特有的塔式桅杆，接着日舰的炮弹就落了下来。“他们竟然用彩色炮弹打我们!”“方肖湾”号护航航母上的一名水兵大叫起来，日舰为了确定弹着点在炮弹里都装了染料，而且各舰炮弹的染料颜色都不相同，以便于区分。一时间，红色、黄色、蓝色、绿色、紫色的水柱在美舰四周此起彼伏，呈现出一幅极为恐怖的画面。

▲ 美军驱逐舰释放烟雾掩护护航航母撤退。

“约翰斯顿”号驱逐舰舰长

▲“塞缪尔·罗伯茨”号护卫舰。

厄尼斯特·埃文斯海军中校很清楚在这样情况下，驱逐舰的使命就是为保护护航航母而竭尽全力，即便牺牲自己也在所不惜。他对手下说：“约翰斯顿是一艘战舰，所以我们不会退缩。”他指挥战舰第一个迎着铺天盖地呼啸而来的炮火冲向了日军！

当埃文斯命令全速前进后，轮机军官爱德华·迪加德海军上尉知道现在“约翰斯顿”号只有1.2万加仑燃料，如果以36节的速度全速航行，每小时就要消耗5 000加仑，这也就意味着“约翰斯顿”号最多维持两个多小时的全速航行就会耗尽燃料，所以他没有一点犹豫，命令将分开储存用来启动发动机的1万加仑柴油全部注入燃料舱，如果在平时这样会引起发动机阻塞，是轮机工程师最反对的做法，但现在已经别无选择了！可以说，此时此刻，“约翰斯顿”号上的所有人都是抱着赴死之心投入战斗。发射鱼雷的有效射程，至少需要冒着日军炮火全速航行五分钟，“约翰斯顿”号运气还是很不错，在这段极其危险的时间里没有被日军炮火击中，只有一发炮弹落在旁边，激起的红色水柱将“约翰斯顿”号的上层建筑都染红了。终于冲到了鱼雷发射距离，鱼雷发射！“约翰斯顿”号的决死冲锋没有白费，发射的鱼雷重创了“熊野”号，同时127毫米主炮也猛烈开火，有四十多发击中了“熊野”号。不过，“约翰斯顿”号的好运也到头了，接连被3发战列舰的406毫米炮弹击中，上层建筑面目全非，“就像是小狗被大卡车迎面撞上”。“约翰斯顿”号只好带着满身创伤躲入附近的暴雨区，全力进行抢修。

紧跟在“约翰斯顿”号后面的“希尔曼”号和“霍埃尔”号也勇敢地冲向日舰，“霍埃尔”号射出鱼雷后又用127毫米主炮向“金刚”号战列舰开

▲“约翰斯顿”号驱逐舰。

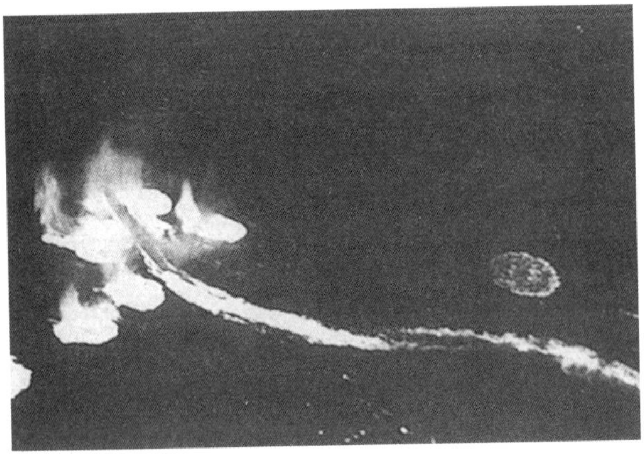
▲ 日军巡洋舰正在急转规避空袭。

火，命中其舰桥，但也被“金刚”号356毫米主炮击中，后机舱被击毁，只好用一半动力缓缓后撤。途中还向“羽黑”号重巡洋舰发射了鱼雷，迫使其转向规避。“希尔曼”号先后向“羽黑”号和“榛名”号分别发射了7枚和3枚鱼雷，然后又向比自己大三十多倍的日军战列舰猛烈炮击。

在3艘驱逐舰之后，“丹尼斯”号、“雷蒙德”号和“塞缪尔·罗伯茨”号3艘护卫舰也冲了过来，护卫舰比驱逐舰吨位更小，只装备了3具鱼雷发射管，主要担负反潜作战，也照样对强大的战列舰和巡洋舰发起了攻击。

刚刚恢复了航行能力的“约翰斯顿”号见护卫舰开始冲锋，立即不顾自身创伤累累，毅然冲了过来，尽管航速跟不上护卫舰，但仍不断用127毫米主炮开火掩护护卫舰冲击。随后发现日军第10水雷战队“矢矧”号轻巡洋舰率领4艘驱逐舰冲向护航航母，准备进行鱼雷攻击，就立即转向拦截，猛轰“矢矧”号，“约翰斯顿”号炮击相当准确，接连有12发命中，迫使“矢矧”号不得不提前发射鱼雷，4艘驱逐舰也跟着发射鱼雷，由于没能占领最有利的发射阵位，日军这次鱼雷攻击一无所获。“约翰斯顿”号随即陷入日军第10水雷战队的合围，奋战到10时10分被击沉。在太平洋战争中，日军对于被击沉的盟军舰艇幸存官兵，不但历来不加援救，还要进行扫射，以斩草除根。但“约翰斯顿”号沉没后，日军不但没有对在海上挣扎漂浮的落水官兵进行扫射，还投下了救生圈，甚至还有一名军官向缓缓沉入海中的这艘勇敢的战舰敬礼。“约翰斯顿”号正是以其非凡的勇敢赢得了敌人的崇敬。

“霍埃尔”号在鱼雷发射完后，用127毫米炮和日军战列舰、巡洋舰展开了炮战，接连中弹，连仅剩的一部主机也被击毁，丧失机动能力，成为日舰集中射击的目标，弹药舱中弹起火，舰体左倾，舰长莱昂·金特伯格海军中校才不得不下令弃舰。

“希尔曼”号和“筑摩”号重巡洋舰对战，连中数发203毫米炮弹，舰艏水线部分出现破口，导致舰艏大量进水，但仍坚持战斗，后因“筑摩”号遭到美军飞机攻击，并被炸弹击伤，“希尔曼”号这才得以没被击沉。

“塞缪尔·罗伯茨”号护卫舰完成鱼雷攻击后被一发356毫米炮弹击中，船舷被炸开一个长达10米的大破口，海水大量涌入，很快就倾覆沉没。

▲“甘比尔湾”号护航航母沉没。

美军舰载机的攻击同样英勇，鱼雷机在用完为数不多的鱼雷之后，就用高爆弹，甚至深水炸弹进行攻击，用一名鱼雷机飞行员的话来说：“现在我们用武器库的任何东西，包括门把手来打日本人。”尽管这些炸弹对于盔坚甲厚的战列舰来说，简直就是隔靴搔痒，毫无作用。而战斗机则是用机枪对日舰上层建筑猛烈扫射，杀伤舱面人员破坏上层建筑。就算弹药全部用完，飞行员们仍然做出攻击的样子进行俯冲，使得不明就里的日舰不得不一次又一次急转规避。

第3分队的舰载机在消耗完了弹药和燃料后，无法返回母舰降落。“方肖湾”号的“复仇者”鱼雷机飞行员托马斯·卢波海军中尉情急之下，第一个在莱特岛塔克洛班机场紧急降落，这个机场虽然已经被美军占领，但跑道还没有清理恢复，所以岸基航空兵也还没有进驻，不过卢波却发现机场上居然已经给岸基航空兵准备了大量弹药和航空燃料，欣喜若狂的卢波立即呼叫战友们来塔克洛班机场降落补给。机场上的战斗机控制组军官爱德华·沃德陆军上尉和几天前被击落跳伞后来到机场的海军战斗机飞行员拉塞尔·福雷斯特海军上尉，以及机场地勤中队的山姆·哈尔彭中士组成了一个临时降落引导小组，用无线电引导舰载机降落。机场上的工兵和海军建设营的海军工程兵也迅速行动起来，用推土机和压路机开辟出临时跑道。就这样，第3分队的舰载机能够在塔克洛班机场降落，在补充了弹药和燃料后再次起飞作战。不过毕竟是紧急情况下仓促而成，不可能尽善尽美，海军舰载机在25日一

▲遭到日军炮击的“甘比尔湾”号护航航母。

天里就在降落过程中损失了8架，万幸的是飞行员没有损失。

尽管驱逐舰护卫舰和舰载机的英勇奋战有效延缓了日军舰队的追击，但依然无法改变护航航母的悲惨命运。很快护航航母就被日舰赶到了下风，无法得到烟雾掩护，暴露在日舰的视野里，由此开始遭到了越来越准确的炮击。“甘比尔湾”号先是飞行甲板和机库被击中起火，后来舷侧又被几发炮弹击中，导致机舱以下的水线部位出现破口，海水大量涌入，横倾逐渐加剧，很快沉没。

“方肖湾”号被4发203毫米炮弹击中，“白平原”号被几发152毫米炮弹击中，“加里宁湾”号遭到日军巡洋舰围攻，被多达14发203毫米炮弹击中，机库甲板以下简直成了屠宰场，到处是断肢残臂。“基特昆湾”号虽然没有被直接命中，但也被多发近失弹炸伤。只有“圣洛”号吉星高照毫发无损。

由于日军根本没有想到会和没有装甲防护的护航航母作战，所使用的炮弹都是对付有装甲防护军舰的穿甲弹，所以在命中后不会立即爆炸，有的炮弹击穿一侧船舷然后从另一侧船舷飞出去都没有爆炸，正所谓“塞翁失马，焉知非福”。也正是因为这个原因，美军的6艘护航航母除了被击中水线部分引起大量进水才沉没的“甘比尔湾”号，其他几艘虽然被多处击伤，但都没有沉没的危险。

一片混乱的战场

8时，栗田考虑到“大和”号越来越远离战场，便再次下达了“全军突击”的命令，要求各舰不用理会旗舰“大和”号的行动，只管全力追击美舰。同时为了更好地了解掌握战场情况，命令“大和”号派出舰载水上侦察机，这架飞机起飞后只发回了“美军航母舰队正向东南方向撤退”的报告后就失去了联系。随后又起飞了一架舰载水上侦察机，也是只发回了“敌主力位于150度方位”后同样失去了联系。

“榛名”号战列舰在“大和”号和“长门”号为规避鱼雷掉头向北时，超越两艘战列舰追击美舰，先是对美军驱逐舰进行了炮击，8时10分又发现了一支航母和驱逐舰舰队——这是斯普坦海军少将的第2分队，便立即转移火力射击新目标，但第2分队全速后撤，很快就逃出了“榛名”号的主炮射程，“榛名”号只好放弃了东南方向的新目标，继续追击西南方向的第3分队。“金刚”号也赶了上来，因此第3战队司令铃木义尾海军中将请求追击东南方向出现的新目标，但栗田认为“榛名”号距离更近，所以只同意“榛名”号去追击新目标，“金刚”号则继续追击西南方

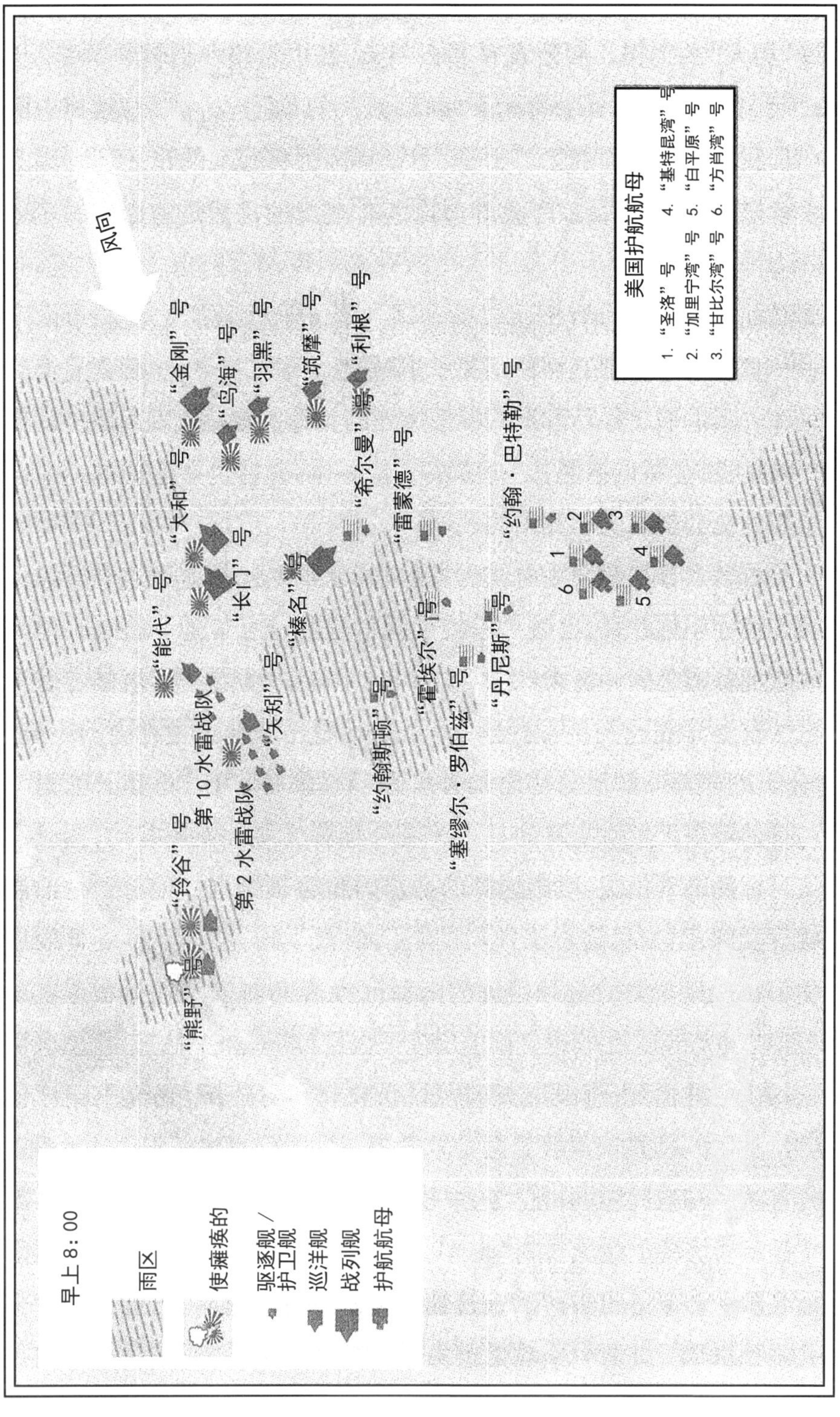

▲10月25日8时萨马岛海战态势图。

向的第2分队。

躲过了鱼雷之后，“大和”号和“长门”号重新掉头南下，但在8时18分以后连续遭到美机多次空袭，但都没有被炸弹直接命中，只是被近失弹造成轻微损伤。

8时过后，日军重巡洋舰终于将和美军护航航母的距离缩短到2万米，然后兵分两路，第5战队在东，第7战队在西形成夹击态势，开始向美舰猛烈开火——美军护航航母就是在这段时间里连连中弹。

8时50分，美军护航航母躲进了暴雨区，美机对日军巡洋舰也发起了新一轮攻击，“利根”号舰桥遭到战斗机扫射，舰长熏治夫海军大佐被弹片击伤。先前在和美军驱逐舰炮战中被击中锅炉舱而减速掉队的“鸟海”号和冲在最前面的“筑摩”号成为美机重点关照的对象。“鸟海”号被一枚227千克（500磅）炸弹命中轮机舱，动力彻底丧失。“筑摩”号则遭到了16架鱼雷机分成两队从两舷夹击，这次攻击是萨马岛海战中美军最成功的对舰攻击，一枚鱼雷命中左舷舰尾，鱼雷爆炸的威力相当可怕，巨大的水柱冲天而起，连后甲板上的双联203毫米主炮炮塔都被抛到了空中，当水柱落下之后，整个舰尾就全部沉入水里，由于舰尾的舵机被毁，“筑摩”号只能一个劲向左打转，逐渐掉队。至此，栗田舰队的中坚力量，进入萨马岛海域的6艘重巡洋舰，就只剩下“羽黑”号和“利根”号两艘还有战斗力了。

在栗田下达了“全军突击”之后，原先一直跟随战列舰行动的由轻巡洋舰和驱逐舰组成的水雷战队，这才开始投入战斗。第2水雷战队先是和美军“霍埃尔”号驱逐舰展开了炮战，“能代”号轻巡洋舰右舷被一发127毫米炮弹击中，在之前战斗中已经负伤的“霍埃尔”号随后也被击沉。到8时44分发现美军2艘航母，立即开始追击，但第10水雷战队突然转向驶来，为了避免相撞，只好右转避开，因此和航母距离拉大，没能追上。第10水雷战队开始也是和美军驱逐舰进行了炮战，8时45分在烟雾空隙中发现2艘美军航母，便立即加速追击准备实施鱼雷攻击。但随即遭到美军“约翰斯顿”号驱逐舰的拦截，“矢矧”号轻巡洋舰中弹，不得不提前发射鱼雷，导致无法占据有利发射阵位而功亏一篑。

▲ 莱特湾的美国运输船和登陆舰艇。

到了9时，栗田的舰队已

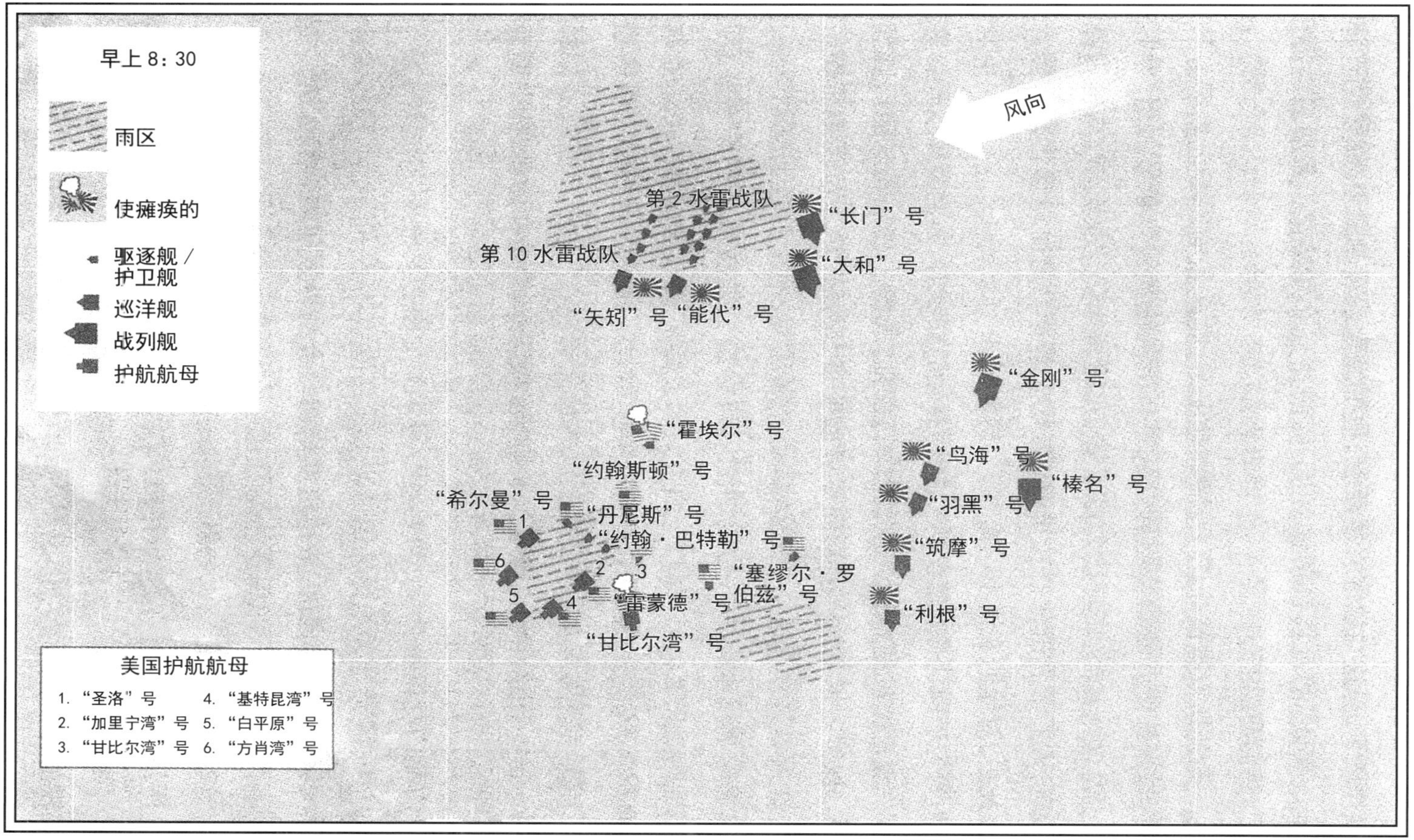

▲ 10 月 25 日 8 时 30 分萨马岛海战态势图。

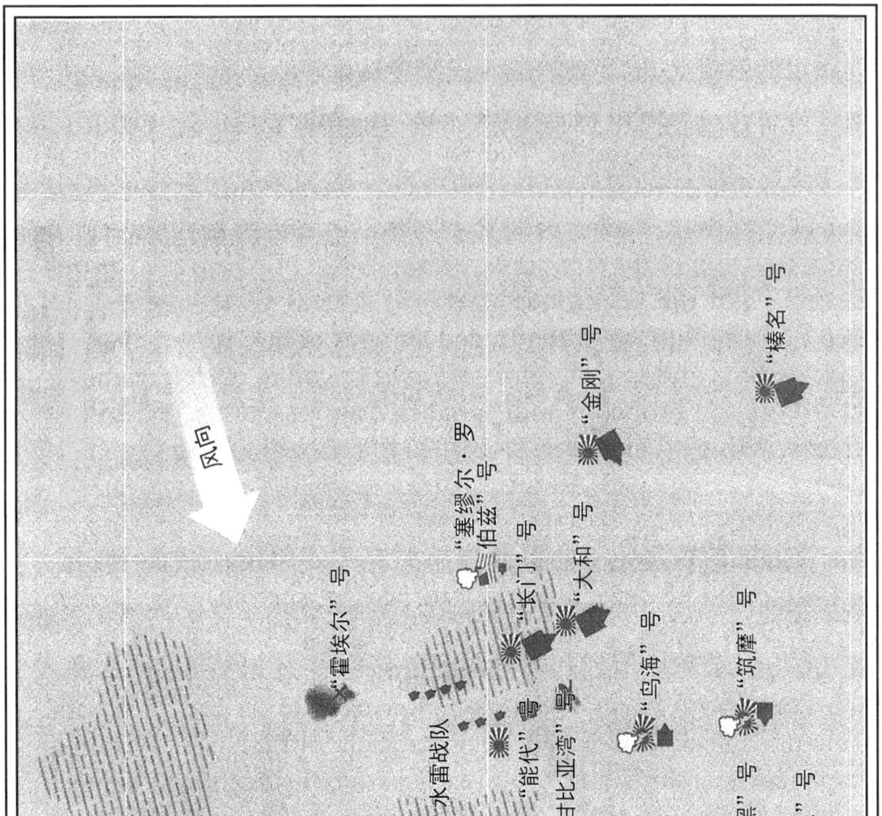

▲10月25日9时萨马岛海战态势图。

经相当分散，分布在东西、南北各约30海里的广阔海域："大和"号和"长门"号在向东南追击；"榛名"号在"大和"号东南约10海里，也在向东南航行；"金刚"号在"大和"号东南约7海里，向西南航行；"羽黑"号和"利根"号在"大和"号西南约10海里，正向西南航行；"铃谷"号在"大和"号西北约10海里，正向"大和"号靠拢；第2、第10水雷战队则在"大和"号西南，向西南航行中。巡洋舰和水雷战队正在追击西南方向的第3分队，战列舰则追击东南方向新出现的第2分队，这样的安排是因为栗田认为东南方向的美军舰队较远，更能发挥战列舰主炮射程远的优势。此时，由于雨区、美舰释放的烟雾、军舰中弹起火的黑烟以及舰炮射击的硝烟，再加上距离战场又远，使得栗田根本无法掌握战场的全貌，也无从做出正确的判断和决策，所以他开始考虑停止追击，只是因为第10水雷战队司令木村进海军少将报告要对美军航母进行鱼雷攻击，栗田才决定等这次鱼雷攻击之后再叫停追击。

第10水雷战队的第一次鱼雷攻击被"约翰斯顿"号破坏之后，木村又重新整队并装填鱼雷，准备实施第二次鱼雷攻击。9时15分前后，尽管受到美军飞机的攻击，"矢矧"号鱼雷发射管都被美军战斗机扫射击中，但"矢矧"号和4艘驱逐舰都成功发射了鱼雷，并报告击沉2艘航母、1艘巡洋舰——谎报虚报战果是日军的一贯传统，在莱特岛海战中也是如此，但这样所造成的恶果就是让指挥官产生严重的误判。

第2水雷战队没有进行鱼雷攻击，因为他们发现了美军一艘"大型巡洋舰"，与其展开炮战，并声称这艘"大型巡洋舰"中弹起火爆炸沉没。

仅存的两艘重巡洋舰"利根"号和"羽黑"号则是各自为战，"利根"号对一艘航母进行了炮击并发射了鱼雷。"羽黑"号对一艘从烟雾间隙处暴露出来的美军航母发射了8枚鱼雷，随后又和一艘驱逐舰展开炮战。当这两艘巡洋舰会合时，才发现原来两个重巡洋舰战队现在就只剩下自己这两艘了，"利根"号见"羽黑"号悬挂着第5战队司令旗，于是主动转到"羽黑"号后面600米，跟随"羽黑"号行动，

▲ 莱特湾海战的场景。

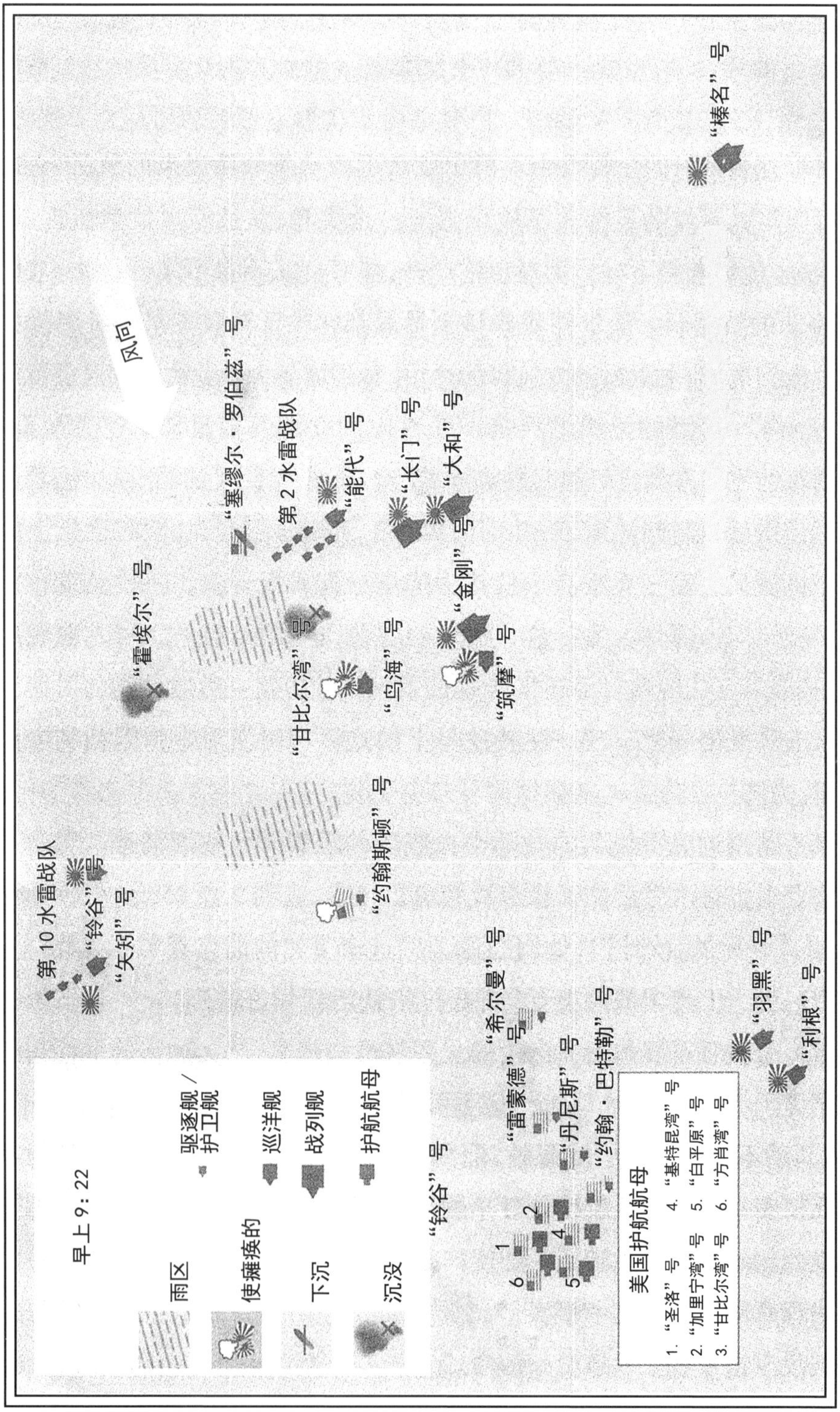

▲ 10月25日9时22分萨马岛海战态势图。

▲ 斯普拉格少将。

并用灯光信号通知“羽黑”号表示愿意接受指挥协同行动。随后两舰一起追击航母，并向航母进行了猛烈射击。

按照栗田的命令，战列舰是追击东南方向的美军第2分队，由于“金刚”号原来是追击西南方向的美军第3分队，直到9时20分才转向东南，“榛名”号则由于最大航速只有26节，逐渐被拉开了距离，而“大和”号和“长门”号位置又在更北面，本身速度就比较慢，追击的距离更远，更是鞭长莫及，所以第1战队司令宇垣缠对栗田的这个命令非常不满，认为应该集中全部兵力追击西南方向已经被打残的美军舰队，争取彻底全歼。让速度较慢的战列舰去追击距离更远的东南方向美军舰队，实在莫名其妙。

由于一路上都没有发现美军航母的踪迹，加上又收到了第10水雷战队击沉2艘航母的报告，栗田终于下决心停止追击，于9时11分下令：“逐次向9时所在位置集合。”不过，在这道命令里栗田没有明确作为集合基准舰的旗舰“大和”号的航向和速度，这就导致了分散在各个方向、航速各不相同的军舰在集合过程中免不了要出现混乱。直到9时27分，在躲避了美机空袭和调整航向后，栗田才向各舰通报了“大和”号的航向和速度：“我舰航向30度，航速20节。”

“伙计们，他们跑了！”——“方肖湾”号护航航母上的瞭望哨突然大喊起来，对于这个突如其来的结果，斯普拉格这样回忆：“我简直不敢相信自己的眼睛，但看上去日军舰队确实是在撤退。尽管如此，直到收到在空中的飞行员一连串的报告后我才相信了这个事实，但我还是不能把这个事实印入已经被激烈战斗麻痹的大脑里去，我曾经预料，就是打得再好，这个时候也该在海里喝水了。”

斯普拉格此刻的心情是：“就像一个被判了死刑的人，在临刑前几分钟，突然听到停止执行的消息，尽管不知道是死刑撤销了还是暂缓执行。”不管怎样，望着逐渐远去的日军舰队，第3分队爆发出了一阵惊天动地的欢呼——他们确实有理由这样来庆祝自己的胜利，正如著名的美国海军战史学家赛缪尔·莫里森所说的：“在萨马岛海域，10月25日早晨7点30分到9点30分两个小时里，第七舰队表现出来的勇敢、胆识和魄力，是在美国海军历史上最为辉煌的！”哈尔西也对萨马岛海战

▲“约翰斯顿”号驱逐舰舰长埃文斯海军中校。

▲ 圣地亚哥“塔菲 3 号”纪念碑。

的美军给与了高度评价：“我希望你们能认识到，在那天，你们谱写了美国海军历史上最辉煌的篇章。”

对于栗田舰队在最后关头放弃了即将到手的胜利，斯普拉格是这样评价的：“敌人没能消灭我们这个护航航母分队，主要归功于我们成功实施了烟雾战术、鱼雷攻击、不断的空袭骚扰、舰载机不断投掷炸弹、鱼雷和机枪扫射以及及时有效的机动。不过，万能的上帝对我们的厚爱也是非常明显的。”

战后，第七舰队第 77 特混编队第 4 大队第 3 分队的所有 13 艘军舰都获得了美军最高集体荣誉“总统集体嘉奖”，这在美军历史上也是极为罕见的。“约翰斯顿”号驱逐舰舰长厄内斯特·埃文斯海军中校获得了个人最高荣誉“国会日荣誉勋章”，第 3 分队司令克里夫顿·斯普拉格海军少将、“霍埃尔”号驱逐舰舰长莱昂·金特伯格海军中校、“希尔曼”号驱逐舰舰长阿莫斯·海瑟威海军中校、“塞缪尔·罗伯茨”号护卫舰舰长鲍勃·科普兰海军中校，以及包括第一个发现栗田舰队的比尔·布鲁克斯海军少尉在内的一批舰载机飞行员都获得了海军优异服役十字勋章。美国海军还在圣地亚哥为“塔菲 3 号”（第 3 分队）树立了纪念碑。

不过，和中途岛海战、马里亚纳海战相比，美国海军对萨马岛海战的宣传要低调得多，很多人都根本不知道还曾有过这样一场实力对比悬殊，极富戏剧性的海战。因为当时已经在太平洋上掌握了制空权和制海权的美国海军，怎么会在萨马岛局部战场上出现绝对劣势的危局？根本原因就是美国海军高层将领之间协同失误，所以美国海军自然不愿意多提了。

跌宕起伏峰回路转的萨马岛海战就此落幕，但栗田舰队的战斗还没有结束。

彻底放弃突入莱特湾

栗田将分散的舰队重新集合，然后向北航向，同时将各舰上报的战果整理核

▲ 日军海军第1战队司令宇垣缠海军中将。

实，最后得出总战绩是击沉航母3—4艘，巡洋舰1艘，驱逐舰2艘，击伤航母2艘。随后立即将这一捷报报告联合舰队，平心而论，栗田上报的这个战果和日军以往“辉煌战果”相比，夸大的成分还算不太离谱。联合舰队、军令部和大本营海军得知栗田舰队取得如此大捷后无不欢欣鼓舞，联合舰队司令长官丰田副武立即给予通电嘉奖，并于下午将捷报呈送天皇，天皇也非常高兴，诏令嘉奖。

对于重伤而航速降低，无法跟上主力行动的“鸟海”和“筑摩”号重巡洋舰，栗田分别派出“藤波”号和“野分”号驱逐舰前去掩护救助。

尽管栗田舰队已经撤离莱特湾，但美军飞机还是如影随行，10时15分，来自第2分队的25架舰载机进行了攻击，日舰进行了大角度急转规避，并迅速逃入暴雨区，只有“长门”号挨了4枚近失弹，损失轻微。

10时35分，又有40架美机来袭，“大和”号、“长门”号和“金刚”号都成功规避了美机投下的鱼雷，但“铃谷”号被1枚近失弹引爆了右舷鱼雷发射管中的鱼雷，大火逐渐蔓延，并引发弹药殉爆，导致舰体中部被撕裂，右舷轮机舱锅炉舱进水，不但丧失航向能力，并开始右倾。第7战队司令白石万隆海军少将只好转移到“利根”号巡洋舰，12时30分，“铃谷”号在弹药大爆炸后沉没。

尽管此时栗田舰队只剩下4艘战列舰、2艘重巡洋舰、2艘轻巡洋舰和9艘驱逐舰，而且大都带伤，但栗田还没有完全放弃莱特湾作战，仍然想突入莱特湾攻击美军运输船。11时，栗田命令20分钟后取225度航向，杀向莱特湾。但225度航向并不是最直接的航向，可能是栗田担心遭到空袭而采取的迂回航向，也可能栗田已经做了两手准备，如果情况不利就能放弃突击莱特湾返航。

▲ 萨马岛海战中的日军栗田舰队。

11时32分，栗田命令“大和”号起飞1架舰载水上侦察机，侦察东北方向敌情，然后对莱特湾进行侦察。可见直到此时，栗田依然还准备继续执

▲ 萨马岛海战中的“筑摩”号重巡洋舰。

行突入莱特湾的计划。

11 时 20 分，栗田接到岸基航空兵发来的电报，在栗田舰队东北约 55 海里处发现美军航母舰队——当时在这一海域根本没有美军航母舰队，不知道日军岸基航空兵是怎么发现的。但这个情况对“大和”号上的栗田和他的参谋团队引起了巨大震动，第 1 战队司令宇垣缠强烈要求北上消灭这支刚发现的美军航母舰队，但栗田还想要突入莱特湾，所以当即就断然否定了。但到了这个时候，栗田的参谋团队对突入莱特湾的预定计划的可行性也开始有了不同意见，而且随着时间的推移和战局的发展，越来越觉得继续执行突击莱特湾的任务是非常不明智的。因为首先对莱特湾的情况很不清楚，只有根据西村和志摩的几份零星报告了解到美军在莱特湾还有一支强大的战列舰舰队；其次，美军在莱特湾登陆到现在已经七天了，运输船基本都卸载得差不多了，而且早上和美军航母舰队交战，运输船肯定在得知消息后会迅速撤离，现在早已逃到安全地区去了。那么再突入莱特湾还有多大意义呢？

更重要的是，由于缺乏正确的情报，栗田一直以为自己在早上攻击的是美军第 38 特混舰队所辖的一支航母部队，在周围海域肯定还有至少两支第 38 特混舰队的航母部队，而且从不断遭到美军舰载机的攻击和截获的美军电报，甚至还有明码求援电报来看，这两支航母部队距离也不会太远。如果继续突入莱特湾，很可能扑空不说，还会被赶来的美军航母堵在莱特湾里瓮中捉鳖。经过这番讨论，原先坚决要继续执行突击莱特湾的栗田开始动摇了。在栗田内心深处也是更希望和美军航母部队交手，而不是去打运输船。但身为一线最高指挥，不执行预定计划，肯定需要一个合情合理的理由。作战参谋大岛藤之助海军中佐提议先北上攻击美军航母舰队，这样可以说是先解除突击莱特湾时的侧后威胁，同时也是放弃突击莱特湾的最好理由。栗田随即和参谋长小柳富次海军少将、大岛三人进行了小范围讨论，最后决定放弃突击莱特湾计划，北上攻击美军航母舰队。

12 时 26 分，栗田下令舰队取 0 度航向，向北进发。12 时 36 分向联合舰队司令长官丰田报告：“我部终止突入莱特湾作战，改由沿萨马岛东岸北上，与敌航母机动部队决战之后，再经圣贝纳迪诺海峡撤退。”

而此时美军的空袭依然没有间断，战列舰和巡洋舰依然是美机攻击的重点，不过“大和”号、“金刚”号和“榛名”号战列舰都成功躲过了空袭，只有“长门”号被1枚穿甲弹炸穿了前甲板。巡洋舰中，“羽黑”号只受到近失弹的猛烈震动，并无大碍。“利根”号被1枚穿甲弹命中右舷中部，炸弹穿过上层和中层甲板，在下层甲板第17士兵舱爆炸，在右舷造成了一个6米×3米的大破口，导致舵机故障，并引起大火，逐渐掉队。经过一小时的抢修，恢复舵机工作，但舰长黑治夫海军大佐担心舰体后部强度不足，缓缓加速到30节，追赶主力。

13时26分，又一批美机飞抵舰队上空，这批美机可不是第七舰队护航航母的舰载机，而是第三舰队正规舰队航母上的舰载机——哈尔西在接到金凯德的求援电报之后（下一章有详细介绍），因为自己率3个航母大队已经北上追击日军小泽舰队，一时难以迅速回援，就命令取消乌利西环礁休整正赶来和主力会合的第1大队立即改道赶往莱特湾，第1大队司令约翰·麦凯恩海军中将知道情况紧急，因此在10时30分就从540千米以外起飞了48架战斗机、33架俯冲轰炸机和19架鱼雷机。在空袭中，“大和”号、“长门”号、“榛名”号和“羽黑”号都挨了好几枚近失弹，好在损失不大。“金刚”号也挨了5枚近失弹，但其中一枚造成了相当严重的损伤，右舷肋骨多处变形，舷侧装甲板出现长达15米的裂痕，重油舱进水，损失300吨重油。“利根”号被一枚炸弹命中，幸亏没有爆炸才没有造成更大损伤。这轮空袭，美军投入的飞机数量不少，而且飞行员都接受过对舰攻击训练，历经多次海战的磨砺，都是经验丰富的老手，远非护航航母上的飞行员可比。但战果却乏善可陈，令人费解。

14时28分，“大和”号才收到小泽舰队发来的电报，但只有前半部分。由此栗田知道小泽在上午遭到了美军100多架次飞机的攻击。但考虑到已经过去了四个多小时，美军航母舰队完全可能已经掉头南下，赶来迎战栗田。而且现在栗田舰队的军舰航速最多只能达到24节，美军航母舰队能够达到30节，一旦遭遇也追不上美军航母。

▲ 俯瞰莱特湾中的美军运输船和西栖舰艇。

16时，美军第38特混舰队第1大队47架飞机和第77特混舰队第4大队第2分队的50架飞机联手赶来，尽管美军飞

被遗忘的幸存者

美军在萨马岛海战中，斯普拉格的第 3 分队有“甘比尔湾”号护航航母、“约翰斯顿”号和“霍埃尔”号驱逐舰、“塞缪尔·罗伯茨”号护卫舰以及第二天被日军神风自杀机撞沉的“圣洛”号护航航母，总共有 5 艘军舰沉没在莱特湾，这些战舰都有水兵幸存，这些幸存者有的在救生筏上，有的就只能穿着救生衣或者抱着各种漂浮物在海上随波逐流。

栗田舰队撤退后，斯普拉格不清楚日军到底是什么情况，而且自己的几艘军舰也都带了伤，不敢在原地逗留，匆匆撤退也情有可原。斯普拉格没有忘记自己的这些部下，他曾向金凯德请求派出救援船只前去搭救落水官兵，但金凯德忙于应付日军的神风自杀机攻势和追击栗田舰队，没有及时派出救援船只。到 25 日下午 15 时才命令托马斯·斯普拉格少将的第 1 分队派出所有护航舰艇前去救援，但却没有派出任何飞机协助，光靠水面舰艇在茫茫大海上搜寻落水人员实在是非常困难的，而且还是根据一架“复仇者”鱼雷机报告的错误坐标，结果一直到午夜 23 时，救援行动两手空空收场。

结果这些幸存者就在海上整整漂流了两天，而且这片海域还有鲨鱼出没，有不少落水官兵没有死在日军炮火下，反倒葬身鲨鱼的利齿之下。

一直到 10 月 26 日，隶属于第七舰队第 78 特混编队的 PC-623 号巡逻艇救起了第一批幸存者，第 78 特混编队司令丹尼尔·巴贝海军少将接到报告后在下午派出了一支由 7 艘救援船组成的船队，7 艘船以 250 米间隔并排展开，以 10 节航速自西向东沿萨马岛海岸展开地毯式搜索。这次救援相当成功，从下午到第二天早上，每艘救援船都救起了很多落水官兵，PC-623 号甚至因为严重超载而不得不向海里倾泻了 5 000 加仑燃料。

另外至少还有 4 名幸存者游到了萨马岛，并被当地游击队护送到美军防区。

最终，这 5 艘战舰的伤亡情况如下：

“甘比尔湾”号阵亡和失踪 131 人，约 770 人获救；

▲ 救助落水者的巡逻艇。

“约翰斯顿”号阵亡和失踪 184 人，145 人获救；

“霍埃尔”号阵亡和失踪 267 人，58 人获救；

“塞缪尔·罗伯茨”号阵亡和失踪 90 人，134 人获救；

“圣洛”号阵亡和失踪 120 人，约 780 人获救。

萨马岛海战中战沉的 4 艘军舰上共有 672 人阵亡和失踪，如果 25 日当天救援行动就很得力的话，至少还可以有上百人获救。

机数量很大，但战果并不理想，日舰都没有被直接命中，只有近失弹对其造成了轻微损伤。

栗田发现美机来袭和返航方向都更为向南，所以判断美军航母在自己东侧南下，继续北上很难能够抓住美军航母，加上驱逐舰燃料也所剩不多，因此在16时12分决定放弃北上，经圣贝纳迪诺海峡撤退。至此，栗田才算是彻底放弃了莱特湾作战。

就在栗田下令撤退几分钟后的16时16分，日军岸基航空兵一支由数十架轰炸机和战斗机组成的大机群从舰队上空飞过，飞向之前电报里所说的美军航母所在海域，当然那里根本就没有美军航母。这也是栗田舰队从文莱湾出动以来第一次看到己方航空兵的大机群，实在有些令人哭笑不得。

撤退也不是一帆风顺的

16时45分，美军再次发动空袭，“榛名”号挨了十几枚近失弹，大量近失弹在近距离爆炸，弹片和冲击波使锅炉舱送风管道破损，送风机停止工作。“矢矧”号鱼雷发射管被近失弹弹片击中起火，造成80人伤亡。“早霜”号中弹起火，动力全部丧失。

这轮空袭结束后，26日美军的空袭全部结束，虽然在26日的多次空袭中，栗田舰队损失并不严重，但持续不断的空袭，以及带来的各种损伤和人员伤亡，对日军官兵的心理打击相当大，特别是连续几天的紧张作战，更使日军官兵的生理和心理承受都达到了极限。

此时，栗田舰队只剩下4艘战列舰、2艘重巡洋舰、2艘轻巡洋舰和6艘驱逐舰，而且大都伤痕累累，栗田就带着这样一支残破的舰队驶向圣贝纳迪诺海峡。

▲ 日军高雄级重巡洋舰。

17时45分，日军由32架九九式轰炸机和9架零式战斗机组成的大机群，从栗田舰队上空飞过。看着接连两批大机群前去攻击美军航母，栗田的战斗激情又被激发了起来，于是他决定暂时不去圣贝纳迪诺海峡，而是在圣贝纳迪诺海峡以东约50海里处开始转向向东航行，同时等待岸基航空兵攻击美军航母的确切消息，如果有机会就与美军航母展开夜战，发挥日军擅长夜战的优势，再给美军航母以最后一击。但是直到18时30分，都没有任何消息，栗田这才彻底抛弃最后一丝幻想，率领舰队掉头向西，驶向圣贝纳迪诺海峡。

这时，又收到了联合舰队的命令：第一，第一游击部队当晚寻找战机，歼灭美军舰队，其他各部予以积极配合；第二，今晚夜战结束后，第一游击部队和机动部队本队返回各自指挥官指定的补给地点。

显然第一条只是个幌子，第二条才是真正的意思，也就是实际上联合舰队已经同意栗田的第一游击部队和小泽的机动部队可以自行撤退。既然得到了联合舰队的首肯，栗田撤退就更有底气了。他于19时10分命令离开本队执行任务或者掉队而位置不明的5艘驱逐舰报告各自所在位置，19时17分又命令这5艘驱逐舰："尽量抢救能够自主航行的舰只，如果不能航行就击沉，乘员由护航舰收容，然后向科龙湾返航。"不过，栗田率领本队到达圣贝纳迪诺海峡时，并没有等待掉队的驱逐舰就直接率领舰队驶入圣贝纳迪诺海峡。栗田的这个决定可以说非常明智，就在栗田舰队通过圣贝纳迪诺海峡东口三小时后，接到第七舰队求援的哈尔西就率领一支由3艘航母、6艘战列舰、3艘巡洋舰和16艘驱逐舰组成的舰队赶到了，结果只堵住了解决"筑摩"号的"野分"号驱逐舰，哈尔西将满腔怒火都发泄在这艘小小的驱逐舰上，短短几分钟就将"野分"号轰沉了。

如果栗田逗留在圣贝纳迪诺海峡东口，哈尔西这支舰队的先头部队是由巴杰海军少将指挥的2艘战列舰、3艘巡洋舰和8艘驱逐舰，和栗田舰队遭遇会发生什么情况？栗田舰队虽然实力更强一些，但栗田手下的军舰都是遍体鳞伤，官兵都已经疲惫不堪，估计凶多吉少。不过这倒很可能才是战列舰真正的最后对决。但历史无法假设，由于栗田的果断决定，才避免了这样的情况发生。

▲ 日军"金刚"号战列舰。

20时07分，栗田收到了联合舰队转来的天皇嘉奖令，但

▲ 日军“长门”号战列舰。

事到如今，天皇的嘉奖再也难以激起热情，无论是官方的战史还是个人的回忆录，都对这份嘉奖令几乎没有什么过多的描述。

22 时 40 分，尽管有过几次潜艇警报的虚惊，栗田舰队总算平安驶出了圣贝纳迪诺海峡，随即报告联合舰队：“自今晨击破敌航母部队，向北方另一支航母追击，遭到从我部东侧南下的敌军反复空袭。鉴于基地航空部队和本部燃料情况，于 20 时 50 分放弃夜战，经圣贝纳迪诺海峡向科龙湾返航。”

26 日夜晚对栗田舰队来说是个非常平静的夜晚，让身心疲惫的官兵得到了宝贵的喘息，顺利通过了 24 日曾令他们倍感恐惧的锡布延海。

27 日 6 时 44 分，太阳升起来了，此时栗田舰队已经通过了锡布延海，进入了塔布拉斯海峡，但依然还是在美军航空兵的作战半径，栗田深知美军是不会轻易放过自己的，所以一早就命令舰队排成圆形对空警戒队形。

8 时，美军的空袭如期而至，这次是美军第三舰队第 1 大队和第 2 大队的舰载机，总共 257 架。在第一波空袭中，“大和”号被 2 枚炸弹命中，“能代”号先被一枚炸弹命中起火，又被一枚鱼雷击中左舷，两个锅炉舱进水，导致动力丧失，同时出现了 16 度左倾。栗田只好让“滨波”号拖带“能代”号就近驶往巴拉望岛的普林塞萨港。

此时，科龙湾已经在望了，但栗田预感到美军绝不会善罢甘休，还会有更猛烈的空袭，科龙湾也绝非安全之地，如果在科龙湾进行燃料补给时遭到空袭，那后果简直不堪设想。所以栗田立即决定不去科龙湾，直接返回文莱湾，只是驱逐舰燃料不足，经过估算，如果从巴拉望岛南侧经巴拉巴克海峡

▲ 日军“榛名”号战列舰。

▲ 日军“鸟海”号重巡洋舰。

返回文莱，而且不走反潜Z字航线，燃料还勉强够用。所以栗田于9时下令从巴拉望岛南侧经巴拉巴克海峡返回文莱，并要求基地航空部队立即派出战斗机进行空中掩护。

栗田又想到还有一支由2艘油船和1艘护卫舰组成的船队正经过巴拉巴克海峡再由苏禄海驶往科龙湾，这2艘油船共载有2.6万吨重铀，准备给自己舰队补充燃料，所以赶紧通知这支油船船队直接开往文莱湾。但这支船队已经在巴拉巴克海峡遭到美军潜艇攻击，一艘被击沉，一艘被击伤，受伤的油船逃到附近海湾，但随即被美军飞机炸沉。同时，栗田还命令先期返回科龙湾的“妙高”号重巡洋舰和“清霜”号、“长波”号驱逐舰立即赶往文莱湾和主力会合，不过此时“清霜”号已经前往马尼拉，只有“妙高”号和“长波”号根据这一命令于当天中午离开科龙湾，29日10时30分顺利到达文莱湾。

10时30分，美军飞机攻击了受伤落单的“能代”号，本来“能代”号经过一番自救，已经将左倾减小到8度，正准备接受驱逐舰拖带，就被一枚鱼雷击中右舷炮塔，为了避免炮弹被引爆不得不向弹药舱注水，结果导致前甲板全部沉入水中，舰长见已经无法挽救，只好下令弃舰。11时14分，“能代”号伤重沉没。

栗田本队则遭到了美军岸基航空兵47架B–24轰炸机的攻击，本来B–24的对舰攻击能力并不强，但这次携带了454千克（1 000磅）的重磅炸弹，威力惊人，只要挨上一枚可以说非沉即重创。“大和”号右舷挨了十多枚近失弹，即便没有直接命中，但454千克炸弹的威力确实厉害，大量弹片和巨大冲击波造成了右舷多处破口，连舰桥里栗田的参谋长小柳少将也被弹片击伤，只好由先任参谋山本祐二海军大佐代理参谋长。“长门”号和“榛名”号也被多枚近失弹命中，但所幸损伤轻微。

尽管这次B–24的空袭造成的损失轻微，但对栗田来说B–24的威胁太大，下一波空袭恐怕未必有这么好的运气了。如果改变航线，驱逐舰的燃料肯定就不够了。于是栗田决定走一步险棋：让燃料不足的驱逐舰进入科龙湾补充燃料，再来追赶主力，而主力则改道南沙群岛前往文莱，这样的新航程几乎是原来航程的两倍，战列舰巡洋舰的燃料基本可以，但驱逐舰就只有“雪风”号和“矶风”号勉强够用，另外5艘驱逐舰就只能进入科龙湾补给。只有2艘驱逐舰，护航实力显然太

▲ 在萨马岛海战中受伤冒烟的日舰。

薄弱了，所以栗田连续两次要求基地航空部队派出侦察机和战斗机进行反潜警戒和空中掩护。还在15时15分，他就命令“大和”号起飞最后1架舰载水上侦察机，对前方航道进行反潜搜索。

15时，到达预定与驱逐舰会合海域，但直到太阳落山都没有等来驱逐舰——原来，驱逐舰进入科龙湾后，油船正在给先期到达的“熊野”号和“冲波”号加油，两个小时后才给5艘驱逐舰加油，所以直到次日凌晨2时以后，5艘驱逐舰才完成补给，陆续出港追赶主力。

栗田一直等到18时40分，觉得实在不能再等下去了，才决定不再等待驱逐舰，舰队主力直接返航。19时07分，栗田舰队主力进入南海，采取横穿南沙群岛的航线，这显然是为了缩短航程节约燃料，加上不走Z字反潜航线，这样遭遇美军潜艇的威胁也增加了，但栗田也已经别无选择了。五个小时后，“雪风”号和“矶风”号的燃料也快见底了，这是事先估算错误，栗田只好让“长门”号和“榛名”号分别给两艘驱逐舰补给100吨燃料。

总算运气还不错，28日一天栗田舰队没有遇到任何麻烦，在文莱湾派出的“朝霜”号驱逐舰接应下，于21时20分进入文莱湾。5艘驱逐舰也在29日凌晨3时顺利到达文莱湾。

另外，还有几艘受伤落单的军舰，“鸟海”号重巡洋舰蹒跚行至萨马岛以东海域就完全丧失了航行能力，负责掩护和救助的“藤波”号驱逐舰就根据栗田的命令接下幸存的舰员用鱼雷将其击沉，然后单舰返航，结果在锡布延海被美军飞机炸沉。

受伤的“熊野”号单独取捷径前往科龙湾，途中两次遭遇空袭，两次丧失动力，但都经过紧急抢修恢复航行。最后与志摩第二游击部队相遇，得到了“足柄”号重巡洋舰和“霞”号驱逐舰的援助，后来又得到栗田派出的“滨波”号驱逐舰的接应，于27日16时27分进入科龙湾。

“冲波”号驱逐舰26日在锡布延海遭到40架美机空袭，凭借出色的机动规避，只挨了一枚近失弹，于27日下午到达科龙湾。“早霜”号就没有这么幸运了，被美机击沉。

“滨风”号和“清霜”号驱逐舰则奉命先到马尼拉接运西南方面舰队的紧急修理人员，然后前往科龙湾对“熊野”号进行抢修。但“熊野”号认为自己还有航行能力，就在“冲波”号驱逐舰的护卫下从科龙湾返回马尼拉，于28日顺利到达马尼拉。“滨风”号和“清霜”号到达科龙湾后，见“熊野”号已经已经离港，“清霜”号随即掉头返航，28日上午在民都洛海被美军B–24轰炸机炸伤，在当天下午到达甲米地。

至此，作为“捷一号”作战主力的栗田舰队才画上句号。

历经巴拉望水道、锡布延海战和萨马岛海战，栗田的第一游击部队本队损失了1艘战列舰（“武藏”号）、5艘重巡洋舰（“爱宕”号、“摩耶”号、“鸟海”号、“铃谷”号和“筑摩”号）、1艘轻巡洋舰（“能代”号）、3艘驱逐舰（“野分”号、“藤波”号和“早霜”号）。

不过回到文莱湾的栗田舰队，也是一片凄惨，4艘战列舰“大和”号、“长门”号、“金刚”号和“榛名”号都是伤痕累累，尤其是联合舰队最引以为傲的“大和”号因为锚机被炸坏、船艏严重进水而无法下锚，只能横靠在“雄凤丸”油船身边，以这艘7 000吨级的油船作为自己的锚。

5艘重巡洋舰“羽黑”号、“熊野”号、“利根”号、“妙高”号和“高雄”号，以及轻巡洋舰“矢矧”号都是遭到重创。

只有驱逐舰的情况稍微好些，回到文莱湾的10艘驱逐舰中，“朝霜”号、“长波”号、“雪风”号、“滨波”号、“矶风”号5艘基本完好，另外5艘损伤也不算太严重。

萨马岛海战日美双方参战和损失舰艇简表

	日军	美军
参战舰艇	4艘战列舰 6艘重巡洋舰 2艘轻巡洋舰 11艘驱逐舰	6艘护航航母（舰载机168架） 3艘驱逐舰 4艘护卫舰
总排水量	28.4万吨	5.8万吨
损失舰艇	“鸟海”号重巡洋舰（13 160吨） “铃谷”号重巡洋舰（12 400吨） “筑摩”号重巡洋舰（11 215吨） “能代”号轻巡洋舰（6 652吨） “野分”号驱逐舰（2 077吨） “藤波”号驱逐舰（2 077吨） “早霜”号驱逐舰（2 033吨）	“甘比尔湾”号护航航母（7 800吨） “约翰斯顿”号驱逐舰（2 050吨） “霍埃尔”号驱逐舰（2 050吨） “塞缪尔·罗伯茨”号护卫舰（1 350吨）
损失吨位	49 614吨	13 259吨
损失人员	约3 000人	约700人

* 美军还有第七舰队第77特混编队第4大队第2分队的舰载机参战，参战舰载机总数约300架，损失情况不详。

恐怖的神风来袭

10月25日清晨7时45分，也就是栗田舰队开始对克里夫顿·斯普拉格的第3分队展开攻击的同时，位于萨马岛以南海域，由托马斯·斯普拉格海军少将指挥的第七舰队第77特混编队第4大队第1分队（无线电呼号塔菲1号“Tafi 1”）也遇到了大麻烦。“桑加蒙”号（USS Sangamon，舷号CVE–26）护航航母瞭望突然发现南面3 000米上空有4架日机，正在云层里隐蔽飞行，行踪有点诡异。当这4架飞机飞抵舰队上空时，其中3架突然穿出云层垂直俯冲下来。第一架如同从天而降的陨石落在“桑提”号（USS Santee，舷号CVE–29）护航航母的舰尾，由于日机动作非常突然，“桑提”号根本来不及反应，日机就撞上了飞行甲板，随着一声巨响，立即引起了大爆炸，飞行甲板被炸开一条8米长的大裂口，钢板向外翻卷，极为狰狞。另外两架日机则被反应过来的防空炮火击落。

还有一架日机一直在空中盘旋，自然成为防空炮火集中射击的目标，很快就被击中，但它却拖着长长的黑色烟带，顽强地向“苏旺尼”号（USS Suwannee，舷号CVE–27）护航航母撞去，最后一头撞在飞行甲板上，将飞行甲板炸出一个大洞。

这种令美军心惊胆战的攻击方式，同归于尽以机换一舰的打法，就是日军的“神风特攻”，也正是从这天开始，日军开始了有组织的大规模“神风特攻”。

“神风”的典故源于公元13世纪末，元世祖忽必烈两次派出舰队远征日本，都遭遇台风，损失惨重，进攻日本的远征也因此失败。以当时元军横扫欧亚大陆的强悍军力，只要登陆成功，绝对可以灭亡日本。所以崇尚神灵的日本人就把这两次挽救了日本的台风称为“神风”。到了1944年，眼看战局日趋恶化，日军高层就希望这样的自杀式攻击能像当年挽救日本的台风那样再次挽回败局，所以特意用了“神风”这个名称。

11时15分，刚刚结束和栗田舰队生死搏杀的第3分队，惊魂未定，正在抢修损伤军舰，救护伤员，进行战场清理。突然警报大作，9架日军零式战斗机来袭，和以往不同，其中5架机翼下还携带着250千克的炸弹。而且一路以几乎贴近海面的超低空飞行，所以美军雷

▲ 日军“神风”自杀机攻击美军舰艇。

▲“加里宁湾”号护航航母为阵亡官兵举行海葬。

达一直没有发现，直到日机接近舰队重新爬升到300米高度才发现。警报声还没停，日机就开始俯冲了，美舰上的高射炮一起开火，但密集的防空火力根本阻挡不了日机。1架日机径直朝着“基特昆湾”号护航航母俯冲下来，美军以为这架飞机接近航母之后总要拉起来，没想到这架日机却笔直向着舰桥撞了过来，最后因为角度计算失误，擦着飞行甲板翻滚着坠海。

还有2架日机则向着“方肖湾”号护航航母俯冲，也是毫不顾忌防空火力的撞击战术，这次防空炮火很得力，在这两架飞机快要撞上航母前，密集的防空炮火将其打得凌空爆炸。

最后两架日机则冲向了“白平原”号护航航母，在防空炮火的全力拦阻射击下，一架被击落，另一架被击伤后却拖着浓烟一个急转，稳稳地撞上了“圣洛”号护航航母，连飞机带炸弹在飞行甲板上爆炸，引起了大火，而且火势迅速蔓延到弹药舱，引发了一连串的剧烈爆炸。这艘刚刚在萨马岛海战中福星高照毫发无损的护航航母，这回终于撑不住了，不到一个小时就沉入了大海。

“圣洛”号也由此成为美国海军第一艘被“神风”自杀飞机击沉的军舰，第3分队的运气真是够背的。

虽然此后，日军又在26日、28日发起了两次“神风特攻”，到11月底，日军“神风特攻”总共取得了击沉驱逐舰1艘、运输船2艘，击伤航母2艘、战列舰2艘、巡洋舰8艘、驱逐舰7艘、登陆舰2艘的战果，但这仅仅还只是开始，此后“神风特攻”的狂潮愈演愈烈，到1945年4月冲绳战役更是发展到顶峰，成为美军最为惊惧的梦魇。

由于日军“神风特攻”一再袭击，莱特湾也不是安全的地方，所以金凯德就命令斯普拉格留下2艘护卫舰打捞“圣洛”号的落水人员，4艘护航航母则撤向东南的马努斯岛海域休整。

至此，萨马岛海域的战斗才算平息下来。

第九章　航母竟然成了诱饵

圣贝纳迪诺海峡成了真空

在莱特湾海战中，美国海军的头号主力是由哈尔西海军上将指挥的第三舰队，他的任务主要是两项，一是掩护和支援麦克阿瑟的西南太平洋部队在莱特岛和吕宋岛的登陆，二是消灭日军舰队。对于主动进取勇猛好斗的哈尔西来说，消灭日军舰队自然是他最看重的，至于掩护登陆作战，肯定是有意无意往后靠的。但在整个菲律宾战役中，哈尔西的首要任务却恰恰应该是掩护和支援登陆作战。而他的顶头上司美国海军太平洋舰队总司令兼中太平洋战区总司令尼米兹海军上将在布置任务时附带了一句："如果有机会摧毁敌人的舰队，或者能制造出这样的机会，就要优先去消灭敌人舰队。"这更是鼓励或者说怂恿哈尔西将消灭日军舰队放在第一位。一向冷静睿智的尼米兹怎么也会这样说？一方面是斯普鲁恩斯在之前马里亚纳海战中过于保守而没能全歼日军舰队主力，受到了不少批评；另一方面登陆作战是陆军的任务，海军当然是以消灭敌军舰队为头等目标。但是这样一来，哈尔西在对全局判断和决策时，免不了出现了偏差，最终出现了置掩护登陆于不顾一心要去消灭日军舰队的情况，这也使萨马岛海战斯普拉格弱小的护航航母分队遭遇了日军强大的栗田舰队，并险些使在登陆海滩卸载的运输船和登陆舰艇陷入灭顶之灾。

10月24日下午，哈尔西的第三舰队在锡布延海沉重打击了栗田舰队，迫使栗田在15时30分不得不掉头返航，以暂避美军一波又一波的凌厉攻势。此时，美军已经发现了从苏禄海向苏里高海峡前进的日军西村和志摩舰队，基本掌握了日军南北两路夹击莱特湾的意图，

▲美国海军将领，左起斯普鲁恩斯、米切尔、尼米兹和威利斯·李。

但问题是这两路日军舰队中都没有航母，日军航母去哪了？

答案很快揭晓，16 时 40 分，第 38 特混舰队第 3 大队的一架侦察机终于在距离己方舰队东北约 300 千米发现了小泽的机动舰队。之所以到现在才发现小泽舰队，是因为当天一早哈尔西就命令各个航母大队派出侦察机进行大范围搜索，但是在三个航母大队中位置最北面的第 3 大队，从上午开始就不断遭到日军岸基航空兵的攻击，大队司令弗雷德里克·谢尔曼海军少将为了确保己方舰队的安全，不愿意浪费宝贵的舰载机去执行侦察任务。直到下午 14 时彻底挫败了日军岸基航空兵的空袭，舰队安全得到保障之后，谢尔曼才派出了侦察机向北搜索。

哈尔西接到报告，顿时精神振奋，在他眼里，以航母为核心的日军机动舰队才是真正的对手，栗田、西村和志摩的战列舰为核心的水面舰艇编队，都不能算真正有威胁的对手。而且太平洋战争以来，由于各种阴差阳错的原因，哈尔西几次都错过了和日军航母舰队对决的战役指挥，成为他最大的遗憾，现在终于可以和日军航母舰队堂堂正正干一仗了，怎能不兴奋？而且现在的情形又是这么有利：北路的栗田已经因为遭到重挫而败退，南路的西村和志摩又有金凯德的第七舰队对付，兵强马壮的第三舰队正好可以全力以赴一举全歼小泽舰队。

但是现在已经是黄昏，太阳即将落山，如果立即出动飞机展开攻击，攻击机群就要在夜间返回航母降落，在马里亚纳海战时美军就曾是这样，由于绝大部分飞行员都没接受过夜间着舰训练，结果返航飞机在降落时损失了大约 80 架。再者说，现在情况也和当时不同，马里亚纳海战时日军是在败退，如果不及时出击，就可能让日军跑掉，但现在日军是来进犯，而且日军还有附近岸基航空兵的威胁，不过夜间返航风险太大，所以哈尔西决定先不急着出动舰载机展开攻击，而是舰队向北进发，到明天清晨再组织进攻。那么是全舰队一起北上，还是兵分两路，留下部分兵力守卫莱特湾的北大门圣贝纳迪诺海峡，只率部分兵力北上？对于崇尚进攻的哈尔西来说，答案当然毫无悬念——全军北上！栗田都已经被打得落荒而逃了，还留什么兵力。

问题来了，在这之前的 15 时 12 分，哈尔西曾经下达了一个预先号令，抽调 4 艘战列舰、2 艘重巡洋舰、5 艘轻巡洋舰和 19 艘驱逐舰组建第 34 特混舰队，由第三舰队的战列舰部队司令威利斯·李海军中将指挥，准备和栗田舰队进行一场水面舰艇之间的炮战，因为此时栗田舰队还没有掉头返航，还在向圣贝纳迪诺海峡进发，所以这只是一个预令。哈尔西是军人，而且是典型的粗线条军人，在电报的遣词用字上没有那么多考虑，所以导致收到这份预令的尼米兹和金凯德都误以为这是哈尔西立即付诸执行的实时命令，第 34 特混舰队已经建立了！而且这是为了在圣贝纳迪诺海峡迎击栗田舰队而特意组建的水面舰艇舰队。

17 时 10 分，哈尔西通过舰队的无线电对讲系统补充了一个命令：“如果敌人继续发动进攻（这是指栗田舰队再次进犯圣贝纳迪诺海峡），我将下命令组建第 34 特混舰队。”但是如此重要而明确的补充命令，并没有像组建第 34 特混舰队的预令那样用电报发出，所以尼米兹和金凯德当然都收不到！

20 时 40 分，哈尔西向尼米兹和金凯德发出一份电报：“攻击部队报告日军（指

美军第 34 特混舰队作战序列

第 34 特混舰队：司令威利斯·李海军中将

第 34 特混舰队第 1 大队：司令威利斯·李海军中将（兼）

战列舰 4 艘：“华盛顿”号（旗舰，USS Washington，舷号 BB-56）

“马萨诸塞”号（USS Massachusetts，舷号 BB-59）

“南达科他”号（USS South Dakota，舷号 BB-57）

“阿拉巴马”号（USS Alabama，舷号 BB-60）

第 34 特混舰队第 2 大队：司令怀廷海军少将

轻巡洋舰 3 艘：“文森斯”号（USS Vincennes，舷号 CL-64）

“迈阿密”号（USS Miami，舷号 CL-89）

“比洛克西”号（USS Biloxi，舷号 CL-80）

驱逐舰 9 艘

第 34 特混舰队第 3 大队：司令乔伊海军少将

重巡洋舰 2 艘：“威基塔”号（USS Wichita，舷号 CA-45）

“新奥尔良”号（USS New Orleans，舷号 CA-32）

驱逐舰 4 艘

第 34 特混舰队第 4 大队：司令杜博斯海军少将

轻巡洋舰 2 艘：“圣菲”号（USS Santa Fe，舷号 CL-60）

“莫比尔”号（USS Mobile，舷号 CL-63）

驱逐舰 6 艘

合计：战列舰 4 艘、重巡洋舰 2 艘、轻巡洋舰 5 艘、驱逐舰 19 艘

▲ 第 38 特混舰队第 2 大队司令博根。

栗田舰队）已受重挫。明天我将向北面攻击，3 个特混大队将在黎明前开始攻击日军航母。”

——这又是一封含糊容易让人产生误解的电报，特别是电文中的“3 个特混大队”，第 38 特混舰队共下辖 4 个航母大队，其中第 1 大队正在前往乌利西环礁，哈尔西身边还有 3 个航母大队，但是由于之前他有组建第 34 特混舰队的预令，所以尼米兹和金凯德都以为哈尔西是率领 3 个航母大队北上，而将第 34 特混舰队留在圣贝纳迪诺海峡。如果哈尔西明确说“所有特混大队”，或许情况就完全不一样了。

于是，哈尔西认为尼米兹和金凯德都已经知道他率全军北上了，但实际上尼米兹和金凯德都认为哈尔西留下了第 34 特混舰队。这个误解就埋下了后来萨马岛海战、尼米兹和金凯德追问第 34 特混舰队下落的伏笔，这个误解甚至一直到战后都余波难平。

在第三舰队内部，也有人对哈尔西全军北上的决定有质疑。天黑以后，第 38 特混舰队第 2 大队“独立”号航母上的夜航飞机——当时受技术和训练的限制，舰载机夜间航行是少数装备了雷达并接受了相应专门训练的飞机和飞行员才能胜任的，整个第三舰队也只有两个具备夜航能力的飞行中队，“独立”号上的第 41 中队就是其中之一。

午夜前后，“独立”号航母舰长爱德华·伊文海军上校紧急呼叫第 2 大队司令弗杰拉尔德·博根海军少将，向他报告了夜航侦察机飞行员发现圣贝纳迪诺海峡的航标灯打开了，而且发现了日军舰队正在穿越圣贝纳迪诺海峡。博根立即根据这个情况草拟了侦察报告，并建议将第 34 特混舰队和自己的第 2 大队留守圣贝纳迪诺海峡，博根本来想通过无线电对讲机直接向哈尔西汇报，但这时哈尔西已经睡觉了，所以只能由值班参谋转告，博根刚刚报告了圣贝纳迪诺海峡发现航标灯打开，这个此时正代表第三舰队最高司令部的小参谋就很不耐烦地打断了他：“是的，是的，是的，这些情况我们都知道。”一连三个是的，流露出强烈的抵触情绪，博根自然无法再说下去了。

▲ 第三舰队战列舰部队司令令威利斯·李海军中将。

几乎同一时刻，在“华盛顿”号战列舰上的威利斯·李海军中将和他的战列舰部队司令部的参谋正在讨论眼前的形势，参谋人员一致认为日军航母舰队的目的很可能是调虎离山，引诱第三舰队北上，为栗田舰队的突击创造条件。所以他们建议李提醒哈尔西，全军北上置圣贝纳迪诺海峡于完全无人防守的真空状况，显然是太轻率了。李也同意参谋们的判断，他认为派一支战列舰编队，就像奥登多夫在苏里高海峡那样，占据有利的T字横头阵，就可以击退来犯的栗田舰队，而且现在日军空中威胁也不是很严重，只需要再加强一两艘轻型航母就足以承担空中掩护，第三舰队仍可以投入包括全部舰队航母在内的主力去攻击小泽舰队。应该说，李的方案是最好的安排。李立即用灯光信号和无线电两种方式向哈尔西报告，但收到的答复只有简单的三个字——“知道了”。

▲第38特混舰队参谋长阿利·伯克海军少将。

李的参谋认为这肯定不是哈尔西本人的回答，加上又收到了“独立”号的夜航侦察机的报告，李觉得有必要再次报告以引起哈尔西的重视，但结果还是“知道了”，于是他也只好就此打住。

第38特混舰队参谋长阿利·伯克海军上校，太平洋战争中指挥驱逐舰作战的海战英雄，后来官至美国海军最高军职的海军作战部长，今天美国海军主力驱逐舰阿利·伯克级就是以他名字命名的。在收到“独立”号夜航侦察机的报告后越来越觉得有问题，他认为马里亚纳海战已经彻底打垮了日军的航母舰队，即使现在日军还有几艘航母，但根本没有力量和美军航母正面交锋，所以小泽的航母舰队很可能是个圈套，一个引诱第三舰队北上的诡计，圣贝纳迪诺海峡的栗田舰队才是主攻。他和作战参谋詹姆斯·弗雷德利海军中校交换了意见，觉得有必要叫醒第38特混舰队司令米切尔海军中将。

▲第38特混舰队司令米切尔海军中将。

两人将米切尔叫醒，汇报了目前的情况，强调第三舰队不应该北上，至少也要派一支舰队留守圣贝纳迪诺海峡。米切尔听完两位部下的陈述，就先问：“哈尔西将军收到夜航侦察机的报告了吗？”

“是的，他收到了。”弗雷德利回答。

米切尔考虑了一会，说：“哈尔西将军有我们所有的情报，也许他还有我们没有的情报。他是个大忙人，他要指挥整个战役。任何不必要的建议反而会增加他的负担，对作战指挥不会有帮助。如果他想听我的建议，会来主动问我的。”说完继续睡觉。

米切尔这样的态度是有原因的，他作为第三舰队下属仅有的一个特混舰队司令，本来地位就有些尴尬，哈尔西之前跳过他直接给航母大队下达命令，更使他会产生一些看法，不主动向哈尔西建议或许是他无奈或者苦涩的选择。

那么焦点就成了哈尔西是否确实收到了夜航侦察机发回的报告？直到今天，都没有很确凿的证据来证实。哈尔西在战后向尼米兹提交的战役报告中，他承认：“知道栗田舰队可能通过圣贝纳迪诺海峡向莱特湾的登陆部队发动攻击。”但同时也写道：“我确信栗田舰队已经遭到重创，不可能取得决定性的胜利，但来自北方的日军航母舰队拥有强大的实力，构成了严重威胁。”在这份正式的官方文件里，他使用了“可能”这个词，依然没有能够确定到底是否收到了夜航侦察机的报告。但是他对栗田舰队的轻视，认为“栗田舰队已经遭到重创，不可能取得决定性的胜利”却是明白无误的，这也说明，即使他确实接到了夜航侦察机的报告，知道栗田舰队正在通过圣贝纳迪诺海峡，他依然还是会率领整个第三舰队北上。

在战后的自传里，哈尔西对此的解释是，因为他将北方日军航母舰队看作是最大的威胁，而且出于集中兵力的战术原则，他要保证“舰队的完整性”，至于是否收到了夜航侦察机的报告，并没有明确说明。另外，当哈尔西决定北上攻击小泽舰队时，他就已经将栗田舰队完全抛在脑后了，等接到金凯德一连串的紧急求援，他这才想起来，但已经太晚了！

就这样，哈尔西率领着整个第三舰队，浩浩荡荡向北，准备展开一场他梦寐以求的海上大决战。

当诱饵也要很努力

日军航母舰队——第一机动舰队在 1944 年 6 月的马里亚纳海战中损失惨重，被击沉 3 艘航母，被击伤 3 艘航母，损失舰载机高达 400 架，可以说是被打断了脊梁骨。曾经横行太平洋的日军航母舰队，第一次在中途岛海战中遭到重创，重建之后又在马里亚纳海战中再次遭到毁灭性打击。

因此，日军只好对第一机动舰队进行了全面重组整编，第 1 航空战队仅存的“瑞鹤”号航母编入第 3 航空战队，后来又以“云龙”号和“天城”号航母组成新的第 1 航空战队，但没有编入机动舰队参加莱特湾海战。第 2 航空战队干脆被裁撤。第 3 航空战队虽然新编入了“瑞鹤”号航母，战队所辖航母达到了 4 艘，但战队司令部被裁撤，改由机动舰队直辖，“瑞鹤”号还是机动舰队旗舰。第 4 航空战队则是 2 艘航空战列舰。

舰载机方面，日军也进行了全面调整重组，本来还想借机换装“瑞云”舰爆（轰炸机），但因为“瑞云”发动机油温过高的问题始终没有解决，所以只好还是使用“天山”舰攻（鱼雷机）和更为老旧的九七式舰攻（鱼雷机）。不过总算重建了配属第 3 航空战队的第 653 航空队和配属第 4 航空战队的第 645 航空队，10 月初才勉强拼凑出了 116 架。

8 月，第一机动舰队和第三舰队的部分舰艇整编为机动舰队，由小泽治三郎海军中将任司令。原来隶属于第一机动舰队的第二舰队和第三舰队的第 10 水雷战队合编为第一游击部队，由栗田健男海军中将任司令。

机动舰队重组整编之后留驻在本土，一面加紧训练，一面保护本土周围海域海上交通安全。日本联合舰队高层很清楚，虽然机动舰队完成了重组，但实际战斗力很弱，都没能恢复到马里亚纳海战时期的水准，从纸面上看有 4 艘航母和 2 艘航空战列舰，但真正具备作战能力的只有“瑞鹤”号航母一艘。所以在莱特湾海战中，只能作为吸引美军航母舰队的诱饵了。

10 月 17 日，联合舰队司令长官丰田副武海军大将下令开始实施“捷一号”作战后，小泽立即将分驻在本土各地的机动舰队舰艇集结起来。19 日下午 15 时，小泽将机动舰队各队指挥官召集到旗舰“瑞鹤”号上，对舰队的作战计划进行讨论，最后确定的作战方针是：

在友军协助下，明察敌情，赌本舰队之存亡，发扬旺盛之牺牲精神，自北至东北方向牵制、引诱敌机动部队至菲律宾、南西群岛以东海面，以期我游击部队对敌登陆地点突入作战之绝对成功，并借机击灭敌部分兵力。

为此严以警戒，南下至南西群岛以东海面，于吕宋岛至中国台湾以东海域，捕

10 月初日军机动舰队航母搭载舰载机明细表

航母	机型					合计
	零战 52 型	零战 21 型	九七式舰攻	“天山”舰攻	“彗星”舰侦	
“瑞鹤”号	28	16		14（9）	7	65（60）
“瑞凤”号	8	4		5（4）		17（13）
“千岁”号	8			6（1）		14（9）
“千代田”号	8	4	4	（2）		16（18）
合计	52	24	4	25（16）	7	112（100）

注：括号里的数字为 10 月 24 日的舰载机数量。

捉敌机动部队，先以昼间航空战，对敌机动部队进行第一击及重大打击，且不顾己方之损失，必须极力诱敌至吕宋岛东北海域。而后与敌维持航空战距离内外，即昼间接敌，夜间则远之，以期诱敌至预定海域，抓住良机与敌部分兵力决战。

和栗田舰队上下都很清楚自己自杀式任务不同，小泽并没有将本舰队的任务如实告知部下，他担心如果官兵们知道了自己是充当诱饵的，士气肯定会低落，所以他只是努力激励部下奋勇作战，而没有明确说明是去作为诱饵。

20日清晨，小泽率机动舰队从濑户内海启航，并于当晚18时通过丰后水道，以140度航向，20节航速南下。

驶出丰后水道不久，就发现美军潜艇。当时美军“金线鱼”号潜艇（USS Besugo，舷号SS–321）在丰后水道进行战斗巡逻，发现小泽舰队后立即发出了敌情通报。太平洋舰队潜艇部队司令安德鲁·洛克伍德海军中将接到报告，开始命令“金线鱼”号和“深海鲈鱼”号（USS Ronquil，舷号SS–396）在丰后水道出口西侧设伏，“牛鼻鲼”号潜艇（USS Gabilan, 舷号SS–252）在丰后水道出口东侧设伏。但他后来又担心“金线鱼”号的行动已经惊动了日军，日军很可能会改走纪伊水道，就命令“牛鼻鲼”号潜艇改到纪伊水道设伏，因此最终错过了在丰后水道伏击小泽舰队的机会。

22日小泽舰队到达冲绳岛东南海域，按计划进行海上加油。但由于缺乏训练，海上加油进展很不顺利，在规定时间里很多军舰都没能完成预定的加油量，有的军舰甚至仅仅完成了预定加油量的三分之一。加上周围还有美军潜艇的威胁，所以不得不停止海上加油，航行一段之后再继续加油。

23日18时，小泽舰队到达了菲律宾吕宋岛东北的恩加诺角东北750千米海域，随即改为220度航向，驶向菲律宾中部，开始展开诱敌行动。巧得很，“恩加诺”在西班牙语里就是欺骗的意思。

▲ 美军在日本海域部署有多艘潜艇。

24日凌晨5时45分，小泽命令“瑞鹤”号、“瑞凤”号和“千代田”号出动12架侦察机，另外“大淀”号巡洋舰也弹射了1架舰载水上侦察机，分区展开搜索。只有1架侦察机在9时报告发现美军舰队，但很快

日本海军“瑞鹤”号航母

“瑞鹤”号航母是日本海军翔鹤级的二号舰。1934 年，根据“九段作战”理论，日本海军决定再开工建造 2 艘航母，而且这时《华盛顿海军条约》已经到期，吨位、舰载机、武备都完全没有限制了，所以日本海军集中了精兵强将来进行设计，要求舰载机数量要达到 84 架，最大航速要达到 34 节，最大续航力在 18 节要达到 9 000 海里。防御上弹药舱要达到能够抵御 800 千克航空炸弹和 203 毫米炮弹的水准，机舱则要达到能够抵御 250 千克航空炸弹和 127 毫米炮弹的水准，这就是翔鹤级。

为了达到航速和续航力的要求，翔鹤级的动力系统采用了日本海军最大的主机，大和级战列舰的 16 万马力级主机，并且第一次在日本海军舰艇上采用了球鼻舰首。

这样一来，翔鹤级就集赤诚级航母的载机数量、苍龙级航母的续航力、高雄级重巡洋舰的防护水平以及白露级驱逐舰的高航速等优点于一身，是日本海军最满意的一型航母。

一号舰“翔鹤”号于 1937 年 12 月开工，1939 年 6 月下水，1941 年 8 月建成服役。

二号舰“瑞鹤”号于 1938 年 6 月开工，1939 年 11 月下水，1941 年 9 月建成服役。

翔鹤级两艘同级舰建成后，就合编为第 5 航空战队，成为第一航空舰队的主力部队之一

由于是同一级的姊妹舰，“翔鹤”号和“瑞鹤”号从外形上难以区分，以至于舰载机的飞行员经常在着舰时搞错了，所以后来“瑞鹤”号在舰桥的桅杆上安装了扬声器，在着舰作业时用广播来说明身份。同时，两艘航母在飞行甲板前部也分别涂上识别标志，其中“翔鹤”号的标记是片假名“シ”，“瑞鹤”号的标记是“ス”，不过后来“翔鹤”号被击沉，“瑞鹤”号在改装时全舰涂上了迷彩，就去掉了这个标记。

翔鹤级服役后参加的第一场战役就是 1941 年 12 月偷袭珍珠港。“瑞鹤”号舰爆（轰炸机）飞行队长坂本明大尉向希卡姆机场投下炸弹被认为是揭开了太平洋战争序幕的第一弹。

随后，“瑞鹤”号和“翔鹤”号随日本第一航空舰队向西扫荡南太平洋。1942 年 4 月转战印度洋，击沉英国海军的“竞技神”号航母以及“康奈尔”号和“多塞特郡”号重巡洋舰。

在 1942 年 5 月珊瑚海海战中，“翔鹤”号和“瑞鹤”号的舰载机与美军航母展开了人类历史上首次航母之间的超视距交战。“翔鹤”号和“瑞鹤”号舰载机击沉美军“列克星敦”号航母，重创“约克城”号航母。但“翔鹤”号也被炸伤，“瑞鹤”号舰载机损失过半，所以两舰不得不返回本土修理和补充舰载机，由此错过了 1942 年 6 月的中途岛海战，这也是日军在中途岛惨败的原因之一。

▲ 日本海军“瑞鹤”号航母。

中途岛海战中日军一下

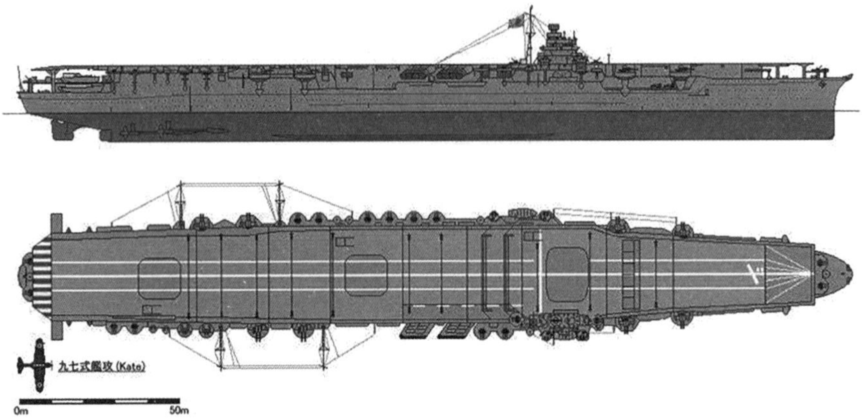

▲“瑞鹤”号二视图。

损失了4艘大型航母，这样一来“翔鹤”号和“瑞鹤”号就成了仅存的2艘大型航母。成为日军在太平洋上的骨干力量。

1942年的两次海战中，“翔鹤”号和“瑞鹤”号两度击伤美军“企业”号航母，击沉“大黄蜂”号航母，但“翔鹤”号也遭到重创。

1944年6月马里亚纳海战中，“翔鹤”号被美军潜艇击沉。“瑞鹤”号就成了参加过偷袭珍珠港6艘航母中硕果仅存的一艘，而且在历次海战都没有受到过重伤，更是成为美军一心要击沉而后快的眼中钉。

1944年10月莱特湾海战“瑞鹤”号被美军舰载机击沉。

1945年8月26日，“瑞鹤”号正式除籍。

基本性能：

舰长257.5米，宽26米，吃水8.87米，飞行甲板长242.2米，宽29米。标准排水量29 800吨，满载排水量32 105吨。4台蒸汽轮机，8台锅炉，最大输出功率16万马力，最大航速34.2节，续航力9 700海里（18节）。

武备为8座双联127毫米高射炮，20座三联25毫米机炮，36挺单管25毫米机炮。

舰载机最多可以搭载84架，其中战斗机22架，轰炸机31架，攻击机31架。

舰员1 600人。

就因为暴雨失去了接触。

10 时 48 分，小泽接到日军岸基航空兵从麦克坦岛起飞的侦察机发回的报告，在距离马尼拉 330 千米外发现美军航母舰队。不过，小泽派出的侦察机却一直没有发回确认报告。直到 11 时 14 分，小泽担心失去战机，才命令出动攻击机群，对岸基航空兵发现的美军舰队展开攻击。

▲ 日本海军“瑞鹤”号航母。

11 时 45 分，小泽在旗舰“瑞鹤”号航母的主桅上升起了 Z 字旗——最早在西方 Z 代表的是好运、必胜和正义。在特拉法尔加海战中，英国海军统帅纳尔逊就曾用 Z 字旗语向全体舰队官兵传达了“英国要求舰队全体将士尽忠职守”的命令，并最终击败了法国海军舰队。在对马海战中，日本海军联合舰队司令长官东乡平八郎也曾效防英国人的做法升起了 Z 字旗，打出旗语：“皇国兴废在此一战，诸君奋发努力！”由此 Z 字旗也就成了日本海军最能激励士气的象征。小泽也不是第一次升起 Z 字旗了，马里亚纳海战时也曾升过。此时再次升起 Z 字旗，无非是想借此传统激励官兵奋勇作战。

至 12 时 05 分，先后出动两个攻击波，总共 30 架战斗机、11 架轰炸机和 2 架鱼雷机。日军岸基航空兵发现的是美军第 38 特混舰队第 3 大队，小泽舰队的舰载机也找到了第 3 大队并进行了攻击。只是当时第 3 大队正遭到日军岸基航空兵的攻击，小泽舰载机和岸基飞机混杂在一起，尽管有飞行员报告发现部分日机是来自北方，但并没有引起美军高层的重视，而且第 3 大队正忙于应付日军岸基航空兵空袭，无暇派出侦察机对北面进行搜索，所以美军并没有意识到来袭的日机里竟然还有从航母上起飞的舰载机。

而 11 时 24 分以后，小泽不断收到栗田遭到美军航母舰载机攻击的电报，偏偏美军却一直都没有发现自己这支诱饵舰队。因此，15 时过后，小泽决定兵分两路，命令第 4 航空战队的 2 艘航空战列舰在第 2 驱逐舰联队 4 艘驱逐舰掩护下，和本队分头行动，这样等于从一个舰队变成了两个舰队，以此增加被美军发现的概率，同时不断用各种频率进行无线电通信，希望被美军发现。

直到 16 时 40 分，小泽舰队终于被美军第 3 大队的侦察机发现了，至此小泽心里的一块石头才算落了地。

16 时 50 分，小泽命令向栗田、西村和志摩通报："本舰队遭到敌舰载机跟踪。"可惜，这一重要的电报，由于"瑞鹤"号无线电发报机故障，栗田没有收到。

17 时，小泽命令燃料不足的"桐"号和"杉"号驱逐舰返回台湾高雄。

攻击目标：航母！

24 日的夜晚，除了苏里高海峡，日军西村舰队遭到了美军奥登多夫舰队的迎头痛击。而在广阔的菲律宾海域其他地区，都是非常平静的。

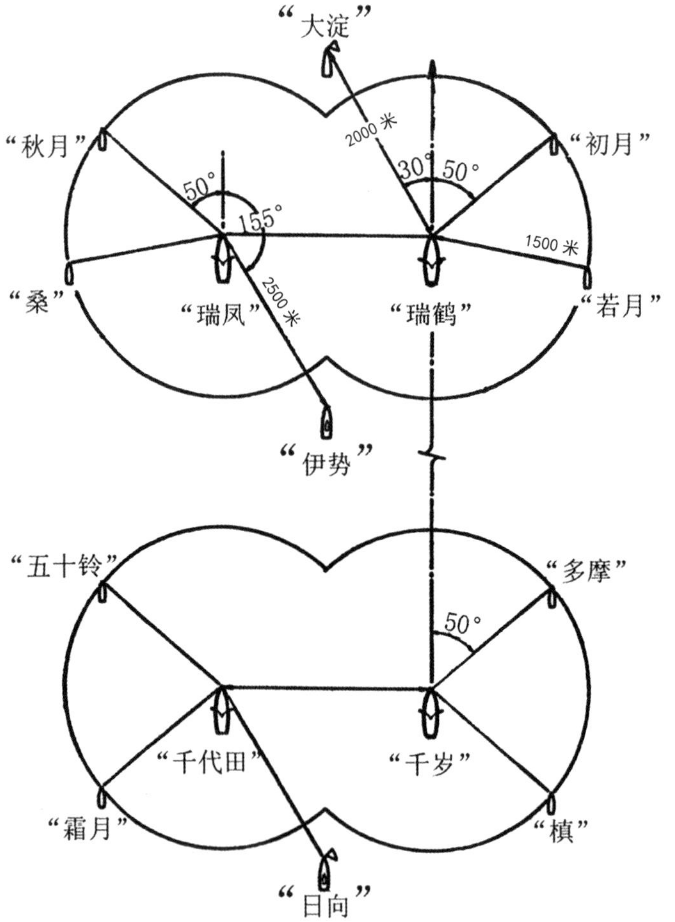

▲ 机动部队本队阵型示意图。

20 时，哈尔西命令第 38 特混舰队的第 2、第 3、第 4 大队一面相互靠拢，一面北上，准备在 25 日清晨对日军小泽舰队发起攻击。23 时 45 分，美军 3 个航母大队合兵一处，继续向北追击小泽。午夜，哈尔西命令舰队航速减慢到 16 节，这是因为哈尔西担心如果追击速度过快，就可能超过日军舰队，天亮后日军舰队反而可以从侧后发起攻击，适当拉开和日军舰队的距离，以便进入日军舰载机的“黎明圈”——也就是黎明时舰载机的作战半径。

而小泽也通过无线电通信，了解到栗田舰队一度向西后撤，以及丰田副武的电令：“天佑神助，鼓起余勇，全军突击！”小泽判断栗田会在西撤一段时间后掉头继续东进，这样一来，突击莱特湾的时间会有所推迟，自己的机动舰队如果仍按原计划行动，很可能成为态势突出的孤军，便于21时指挥机动舰队本队向东北航行，并命令第4航空战队赶来会合。午夜前后再重新转向东南，25日6时，机动部队本队和第4航空战队会合。

25日凌晨1时，哈尔西命令“独立”号航母起飞5架配备雷达的夜航机进行侦察搜索。2时05分，1架夜航侦察机发现了日军的第4航空战队，6分钟后又发现小泽的本队。哈尔西接到侦察报告，发现双方舰队之间的距离只有250千米，如果按照目前速度继续前进，很可能在天亮之前就会发生水面舰艇之间的战斗，因此哈尔西于2时40分下令抽调6艘战列舰、7艘巡洋舰和17艘驱逐舰，组成第34特混舰队，由威利斯·李海军中将指挥，在航母舰队前方18千米航行，作为航母舰队的屏障，避免航母和日军水面舰艇发生直接交战。3时，由于夜航机发生故障，不得不提前返航，就此失去了和日军机动舰队的接触。

美军并不知道日军航母上没有多少舰载机——小泽在天黑前除了留下18架战斗机负责直接掩护，其余舰载机都飞往菲律宾的岸上机场，哈尔西和米切尔都认为日军一定会在天亮后派出舰载机前来攻击，所以为了先发制人，哈尔西随后将指挥权交给了第38特混舰队司令米切尔海军中将，天刚亮米切尔就下令出动侦察机对东、北、西三个方向进行搜索，以尽快确定日军舰队位置。随后还没等侦察机发现日军舰队，他就下令起飞了69架F6F“地狱猫”战斗机、68架SB2C“地狱俯冲者”俯冲轰炸机和64架TBM“复仇者”鱼雷机，组成突击机群，飞到舰队前方约90千米处盘旋

▲ 美军航拍照片，图片右侧为“瑞凤”号航母，左侧为“瑞鹤”号航母及“若月”号驱逐舰，当时“瑞鹤”号飞行甲板因中弹而冒出浓烟。

待机，只要侦察机一发回日军舰队位置就可以立即前去攻击。这个布置还是很明智的，说明久经战阵的米切尔确实对航母作战很有心得，非常清楚抢占先手是多么重要。

▲ 正在下沉的“千岁”号。

7 时 30 分，一架侦察机终于发现了日军熊泽舰队，距离美军舰队约 230 千米，距离在空中待机的突击机群更是还不到 130 千米！米切尔立即命令突击机群以最快速度前去攻击。

“瑞鹤”号航母雷达很快就发现了美机来袭，小泽命令 18 架战斗机全部起飞，但是日军战斗机无论数量，还是性能、飞行员素质都远远不如美军，几乎在转瞬之间就被全部击落！空战中美军损失 3 架战斗机和 1 架鱼雷机。相比之下，还是日舰的防空火力更为猛烈，美机冒着密集的防空炮火开始攻击，首先自然是集中攻击体积最大目标最明显的旗舰“瑞鹤”号，接连有三枚 227 千克炸弹命中左舷，穿透了三层甲板后在锅炉舱爆炸，还没控制住炸弹造成的损伤，又有一枚鱼雷击中左舷后部，导致机舱大量进水，很快左倾就达到 9 度，舰尾下沉，航速减慢，到 8 时 50 分由于第二电讯室进水，无线电设备失灵，对外通信联系完全中断，小泽只好通过灯光信号发给“大淀”号巡洋舰，再由“大淀”号转发。

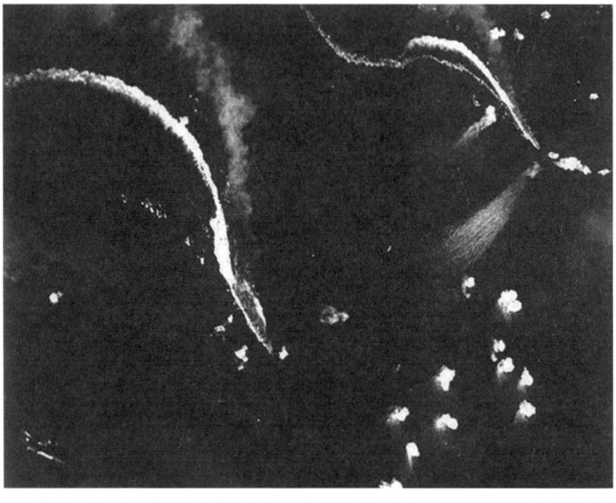

▲ 美军航拍照片，图片左侧的航母为“瑞鹤”号，右侧为“瑞凤”号。“瑞凤”号右舷外的白色烟雾为喷进炮炮弹爆炸产生。

“千岁”号航母被七枚炸弹命中，炸弹穿透飞行甲板在机库里爆炸，其中一枚炸弹最为致命，炸穿了左舷前部水线以下部位，造成大量进水，动力全部丧失，很短时间里横倾就达到 30 度，日军本来还打算由“五十铃”号轻巡洋舰拖带救助，但到 9 时 37 分，终因伤势太重而沉没。

“瑞凤”号航母飞行甲板被两枚炸弹命中，虽然飞行甲板

▲ 小泽率司令部人员从重创的“瑞鹤”号航母转移到“大淀”号巡洋舰上。

严重受损，但航行能力还没受太大影响。

“多摩”号轻巡洋舰被一枚鱼雷击中，航速下降，逐渐开始掉队。

一枚炸弹在“秋月”号驱逐舰中部爆炸，当即就将驱逐舰炸成两段，仅仅六分钟就沉没了。

美军第一轮空袭就击沉1艘航母和1艘驱逐舰，击伤2艘航母和1艘巡洋舰，并将日军舰队的队形完全打乱。

8时30分，美军又出动12架F6F“地狱猫”战斗机、6架SB2C“地狱俯冲者”俯冲轰炸机和18架TBM“复仇者”鱼雷机，虽然这一波次空袭的飞机数量比第一波次少了很多，但日军已经没有战斗机进行拦截，所以攻击还是很有成效。“千代田”号航母在这轮空袭中遭到重创，后部被三枚炸弹命中，引起大火，还有几枚近失弹，很快右倾达到13度，丧失了机动能力。“瑞鹤”号的伤势也进一步加重，小泽只好率舰队司令部人员转移到“大淀”号巡洋舰，在“大淀”号升起将旗继续指挥作战。美军一架战斗机被击落，一架鱼雷机被重伤，回到航母后因无法修复而报废。

就在恩加诺角海战的同时，在莱特湾，萨马岛海战也在紧张地进行中，第七舰队司令金凯德海军中将连连向哈尔西告急，但哈尔西认为以第七舰队完全有能力击退已经被自己打得溃不成军的栗田舰队，所以根本就把金凯德的求援置之脑后不予理睬，继续指挥3个航母大队对小泽舰队展开攻击，只是命令从乌利西环礁折返的麦凯恩海军中将的第1大队赶去增援，直到尼米兹亲自出面干预，才在25日中午带

▲ 美军航拍照片，经过第一波空袭的“瑞鹤”号，已经中弹起火。飞行甲板上的迷彩、单轴运作的波浪清晰可见。

▲ 美军航拍照片，“瑞鹤”号由于美军第一波攻击队的鱼雷击中左舷并造成左舷轮机舱进水，因此只能维持单轴航行。

着满肚子的不忿，调整了兵力部署，率领第2大队南下回援第七舰队（详见下文）。由米切尔指挥第3、第4大队继续追击小泽舰队。另外，还命令第三舰队巡洋舰部队司令杜博斯海军少将指挥4艘巡洋舰和10艘驱逐舰，随同米切尔行动，以便在必要时和日军舰队进行水面舰艇对决。

12时米切尔又组织了第三波次，由于第一波次飞机已经返航，可以重新加油挂弹出击，所以出动飞机多达60架F6F“地狱猫”战斗机、60架SB2C“地狱俯冲者”俯冲轰炸机和48架TBM“复仇者”鱼雷机。

第三波次的攻击重点是已经遭到重创的“瑞鹤”号，左右两舷总共被7枚鱼雷击中，飞行甲板后部还被4枚250千克炸弹命中，终于在14时15分沉没于恩加诺角东北约400千米海域。1 662名舰员中843人阵亡，819人获救。至此，美军终于报了珍珠港的一箭之仇，6艘参加过偷袭珍珠港的日军航母无一幸免，全部都被击沉了！

不过这一波次美军损失也不小，有3架轰炸机和5架鱼雷机被击落。

13时，米切尔利用航母上剩余飞机组织第四攻击波，由18架F6F“地狱猫”战斗机、9架SB2C“地狱俯冲者”俯冲轰炸机和12架TBM“复仇者”鱼雷机组成。

▲ 美军航拍照片，在第一波空袭中冒烟起火的“瑞鹤”号航母，舰桥、桅杆及将旗都被浓烟遮掩。

“瑞凤”号已经成为小泽舰队唯一还有行动能力的航母，自然成为这一波次的主攻目标。由于“若月”号和“初月”号驱逐舰已经被派去救援“瑞鹤”号的落水人员，只剩下“桑”号驱逐舰一艘为“瑞凤”号护航。

第一批美机的空袭没有取得直接命中，但近失弹的伤害就已经加剧了“瑞凤”号的倾斜。第二批美机投下的鱼雷有两枚命中，另外飞行甲板和两舷则被4枚60千克炸弹命中，“瑞凤”号又是进水，又是起火，最终于15时26分沉没。977名舰员中，216名阵亡，716人获救。

▲美军航拍照片，“瑞鹤”号在第三波空袭中再次遭到重创，最终难逃被击沉的结局。

黄昏前，米切尔又组织了第五波次空袭，出动52架F6F“地狱猫”战斗机、32架SB2C“地狱俯冲者”俯冲轰炸机和13架TBM“复仇者”鱼雷机，但大多数飞行员当天已经出动了两次甚至三次，体力消耗很大，非常疲惫，所以只有“伊势”号挨了几枚近失弹，没有一枚直接命中。

全天，美军总共出动了541架次飞机对小泽舰队进行了攻击，击沉了3艘航母和1艘驱逐舰，重创1艘航母，击伤1艘巡洋舰，取得了相当不错的战绩。美军在5个波次空袭中，被击落和重伤迫降、报废的飞机总共20架，战损率仅3.69%。

美军第38特混舰队攻击日军小泽舰队概况表

		机型			小计
		F6F“地狱猫”战斗机	SB2C“地狱俯冲者”俯冲轰炸机	TBM“复仇者”鱼雷机	
第一波	出动数	69	68	64	201
	损失数	4		3	7
第二波	出动数	12	6	18	36
	损失数	1		1	2
第三波	出动数	60	60	48	168
	损失数		3	5	8
第四波	出动数	18	9	12	39
	损失数				
第五波	出动数	52	32	13	97
	损失数	2	1		3
总计	出动数	211	175	155	541
	损失数	7	4	9	20

美军杜博斯巡洋舰编队

▲ 杜博斯。

由第13巡洋舰分队（司令杜博斯海军少将，下辖2艘轻巡洋舰）、第5巡洋舰中队（司令查尔斯·乔纳海军少将，下辖2艘重巡洋舰）、第50驱逐舰中队8艘驱逐舰、第55驱逐舰中队2艘驱逐舰组成，由杜博斯统一指挥。

杜博斯巡洋舰编队作战序列

第6巡洋舰中队：2艘重巡洋舰

“威奇塔”号重巡洋舰（USS Wichita，舷号CA-45）

“新奥尔良”号重巡洋舰（USS New Orleans，舷号CA-32）

第13巡洋舰中队：2艘轻巡洋舰

“圣菲”号轻巡洋舰（USS Santa Fe，舷号CL-60）

“莫比尔”号轻巡洋舰（USS Mobile，舷号CL-63）

第50驱逐舰中队：8艘驱逐舰

“克拉伦斯·布朗森”号驱逐舰（USS Brownson，舷号DD-518）

“科登”号驱逐舰（USS Cotten，舷号DD-669）

“道奇”号驱逐舰（USS Dortch，舷号DD-670）

“希利”号驱逐舰（USS Healy，舷号DD-672）

“科格斯维尔”号驱逐舰（USS Cogswell，舷号D-651）

“卡帕顿”号驱逐舰（USS Caperton，舷号DD-650）

“英格索尔”号驱逐舰（USS Ingersoll，舷号DD-652）

“纳普”号驱逐舰（USS Knapp，舷号DD-653）

第55驱逐舰中队：2艘驱逐舰

“波特菲尔德”号驱逐舰（USS Porterfield，舷号D-682）

“卡拉汉”号驱逐舰（USS Callaghan，舷号DD-792）

天黑后，舰载机无法大举出动，米切尔就命令杜博斯率领巡洋舰和驱逐舰继续高速北上追击，这支巡洋舰驱逐舰编队首先追上了已经丧失机动能力的“千代田”号航母，倾泻了420发203毫米炮弹、575发162毫米炮弹和72发127毫米炮弹，将其击沉。“千代田”号上约980名舰员无一生还。

小泽并不知道“千代田”号航母已经被美军击沉，在空袭结束后，派“五十

▲ 美军航拍照片，左侧为“瑞鹤”号，已经无法继续高速航行，并且冒出滚滚浓烟。右侧的“伊势”号正在急转规避。

铃”号巡洋舰前去救援，“五十铃”号没有找到“千代田”号，却遇到了打捞“瑞鹤”号航母落水官兵的“若月”号和“初月”号驱逐舰，三舰还在寻找“千代田”号，却遇上了美军的巡洋舰编队，“初月”号主动挺身而出掩护友舰撤退，单舰和美军 4 艘巡洋舰、10 艘驱逐舰对战，美军先后发射了 282 发 203 毫米炮弹、1 731 发 152 毫米炮弹、1 421 发 127 毫米炮弹、18 发 40 毫米炮弹、14 发 20 毫米炮弹以及 15 枚鱼雷。在如此猛烈的炮火下，“初月”号竟然还坚持了一个多小时才被击沉，舰上的第 61 驱逐队司令天野重隆海军大佐、舰长桥本金松海军中佐等 290 人全部丧生。另外两舰因此而侥幸逃脱。

杜博斯随后也停止了追击，率舰队折返，与米切尔的第 3、第 4 大队会合，然后一起转向萨马岛海域，协同哈尔西亲自指挥的第 2 大队攻击栗田舰队。

小泽在得知“五十铃”号和美军水面舰艇发生炮战后，立即率领完好的 2 艘航空战列舰和 2 艘驱逐舰于 21 时 30 分掉头南下，准备与美军舰艇进行夜战。毕竟还有 2 艘航空战列舰，虽然已经拆除了一半主炮，但还是有着战列舰级别的大口径主炮，进行炮战还是有一定优势的。很快遇到了“五十铃”号和“若月”号，由于“五十铃”号燃料已经不多了，小泽就让其返航，“若月”号则和主力会合一起南下，寻找美军水面舰艇。搜索了两个多小时，一无所获，小泽这才判断美军舰队很可能已经返航了，只好放弃了夜战企图，于 23 时 45 分转向北上返航。

▲ 高速航行规避空袭的“瑞凤”号航母。

小泽舰队中已经受伤掉队的“多摩”号轻巡洋舰单独返航，一路以6节航速蹒跚而行。在20时过后被在吕宋岛海域活动的美军“加劳鱼”号（USS Jallao，舷号SS–368）、“大青花鱼”号（USS Albacore，舷号SS–218）和“金吉鲈”号（USS Aspro，舷号SS–309）潜艇组成的艇群发现，美军这支艇群的任务就是截杀撤退的日军舰艇。20时许，“加劳鱼”号开始追击“多摩”号，“大青花鱼”号则负责掩护。到23时，“加劳鱼”号和“多摩”号的距离已经缩短到3 600米，便从艇首发射管齐射3枚鱼雷，其中1枚命中。听到爆炸声后，艇长约瑟夫·艾森豪尔海军中校升起潜望镜进行观察，竟然发现“多摩”号正径直向潜艇驶来，他赶紧命令立即转向，准备用艇尾发射管再次攻击。就在这时，“多摩”号改变了航向，庞大的舰身完全都暴露在潜艇面前，“加劳鱼”号在560米距离用艇尾发射管齐射3枚鱼雷，全部命中，“多摩”号顿时发生大爆炸而沉没。

▲ 中弹起火的“瑞凤”号航母和“桑”号驱逐舰。

26日天亮后，小泽率领残存的军舰向冲绳撤退，小泽本来还担心美军天亮后还会发动大规模空袭，结果一路都没有再遭到空袭，原因很简单，美军第38特混舰队已经南下回援第七舰队，这就放了小泽一条生路。虽然一路上多次遭到美军潜艇的袭扰，不过没有受到损失，于27日12时回到冲绳

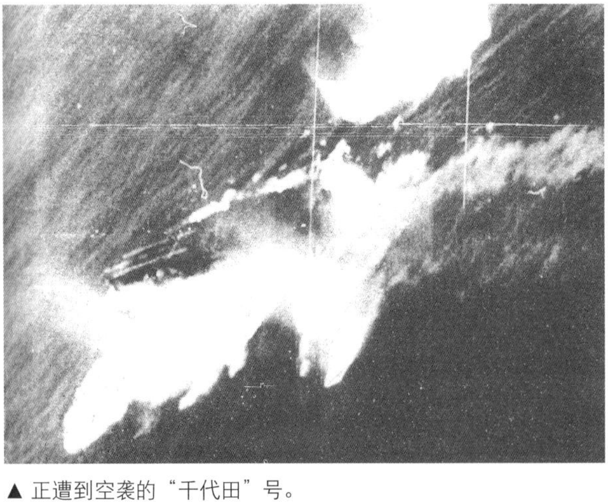
▲ 正遭到空袭的“千代田”号。

奄美大岛的萨川湾，此时，这支原来作为诱饵准备全数牺牲的舰队，竟然还有 2 艘航空战列舰、2 艘轻巡洋舰和 6 艘驱逐舰能够安全回来，实在有些出乎意外。

全世界都想知道

前文提到哈尔西在追击小泽舰队时，先是不断接到金凯德的求援电报，但他都置之脑后，直到尼米兹亲自过问，才不得不率领第 38 特混舰队第 2 大队南下回援。人称“公牛”的哈尔西始终是将消灭日军航母舰队看作是头等重要目标，那么到底经过了怎样的剧情回转，才让哈尔西能够扔下心心念念，而且已经就在眼前的胜利而掉头南下呢？

25 日清晨 6 时 48 分，哈尔西收到金凯德在凌晨 4 时发来的苏里高海峡战斗的通报，但在电报最后有这么一句：“第 34 特混舰队是否在守卫圣贝纳迪诺海峡？”

这是金凯德第一次询问第 34 特混舰队，让哈尔西感到很惊讶，他觉得金凯德应该知道第 34 特混舰队是随第 38 特混舰队主力一同北上，他之前已经通报过：“明天我将向北面攻击，3 个特混大队将在黎明前开始攻击日军航母。”而恰恰是哈尔西认为已经说明第 34 特混舰队下落的电报，将金凯德和尼米兹都误导了。既然金凯德问了，哈尔西就再明确回答：“第 34 特混舰队和我的航母在一起，正在与敌航母交战。”

由于哈尔西和金凯德之间没有直接的无线电联系，必须要通过马努斯岛上的海军通信中心，来回译电再加密发出，所以很耽搁时间，所以金凯德要两个多小时后才收到，而萨马岛的危急战况显然已经等不及了。

金凯德的求援电一封接一封，一封比一封急切。

7 时 07 分（不加密的明码）：“塔菲 3 号已经和敌战列舰巡洋舰舰队交火。”哈尔西于 8 时 22 分收到。

7 时 27 分：“请求李率领 34 特混舰队火速赶来莱特岛。迫切需要快速战列舰支援！”

收到这封电报，哈尔西非常吃惊，但是他认为第三舰队没有保护第七舰队的义务，第三舰队是战略打击力量，是用来进行进攻、进攻、再进攻的铁拳，所以并没有指挥第 38 特混舰队南下救援，只是命令取消了去乌利西环礁补给正赶回来的第 38 特混舰队第 1 大队，改道驰

▲第七舰队司令金凯德海军中将。

援莱特湾。

8 时 29 分："我这里战况紧急。只有快速战列舰和舰载机才能够阻止日军消灭了我们的护航航母之后突入莱特湾。"这是金凯德在确实知道第 34 特混舰队并不在圣贝纳迪诺海峡后向哈尔西通报情况的电报。

尽管金凯德的求援是如此火烧眉毛，但是哈尔西认为现在第三舰队距离莱特湾已经有 200 海里，就算全速驰援也是远水解不了近渴，鞭长莫及了，既然如此，那就干脆不去管他，先全力消灭眼前的小泽舰队再说。而且小泽是航母舰队，对整个战局意义更大。

9 时："我们的护航航母受到敌 4 艘战列舰 8 艘巡洋舰的攻击，情况紧急！请求李中将率第 34 特混舰队火速赶来莱特湾，请求快速航母立即反击！"

（不加密的明码）："李在哪里？快让李过来！"

金凯德如此火急火燎地求援，就连远在美国首都华盛顿，宾夕法尼亚大街 1 600 号——白宫都被惊动了，尽管白宫不清楚电报具体出自谁人之手，总统的参谋人员估计是第七舰队两栖部队司令丹尼尔·巴贝海军少将，因为只有他的两栖舰艇是最需要保护的。但不管出自谁，电报内容已经足以引起总统的重视，因此参谋人员立即将 9 时的电报打印出来，呈送给罗斯福总统。虽然至今不清楚罗斯福在看完这封电报后做了什么或者说了什么，但是罗斯福表示出了对萨马岛海战的高度关注是确定的，因为他要求参谋人员如果有最新消息就第一时间呈报。

连总统都被惊动了，坐镇珍珠港的太平洋舰队总司令兼中太平洋战区总司令尼米兹自然更坐不住了。

这些重要电报首先交到了太平洋舰队联合作战情报中心（JICPOA）值班副主任贾斯帕·霍尔莫斯海军中校手里，他认真看了这些电报，也为萨马岛海战的危急战局震惊，立即通知了太平洋舰队司令部情报参谋埃德温·莱顿海军上校。莱顿意识到情况紧急，不敢有片刻怠慢，立即向尼米兹汇报。

▲ 中太平洋战区总司令兼太平洋舰队司令尼米兹。

霍尔莫斯认为第 34 特混舰队已经成立并守卫在圣贝纳迪诺海峡，但莱顿和尼米兹都觉得第 34 特混舰队很可能和第 38 特混舰队主力在一起。不过哈尔西一直没有明确报告第 34 特混舰队的位置，最初尼米兹不愿意直接过问，以免让哈尔西产生不受信任的误解。但到了金凯德发出电报："李在哪里？快让李过来！"尼米兹觉得是到了需要提醒一下哈尔西的时候了，于是叫来参谋长福雷

▲哈尔西的旗舰“新泽西”号战列舰。

斯特·谢尔曼海军少将，让他草拟一份给哈尔西的电报，要哈尔西报告第34特混舰队的确切位置。谢尔曼随即口授了电文，由秘书再用海军的标准格式书写。秘书注意到希尔曼的语气很强硬，就加了一句重复，以表示强调：“第34特混舰队在哪里，重复，在哪里？”

电文随即被送到太平洋舰队总部地下室的通信部门，转换成密码后再发送出去。

按照美国海军的规定，为了干扰日军的破译，所有电报都要在正文前后各加上一句随机选取和正文毫无关系的句子，并用两个重复的GG字母和正文隔开。

于是，9时44分，这封编号为太平洋舰队250 044号电报被发送出去的电文就成了：“小鸡快步去水里GG第34特混舰队在哪里，重复，在哪里GG全世界都想知道”。——这里“全世界都想知道”出自英国诗人丁尼森的长诗《轻骑兵的冲锋》，完全是值班译电员随意选中加上去的。

在正常情况下，哈尔西的通信人员收到电文后，应该将GG隔开的前后句删除，只要把中间的正文交给哈尔西就行。但是哈尔西旗舰“新泽西”号战列舰上的值班译电员，怎么看怎么觉得“全世界都想知道”这句像正文，就和正文一起交给了哈尔西。

这样一来，10时哈尔西看到的电文就是：“第34特混舰队在哪里，重复，在哪里，全世界都想知道。”

当哈尔西收到这封来自太平洋舰队总部的电报，他觉得自己最信任的朋友和支持者尼米兹竟然会发来如此刻薄的质问，而且这封电报是同时抄送海军作战部长金和第七舰队司令金凯德，更是让哈尔西感到简直就是莫大的羞辱，本来脾气就非常暴躁的哈尔西顿时情绪失控，一把摘下头上的帽子，狠狠地扔到了地上！

就在哈尔西身边的参谋长罗伯特·卡尼海军少将赶紧搂住他的肩膀，安慰说：“不要这样！到底怎么了？你要冷静下来！”在卡尼的劝慰下，哈尔西总算平静了下来。

10时03分，哈尔西又收到了金凯德8时29分发出的电报。到了如今这个地步，他再也不能无视尼米兹的批评，10时07分决定兵分两路，亲自指挥第34特混舰队和第38特混舰队第2大队立即掉头返航，驰援莱特湾。余下两个大队由第38特混舰队司令米切尔指挥，继续追击小泽舰队。

后来，哈尔西在自己的回忆录里谈起这事："我绝对不相信尼米兹会这样羞辱我。当然，他确实没有这样做。不过在当时，我却并不清楚。"

尾声

日军投入莱特湾的除了四支主要的舰队，还有一支小舰队，1月21日从婆罗乃出发运送增援部队的第二游击部队第16战队的2艘巡洋舰和1艘驱逐舰，在10月23日其中的"青叶"号重巡洋舰被美军的潜艇击伤，被迫折返。而余下的"鬼怒"号轻巡洋舰和"甫波"号驱逐舰完成了运送任务后，于26日在返航途中被第七舰队第77特混舰队第4大队的舰载机炸沉。

到10月26日，莱特湾海战的主要战斗基本结束，但还有一些尾声的零星战斗还在继续。

由2艘战列舰、3艘轻巡洋舰和8艘驱逐舰组成的第34特混舰队第5大队，作为第三舰队南下回援的先头部队，于25日夜间脱离第三舰队主力高速南下。在26日0时30分赶到了栗田舰队撤退的必经之路——圣贝纳迪诺海峡东口，与日军"野分"号驱逐舰不期而遇，"野分"号是日军著名的"补枪王"，这次也是如此，刚刚击沉失去航行能力的"筑摩"号重巡洋舰，满载着"筑摩"号幸存官兵正急着要经过圣贝纳迪诺海峡返航。

美舰在雷达上发现"野分"号之后，34特混舰队第5大队司令怀尔德·巴杰海军少将命令巡洋舰首先攻击，"野分"号接连中弹起火，航速下降。然后美军2艘驱逐舰上前，对已经熊熊燃烧的"野分"号进行炮击，并发射鱼雷。1时36分，"野分"号发生大爆炸而沉没。

▲ 被美军击沉的"野分"号驱逐舰。

27日，38特混舰队第1大队重新开往乌利西环礁，进行因为莱特湾海战而被临时取消

▲ 遭到日军自杀机撞击的“富兰克林”号。

的补给和休整。

28日中午，返航中的美军舰队发现日军潜艇踪迹，“格雷戈里”号（USS Gregory，舷号DD–802）进行了深水炸弹攻击，将伊–54号潜艇击沉。

10月29日，38特混舰队第3大队返回乌利西环礁补给，第2大队则对克拉克机场进行空袭。日军“神风”特攻再次出击，一架“彗星”轰炸机撞上了第2大队的“勇猛”号航母，由于撞击部位是20毫米炮，虽然造成了9人死亡7人受伤，但对航母并没有太大损伤。

10月30日，第38特混舰队第1大队司令麦凯恩海军中将正式接任第38特混舰队司令，原第38特混舰队司令米切尔则返回珍珠港。不过日军给新上任的麦凯恩的大礼就是更大规模的“神风”特攻。当天，14时15分，第38特混舰队第4大队发现有日机来袭。由于接连几天日机的自杀式攻击，已经让美军意识到日军正开始采用这种令人胆战心惊的自杀攻击，所以一发现日机，就高度紧张，航母迅速转向并加速到18节。

▲ 起火燃烧的“贝劳森林”号。

6架日机扑向“富兰克林”号航母，一架在俯冲时被防空火力击落，还有一架携带炸弹的零式则一头撞在舰岛后部的飞行甲板，产生猛烈爆炸，并引起大火，火势很快蔓延，经过全力抢险，于18时将大火扑灭。但“富兰克林”号付出了很大伤亡，56人死亡，22人重伤，38人轻伤。

还有一架零式向着“富兰克林”号俯冲，结果却撞上了“富兰克林”号前面的“贝劳森

▲ 遭到日军“神风”自杀机撞击的“贝劳森林”号。

林”号的后部升降机，同样引起大火，很快引燃了停放在飞行甲板后部的 11 架 F6F“地狱猫”战斗机，大火在 16 时过后被扑灭，但人员伤亡比“富兰克林”号还严重，92 人死亡，54 人重伤，43 人轻伤。

“企业”号和“圣哈辛托”号也遭到“神风”自杀机的攻击，所幸防空火力表现出色，将三架“神风”自杀机击落，航母才逃过一劫。

10 月 31 日，第 38 特混舰队第 4 大队也返回乌利西环礁进行补给和休整。这样在菲律宾海域，第 38 特混舰队的 4 支航母大队就只剩下了第 2 大队，鉴于日军在莱特湾海战中损失惨重，海空力量都遭到了沉重打击，显然已经没有力量再组织大规模的反击，零星的舰艇和飞机袭扰，于一支航母大队也足够应付了。

至此，莱特湾海战才算完全落下帷幕。

第十章　这就是终结

疯狂但却无奈的“捷”号作战

1944年6月，美军攻占马里亚纳群岛，突破了日本的“绝对国防圈”。太平洋不同于陆地，美军夺取了马里亚纳群岛之后，就在中太平洋上取得了一个极具战略价值的前进基地。依托马里亚纳群岛，不但美军的B–28“超级堡垒”重型轰炸机航程可以完全覆盖日本本土，而且美军庞大的航母舰队，更可以自由出击，能够随心所欲地打击从日本本土到南太平洋之间任意一处。而日本本土所有的生产原料和生活消耗都依赖东南亚的资源，联系日本本土和东南亚的海上交通线，堪称是日本维系战争的生命线。而如今，这一生命线上的所有要点，均在美军的直接威胁之下。为此，日本大本营制订了“捷”号作战计划，并将最有可能遭到美军攻击的菲律宾、中国台湾和西南诸岛、本土和千岛群岛、库页岛四个地点分别作为四个子计划。日军的如意算盘是通过“捷”号作战的决战，一举扭转乾坤——当然此时要想赢得战争已经不太可能了，日本最好的结局就是重挫美军，然后争取“体面”的停战。

日军认为在“捷”号作战的四个子计划中，菲律宾地区的“捷一号”可能性最大，正如联合舰队先任参谋神重德海军大佐所说，如果菲律宾落入美军之手，那么在本土的舰艇将得不到燃料，而在东南亚的舰艇则得不到弹药和零部件，舰队即使存在也毫无作用，完全成为一盘死棋。

▲ 日军联合舰队。

联合舰队将主力布置在新加坡的林加锚地，因为这里位于日军控制区的纵深，环境相对安全，可以安心进行休整和训练。林加锚地水域开阔，有利于舰队训练，同时水文条件又不利于潜艇活动，是很理想的战前驻训之地。而且距离婆罗洲和苏门答腊油田很近，尽管婆罗洲和苏门答腊油田缺少精炼设备，但两地的油质较轻，军舰主机勉强可以直接使用。同时距离新加坡也很近，新加坡有船坞和造船厂，军舰一般修理和维护保养，不用返回本土就可以就近解决。不过，大修还得回到本土，重要零部件也要从本土运来。林加锚地的缺陷就是距离预定战场比较远，一旦开始实施“捷”号作战就需要先到科龙湾或者文莱等前进基地。

联合舰队的另一部分部队仍留在本土，和主力形成犄角之势。一旦美军开始进攻，两路部队可以实现钳形夹击，也可以一路作为佯攻，吸引牵制美军，另一路则突入美军登陆滩头。

日军对美军的进攻方向判断非常准确——而且在制订“捷”号作战计划的时候，连美军自己都没有确定下一步的进攻方向呢！就是在具体的登陆地点，日军判断也很准确，最大可能是在吕宋岛的拉蒙湾、莱特岛的莱特湾和棉兰老岛的达沃湾。但是庙算能够运筹帷幄，真正打起来未必能够决胜千里之外。因为这时的日军实力太弱了。到了太平洋战争后期，以舰载机（包括岸基航空兵）为主力的航空决战才是王道。但日军决定海战胜负的航母和以舰载机为核心的机动舰队，在中途岛海战中就损失惨重，好不容易苦心经营两年，才勉强恢复了一些元气，就在马里亚纳海战中又遭到毁灭性打击，如今基本已经没有战斗力了。而岸基航空兵也在之前的台湾海空战中损失惨重，所以决战的主力只能交给了水面舰艇。

而水面舰艇编队在基本没有空中掩护的情况下，要想突破美军强大航母舰队的拦截，对登陆滩头进行突击作战，简直就是和自杀无异！对于将整个联合舰队的主力——7 艘战列舰（占全部 9 艘的 77.78%）、13 艘重巡洋舰（占全部 14 艘的 92.86%）都投入了这场孤注一掷的豪赌之中，自然引起了很大的质疑和反对，但最终被联合舰队以“死亡之花的绽放”说服了。

说到底，日军选择这样近乎疯狂的打法，也实在是无奈之举，因为日军除了这种战法，还真的没有更好的办法了。即便换了美军最冷静最睿智的尼米兹来指挥，十有八九也会这样选择。

日军在莱特湾海战中，主要的问题是：

第一，协同不利。虽然参战部队都是在联合舰队的统一指挥下，但各部队主官都各有各的打算；岸基航空兵和舰艇部队，四支水面舰艇编队之间，都没有密切的协同。这其中既有联合舰队的指挥还存在漏洞，不够及时不够坚决；也有通信上的问题，很多重要电报不能及时发送和接收，各部队都不了解友邻的情况，严重影响了各部队之间的配合。

第二，战场侦察不力。侦察历来是日军的短板，主观上轻视侦察，客观上侦察机的飞行员素质也不高，报错方位和兵力规模是家常便饭，早已见怪不怪。在莱特湾海战中，日军对侦察要比以前重视多了，栗田在10月24日就派出了7架侦察机，在25日萨马岛海战时还几次派出侦察机，但日军侦察机大都是水上飞机，性能太差，一旦遇上美军战斗机，打又打不过跑又跑不掉，基本就只有死路一条。所以真正发回有价值的侦察报告，只有西村舰队的一架侦察机。反观美军对侦察要重视多了，对一个方向的侦察，不是简单地只派一架飞机，而是通常由2架鱼雷机和2架战斗机组成的小分队，还要派专门的战斗机担负无线电通信中继，确保能够尽快准确将侦察报告发回去。

▲ 零式水侦是日军最重要的水上侦察机。

优势和缺陷都同样突出

美军高层围绕下一步进攻方向进行了长时间的争论，最终还是罗斯福总统出面才拍板确定。最终采纳了麦克阿瑟的方案——进攻菲律宾。表面上看，似乎更多是出于政治上的考虑以及麦克阿瑟个人的影响力，但仔细分析，进攻菲律宾在军事上也同样有价值，不然最后尼米兹和斯普鲁恩斯怎么会摒弃了陆海军之间的军种矛盾，同意了麦克阿瑟进攻菲律宾的方案。

▲ 停满飞机的美军航母。

在菲律宾战役前，哈尔西

率领的第三舰队——当时世界上机动力和突击力最强的舰队，在南起加罗林群岛，北到中国台湾的广阔海域展开一系列的作战行动。持续一个多月将机动和突击优势淋漓尽致发挥出来的宽正面大范围进攻，收到了非常好的效果。

首先，日军判断错误，认为美军是要对中国台湾展开进攻，所以仓促发动了“捷二号”作战，将宝贵的岸基航空兵过早投入决战，结果损失惨重，以至于当美军对莱特岛真正的进攻开始后，日军就没有足够的航空力量，而且这一系列的出击行动，也是一场声势浩大的佯动，大大迷惑了日军，让日军在对美军进攻判断上，更加谨慎，不敢再轻易发动“捷”号作战，有力保证了莱特岛登陆的顺利进行。其次，也正是通过这一系列的作战，美军摸清了日军的虚实，发现了日军在整体防御上的薄弱环节，从而提前发起了对莱特岛的登陆，加快了战役进程。

另一方面，美军虽然确定了下一步进攻目标是菲律宾，但陆海军以及中太平洋战区和西南太平洋两大战区之间的矛盾并没有真正消除。

菲律宾战役无疑是以西南太平洋战区为主，由陆军来唱主角。但海军方面并不甘心做配角，这也是尼米兹会给哈尔西下达“如果有机会摧毁敌人的舰队，或者能制造出这样的机会，就要优先去消灭敌人舰队”这样指示的根本原因，因为尼米兹虽然同意进攻菲律宾，但内心深处还是想让海军挑大梁，取得歼灭日军主力舰队的辉煌胜利。

美军最大的缺陷就是没有统一的战役指挥，日军好歹有联合舰队来统一指挥，美军参战兵力总共多达 90 万，又是来自两大战区和多个军兵种，却不设立统一的战役指挥。结果第三舰队和第七舰队各自听命于中太平洋战区和西南太平洋战区，彼此之间还没有直接的无线电联系，必须要通过马努斯岛的海军通信站中转，实在太耽误事情了。要是设立了统一的战役指挥，就肯定不会发生哈尔西率领第三舰队全军北上，圣贝纳迪诺海峡无人防守，第七舰队却一无所知的情况。战役总指挥肯定不会放任这样的情况发生，从全局出发，一定会在圣贝纳迪诺海峡留下一支舰队。这样，斯普拉格的“塔菲 3 号”分队也就不会陷于同日军强大的水面舰队直接交手的危险境地。

▲ 麦克阿瑟是最适合担任莱特岛战役总指挥的人选。

而且美军没有确定第三舰

队和第七舰队的作战分界线，两支舰队之间作战任务、区域都模糊不清。第七舰队还好，作战任务比较具体，但第三舰队的作战任务就比较宽泛抽象，所以也导致哈尔西对任务的理解有偏差了。

另外，美军的情报分析也比日军差得多，对日军舰队的动向完全误判，认为日军舰队不会发动大规模的反击，结果在战役开始之后，才逐渐通过战术侦察发现了日军几支舰队的行动，但对日军航母舰队的真正实力始终没有准确的判断。如果情报得力，确切掌握了日军航母舰队其实就是个“稻草人”部队，那么哈尔西也不会轻易中了日军的“调虎离山”的圈套。

当然，美军拥有在实力上的压倒性优势，所以即便在指挥上、判断上有所失误，甚至再退一步，栗田舰队杀入莱特湾，给美军登陆舰艇和运输船造成巨大损失，也改变不了大局，因为美国雄厚的工业能力，完全能够在短时间里弥补这些损失。

所以，从某种角度来看，日军发动“捷一号”作战，其实根本就达不到预期的战略目标，即便大获全胜，也无法从根本上扭转已经日薄西山的战局。

最有争议的栗田

在日军将领中，联合舰队司令长官丰田副武是“捷”号作战的主要策划者，他很清楚当下的战局已经难以挽回，“捷”号作战只不过是最后的垂死挣扎，所谓“不拼也光拼光亦光”，要是日本覆灭了，而联合舰队的军舰都还完好无损，那岂不是海军的耻辱？所以，他制订“捷”号作战的核心目的根本就是拼个鱼死网破，完全不考虑参战舰艇如何撤退。他自己是很明白，但却没有把这个真正的作战意图，清楚透彻地告诉下级。

在战役期间，他虽然给栗田发出过“天佑神助，鼓起余勇，全军突击”的电报，作战决心还是比较坚决的，但是作为整个战役的最高指挥，对于基地航空兵和水面舰艇，以及各路舰队都没有及时明确的指挥协调，完全是个甩手掌柜，听任部下自由发挥，显然是要负上责任的。而他在莱特湾海战之前，被美军一系列佯动所迷惑，草率地发起“捷二号”作战，将宝贵的航空兵力都消耗掉了，以至于到了真正决战的时候，本来应该担负决战主力的航空兵力已经损失过半，只能让水面舰艇在没有足够空中掩护的情况下担当主攻，在这一点上他是难辞其咎的。

经过台湾海空战，日军在菲律宾和中国台湾地区的岸基飞机总数仅剩下600架左右，即便得到来自本土岸基航空兵的增援，也勉强只有800架，飞行员素质更是比战争初期一落千丈，大部分都是只经过几十飞行小时训练的“菜鸟”，怎么能和美军那些久经沙场的老手相比。所以，第5基地航空队（原第一航空舰队）司令大西泷治郎只能决定不派出飞机为水面舰艇提供空中掩护，而是采取“围魏救赵”直接攻击美军舰队。考虑到日军飞机数量、性能和飞行员素质都远远不如美军，只好采用非常规的“神风特攻”，也给美军造成了不小损失。

在四支舰队的指挥官里，南路的西村祥治和志摩清英表现最差。西村虽然抱定了赴死的决心——这倒和“捷”号作战的精神完全合拍，但却只知道一味猛冲，明明美军早已布下天罗地网，还不顾一切毫无策略，简直就是和送死无异，最终断送了整个舰队，而且死得毫无价值。日军“最无能将军”的评价可谓名至实归。

志摩应该是南路的最高指挥，要负起统一指挥两支舰队的责任，但是却始终不愿担起这个重任，不去联系西村，最终和西村相隔只有几十海里的航程，却毫无配合协同。当他率领舰队冲入苏里高海峡，看到了西村舰队全军覆没的惨状之后，就果断率部撤退了。对志摩在莱特湾海战中的表现，可以用一个词语来说，那就是“不作为”。

北路的小泽治三郎，在整个“捷”号作战中就是作为诱饵。但是小泽却把诱饵的任务出色完成了。从一开始不断发出无线电信号，将舰队分为两个编队，以及派出舰载机攻击美军航母舰队，都是为了尽快让美军发现自己。应该说能够做的他都做了。在被美军发现后，小泽的表现还是非常出色，甚至可以说完美。他首先将舰载机都转移到岸上机场，因为作为日本海军里首屈一指的航空作战行家，他很清楚现在的日军飞行员完全不能和美军正面交手，自己本来执行的就是诱敌的任务，而不是和美军决战，所以没有必要和美军死磕硬拼，还不如保存一些有生力量，在以后的战争中还能发挥作用。当得知栗田舰队西撤，就马上推算出栗田即便避过美军风头后再东进，突击莱特湾的时间肯定会比预定计划要推迟，所以果断指挥舰队先向北，避免孤军深入——比起西村，小泽担负的是诱饵的任务，都知道不能白

▲ 联合舰队司令长官丰田副武。

白牺牲，比西村高明多了。最后发现美军只派出巡洋舰来追击，就指挥航空战列舰掉头迎战，幸亏美军杜博斯的巡洋舰编队及时返航，要是真的遭遇上，小泽手上的航空战列舰或许真有可能击沉美军一两艘巡洋舰。最后小泽还能将原本准备全军覆没的舰队，带回去 2 艘航空战列舰、2 艘轻巡洋舰和 6 艘驱逐舰。因此小泽可以说是最成功的诱饵，在整个莱特湾海战中表现最优异的日军将领。

指挥中央部队，也是突击莱特湾的主攻部队指挥官的栗田健男，无疑是所有日军参战将领中最具争议的人物，尤其是他在萨马岛海战中，已经重创了斯普拉格的第 3 分队，莱特湾美军大量登陆舰艇和运输船已经唾手可得的情况下，却掉头北上追击一支子虚乌有的航母舰队，更是成为莱特湾海战中最热的话题。不过非常奇怪，日军方面对栗田的这个决定并没有太大的责难，反倒是美军方面对此极为好奇，在战后还一直希望了解栗田的想法，还有很多文章对此进行分析研究。

对于栗田在莱特湾海战中的表现，过去不少文章都评价他是能力平庸，痛失良机，甚至是畏战怯战的懦夫，毕竟以前还有多次临阵脱逃前科。但是，如果能抛开先入为主的偏见，认真分析栗田在海战中的表现，可以发现他其实做得已经相当不错了。

一开始在巴拉望水道，栗田的布置确实有问题，驱逐舰都在两侧，编队前面却没有一艘驱逐舰，难道美军潜艇只会从两翼攻击？结果美军潜艇就是从舰队前面发起攻击，一举击沉 2 艘重巡洋舰、重创 1 艘重巡洋舰。这一战栗田的部署要负很大责任。

而在锡布延海海战中，栗田的表现就很出彩了，甚至可以说是最高光的时刻。在美军一轮又一轮猛烈空袭后，他率领舰队向西撤退。这可不是胆怯逃跑，而是暂避美军锋芒，当然栗田这么做另外还有迷惑美军的意图。不然也不会在西撤两小时之后就又重新掉头东进，这时联合舰队司令长官丰田副武的命令可还没有来，所以这时候栗田进击莱特湾的决心还是很坚定的，西撤只是策略性的。而且栗田的这个西撤动作，非常有效，让哈尔西认为栗田舰队已经被击退了，从而放心大胆地率第三舰队全军北上追击小泽舰队。完全可以说，栗田的这个行动比小泽的诱敌更为有效，如果他不暂时后撤，即便美军发现了小泽舰队，但看到栗田舰队还在向莱特湾进发，绝对不可能全军北上，一定会在圣贝纳迪诺海峡留下部分兵力。请注意，哈尔西组建第 34 特混舰队的预先命令，前提就是如果栗田舰

▲ 机动舰队司令小泽治三郎。

队继续向圣贝纳迪诺海峡前进。

在萨马岛海战中，栗田无法准确掌握战场情况——有客观上的暴雨、美军释放的烟雾、舰炮射击的硝烟，主观上侦察报告的错误，这些原因栗田的判断和决策都会有影响，而且栗田本人已经连续几天处在高度紧张状态，登革热还没痊愈，又因为旗舰“爱宕”号被击沉而在海里游泳，体力精力都已经相当疲惫，那么他在指挥上的失误，也就在情理之中了。

正是由于将美军护航航母误认为是大型航母，所以栗田担心己方舰队航速上不占优，燃料也不充裕，所以为了抢时间才没有调整舰队队形就立即转入追击。此后还多次命令“大和”号起飞舰载水上飞机进行侦察，以掌握战场实际情况。当日军岸基飞机报告北面发现美军航母舰队，他一开始还是坚持南下突入莱特湾的，是在部下的劝说下才改变了主意，所以给他扣上和“捷一号”作战精神格格不入，“贪生怕死的懦夫”的大帽子显然是太武断了。

在撤退时，他看到日军岸基航空兵的大机群飞去攻击美军舰队，便立即停止返航，并且在圣贝纳迪诺海峡东口等待突击机群的消息，准备在岸基飞机击伤美军舰艇后，再指挥自己舰队展开夜战扩大战果。可见，直到返航时栗田的指挥还是非常果断而且富于进取精神。

很多指责栗田的人都是从美军的角度，以美军的恐慌和混乱来作为批评栗田没能将突击作战进行到底的理由。但这显然太片面了，栗田不是能掐会算的神仙，他不可能在超越客观条件下进行判断和决策，他的决定是在严重缺少正确情报，观测条件不理想、舰队本身在燃料、性能上的种种限制以及自身生理心理等综合因素共同作用的结果。所以，栗田在莱特湾海战中的指挥，即便不能说是尽善尽美，但至少也是“大节无过，小处有亏”。

▲主攻部队第一游击部队司令栗田建男。

还有，要看到当栗田决定放弃突入莱特湾北上，以及最后撤退时，舰队的绝大多数军官都没有表示反对，可以说这也是当时日军上下的普遍心声，这和偷袭珍珠港、中途岛海战时南云忠一两次错误决定都有人反对的情况完全不同。

当然，和栗田唱反调的还是有，例如处处和栗田作对的第1战队司令宇垣缠，第1战队下辖“大和”号、“武藏”号和“长门”号3艘最重量级的战列舰，是栗田舰队最具战斗力的核心力量。宇垣缠和栗田几乎是针尖对麦芒，第一是两人性格差异，栗田出身文人世家，思考问题比较理性。而有着“黄金假面”之称的宇垣缠，曾经担任过山本五十六的参谋长，和山本一样有着浓厚的赌徒性格——1945 年 8 月 15 日日本宣布投降后，宇垣缠率领 11 架“神风”特攻机向美军发动了被称为“宇垣私兵特攻”的最后一次自杀攻击。第二，宇垣缠是海军大学毕业，在日本海军里，没有在海军大学镀过金基本没有可能晋升海军大将，在将级军官里海军大学毕业生也是绝大多数，而且对不是海军大学毕业的向来是很看不上的。而栗田恰恰不是海军大学毕业的。还有宇垣缠是冈山县人，属于开发比较早的关中地区，而栗田是关东地区的茨城县人，关中人历来很看不起关东人。这些因素综合在一起，两人的矛盾就难以调和了。

▲ 第 1 战队司令宇垣缠。

战后，栗田对莱特湾海战一直绝口不提，直到 1954 年，也就是莱特湾海战结束十年后，记者伊藤政则才说服栗田接受了采访。不过栗田在采访中，并没有清楚地解释，只是说自己放弃突入莱特湾北上是为了寻找一支美军的航母舰队。因为，“莱特湾是不会动的，而敌人的航母是会动的，所以发现敌军航母的机会是个未知数”。伊藤又追问，在北上没有发现美军航母舰队后，为什么没有再南下突入莱特湾而选择了向圣贝纳迪诺海峡撤退？栗田是这样回答的：“那时我脑子根本就没有莱特湾，我记得当时困扰我的问题是第二天在锡布延海是不是会遭到敌人的空袭和燃料短缺。”

对于伊藤是否应该坚决执行命令的提问，栗田却冷笑不答。或许在栗田内心深处，对于突入莱特湾消灭美军运输船和登陆舰艇的命令，还是有抵触情绪的。因为栗田不同于大多数日军军官，由于出身高级知识分子家庭的缘故，更多了理性和人性。

哈尔西真是个麻烦人物

接着说说美军的将领，先说第七舰队的将领。第七舰队司令金凯德，排兵布阵上基本没什么失误。唯一的问题，就是没能多关注圣贝纳迪诺海峡，虽然说这一方向是第三舰队负责，但并没有明确规定，作为负责掩护莱特湾地区的第七舰队还是需要多点小心的，同时和第三舰队的联系也不够及时，如果能提早了解第三舰队已经北上，从而能安排一支舰队守卫圣贝纳迪诺海峡，也就不会让斯普拉格的第 3 分队陷入绝境了。所以，金凯德多少还是有些责任的。

▲ 克里夫顿・斯普拉格是这场海战中当之无愧的英雄。

奥登多夫的表现可以说是无懈可击，他坚持牛刀杀鸡，即使是在占据优势的情况下，依然全力以赴，不给对手一点机会，充分体现了“在战略上藐视敌人，在战术上重视敌人”的理念。在具体兵力部署上，鱼雷艇、驱逐舰、巡洋舰和战列舰，从轻到重，依次展开，而且充分依据苏里高海峡的地形特点，层层设防，安排了一出海上版的“十面埋伏”，将地形优势和美军兵力火力优势都发挥到了淋漓尽致的地步。再加上日军西村的“配合”，最终使苏里高海峡之战从对决演化为一场一边倒的屠戮，以极小的代价赢得了一场完胜，报了珍珠港的一箭之仇。

第 77 特混编队第 4 大队第 3 分队司令克里夫顿・斯普拉格是这场海战中当之无愧的英雄，尼米兹对萨马岛海战给予了极高评价：“这是美国海军历史上最荣耀的两小时，记录了美国海军的杀伐决断、英勇无畏和胜利成就。”面对突如其来的日军强大舰队，斯普拉格没有退缩，而是勇敢迎战，即便知道这样覆灭的命运会来得更快，但还是毫无畏惧地冲了上去。在战术上，他第一个命令是驱逐舰释放烟雾，护航航母向东撤退。烟雾可以遮挡日军视线，护航航母向东不但可以拉开和日军距离，而且是逆风，能够让舰载机起飞。毫无疑问，这个命令是最明智的，在当时是上上之策。接着，驱逐舰、护卫舰分批冒着日军的弹雨，冲上前去进行鱼雷攻击，还敢于用 127 毫米炮和日军 460 毫米、406 毫米、356 毫米、203 毫米炮展开炮战。加上舰载机的猛烈空袭，最终迫使日军舰队北上，赢得了一场实力相差悬殊几乎毫无胜算的胜利。

▲ 第七舰队司令金凯德。

斯普拉格始终认为，第 3 分队的殊死奋战，才是栗田最终放弃突入莱特湾的关键原因。1947 年他给萨奇将军的信中说：“我对尼米兹将军说，栗田北撤的主要原因是他遭到了沉重的打击，无法继续进攻。我一直这样认为，并且相信冷冰冰的数据分析也会证明这一点。”——栗田舰队进入萨马岛海域时有 4 艘战列舰、6 艘重巡洋舰、2 艘轻巡洋舰和 11 艘驱逐舰，第 3 分队两个小时的英勇奋战，造成了栗田舰队中坚力量巡洋舰部队的很大损失，4 艘重巡洋舰和 2 艘轻巡洋舰被击伤，还有 2 艘战列舰轻伤。

战后，斯普拉格于 1951 年退役，1955 年 11 月去世——除了在 1945 年 4 月《美国人》写过一篇萨马岛海战的文章，以及为范恩·沃德撰写的《莱特湾海战》写了几条注释外，一直非常低调，甚至对自己的家人都没有说过这场辉煌的海战。因为正如他给朋友的信中所写：“海军对这件事从来都是只字不提，这其中的原因我很清楚，大概你也知道，但我相信历史会揭开这场坚决果断的海战真面目，可能是在五十年以后，也可能是在我去世很多年以后。”斯普拉格没有说错，虽然在海战结束后第 3 分队每艘战舰和很多官兵得到了嘉奖，但他们的英勇事迹却远没有像中途岛海战、马里亚纳海战这样广为人知。直到 20 世纪 80 年代之后，美国海军才逐渐开始宣扬这场海战，并有几艘战舰以第 3 分队相关的名称命名。

1981 年，一艘佩里级护卫舰被命名为“克里夫顿·斯普拉格”号（舷号 FFG–16）。

1982 年，一艘佩里级护卫舰以第 3 分队“塞缪尔·罗伯茨”号护卫舰舰长的名字命名，其名为“鲍勃·科普兰”号（舷号 FFG–25）。

1985 年，又有一艘佩里级护卫舰以“塞缪尔·罗伯茨”号护卫舰枪炮军士长的名字命名，其名为“乔治·卡尔”号（舷号 FFG–52）。

1987 年，“塞缪尔·罗伯茨”号护卫舰的舰名被一艘佩里级护卫舰继承（FFG–58）。

在第三舰队里，博根、威利斯·李、阿利·伯克都是有头脑的，都识破了日军的圈套。第 38 特混舰队司令马克·米切尔虽然没有表态，但主要是因为他的地位很尴尬，哈尔西直接越过他指挥下的航母大队，等于是架空了他，所以他不便多说。最后当哈尔西将指挥权交给米切尔后，在指挥攻击小泽舰队时，表现还是可圈可点，作为精通航母作战的行家，米切尔深知抢占先机的重要性，所以即便没有得到侦察机发回的小泽舰队的准确位置，也命令突击机群先行起

▲ 麦凯恩和哈尔西。

飞，在舰队前方盘旋待命，一接到小泽舰队的确切位置就立即前去攻击。这种不惜耗费燃料，也要确保先机在手的决定，确实是只有经历过残酷战争磨砺之后才能得到的宝贵经验。

哈尔西自然是所有美军将领中的焦点人物，他率领第三舰队全军北上更是可以堪比栗田放弃突击莱特湾。但是哈尔西的这个决定，并没有栗田那么多的客观不利原因，很大程度上是要哈尔西负责的。

哈尔西绰号“公牛”（Bull）可谓是名副其实，鲁莽，冲动，特别是像公牛那样经不起撩拨。有人将哈尔西和美国陆军名将巴顿相提并论，但实际上这两个人表面上看，都是性格暴烈，但巴顿的莽撞只不过是表象，很多时候早就事先做足了功课。就以阿登战役为例，巴顿早就估计到德军会从阿登地区发动反击，所以早就让参谋人员制订了向阿登转移进攻的预案。当艾森豪威尔要求调整部署时，巴顿就表示能够在二十四小时里完成向阿登进军，让所有人都大为震惊，认为巴顿是信口开河，但巴顿早有准备，所以才能成竹在胸许下这样的海口。而哈尔西就不一样了，他从里到外，是彻彻底底的鲁莽冲动。

这是他性格上的致命缺陷，而且事后哈尔西从来没有认为自己在指挥上有什么失误。莱特湾海战刚刚结束，他就向尼米兹和美国海军作战部长兼海军总司令欧内斯特·金海军上将报告了自己当时决定的理由：“我觉得守株待兔式的守卫在圣贝纳迪诺海峡是极为幼稚的，所以我才在那天晚上击中了第38特混舰队的全部力量，向北航行，争取在黎明时分攻击日军的航母舰队。我认为日军的中央部队（栗田舰队）已经在锡布延海遭到重创，不可能对第七舰队构成多大威胁了。而日军航母舰队的威胁要大得多。”

这显然有些死撑，哈尔西过于看重自己的自尊心了。就连当时在珍珠港观战的斯普鲁恩斯也指着地图上的圣贝纳迪诺海峡说：“如果是我，就一定把舰队部署在这里！”

▲美国海军作战部长兼海军总司令欧内斯特·金上将。

“捷一号”作战是日军在进攻美军在防御，而进入莱特湾的通道就只有南面的苏里高海峡和北面的圣贝纳迪诺海峡，第三舰队完全可以部署在圣贝纳迪诺海峡附近，无论是栗田还是小泽，要想进入莱特湾就都必须从圣贝纳迪诺海峡或附近海域通过，第三舰队完全可以在这里以逸待劳迎击来犯的日军。

为此，尼米兹感到很担心，他在收到这封报告两天

▲哈尔西在战后还是口无遮拦引起了更大风波。

后就写信给金上将："在收到情报说北面有一支日军舰队后，第38特混舰队出发了，而没有把战列舰留在萨马岛……尽管有情报说日军中央部队（栗田舰队）在锡布延海遭到重创，但是如果哈尔西知道日军中央部队的实力，就不应该不留部队守卫圣贝纳迪诺海峡。"

尽管尼米兹已经觉得哈尔西的决定是欠妥的，但他一向很爱护这位作风彪悍的猛将，在战争中几次保护了哈尔西，这次也是如此，所以他和金都希望大事化小小事化了，尽快平息外界对哈尔西的质疑和批评。

几个月后，哈尔西见到了金，他正要当面解释，金上将立即打断了他："你不必再说了，你当时所作的决定，都是经过批准的。"

但是哈尔西显然没有能体谅两位上级的苦心，战后还是口无遮拦。1947年哈尔西受邀在《星期六晚报》上连载自己的自传，他在自传里犯了几个严重的错误，从某种意义上说，这甚至比他在莱特湾海战中的错误还要严重。

在自传的第七部分中，他提到了莱特湾海战，他依然坚决不承认自己犯了错误，还将责任转向了别人，以至于引起了一场大争论。他先是批评美军在莱特湾海战中没有统一的指挥，这确实是个问题，但他却把矛头直接指向了一直保护他的尼米兹和金。接着，他又把萨马岛海战的责任推到了金凯德的头上："我不知道金凯德为什么会让斯普拉格陷入这样危险的境地。"——很显然，哈尔西这么说是把金凯德作为替罪羊了，不过他也意识到这样对金凯德实在不太公平，于是又加了一段文字，希望能够缓和一下："我按照我当时的想法来描述莱特湾海战。但是，当我再次阅读我的描述的时候，我发现我的描述对金凯德是很不公平的。说实话，他在战役中的行动让我感到迷惑。后来，我得到了更多的信息，才理解了他的处境。坦率地说，如果我是他，我也会这

▲米切尔（左）和尼米兹（右）。

么做的。”

尼米兹对莱特湾战役没有统一指挥肯定是没有责任的，涉及两个战区，这不是他能决定的。但他是个真正的君子，他没有介入辩论，而是始终保持了沉默。

金上将则给哈尔西写了一封措辞很不客气的信：“我个人很不喜欢你这部分自传的基调，不喜欢你对金凯德的批评，不喜欢你对指挥结构的说法……”哈尔西回信也不客气：“我重新研究了你的来信和我的文章，还听取了别人的意见。我只能抱歉地说，你和我有不同的观点。”对于保护过自己的上级，这么回信显然不应该。

原本金凯德和哈尔西私交还很不错，所以长期以来，金凯德对哈尔西在莱特湾海战中的指挥，一直都是三缄其口。1949 年，已经身患重病的金上将和金凯德通信长达几个月，交换了对莱特湾海战的看法。金最大的疑惑就是金凯德为什么不派侦察机去察看圣贝纳迪诺海峡。金和金凯德的通信非常诚恳，但金这样似乎也想让金凯德来承担部分萨马岛海战的责任。金凯德回信：“我认为哈尔西犯了一连串的错误，但他在自己的书里不承认自己的错误，甚至还影射到我身上，对此我感到十分遗憾。我不想介入这个争论，因为这个争论不会有什么好结果。”

但几年后，金凯德改变了自己的态度，开始打破沉默发声了。1955 年，汉森·鲍德温在撰写《海战和沉船》一书时，同时邀请哈尔西和金凯德为莱特湾海战写一篇附录，不出意外，两人的观点尖锐对立。哈尔西依然为自己辩护，但没有像以前那样将责任完全推给金凯德。金凯德却像被压抑已久的火山那样爆发了，“哈尔西显然没有注意到，第 38 特混舰队没有守卫圣贝纳迪诺海峡，这才导致栗田舰队没有被歼灭。哈尔西也没有谈及美军的伤亡和护航航母的损失。”

1960 年，金凯德在一次接受采访时说：“哈尔西花了十几年的时间来证明自己的行为，又把责任推到我身上。对此我不介意，但我认为他的落点不对。”这次金凯德态度没有太激烈，可能是哈尔西已经去世，死者为大，也就不必说得太尖锐了。

美国海军官方虽然没有正式表态——也很好理解，都是海军的高级将领，站在哪一边都不合适。但是美国海军的某种做法可能从侧面表明了立场，尼米兹和斯普鲁恩斯的名字被用来命名航母和驱逐舰的一个级别，这就是尼米兹级航母和斯普鲁恩斯级驱逐舰，但哈尔西的名字就只被命名单艘战舰，“哈尔西”号巡洋舰（舷号 CG–23，1963 年服役，1994 年退役），还有 2005 年服役的阿利·伯克级驱逐舰“哈尔西”号（舷号 DDG–97）。

海战的硝烟早已消散，但争议依然还在继续。

复盘莱特湾海战

莱特湾海战，是人类历史上规模最大的海战。从作战地域来看，南北长 1 000 海里，东西宽 600 海里。从作战时间来讲，从 10 月 23 日到 26 日持续四个昼夜。从作战方式来说，海战、空战、潜艇战，无所不及。从投入兵力来看，双方参战军舰仅仅驱逐舰以上的就多达三百余艘，飞机两千架。从损失来讲，双方总共战沉军舰 32 艘，排水量超过 34 万吨。无论从哪方面看，都堪称世界海战之最。

整个莱特湾海战其实并不是一场海战，而是围绕美军在莱特湾登陆展开的几场海战组成的，主要是四场规模相对来说大一些的海战，还有一些小规模的海战。先按照时间顺序来对此进行一番梳理和盘点。

首先开场锣鼓是 23 日午夜的巴拉望水道之战，美军参战兵力只有 2 艘潜艇，充分利用了巴拉望水道狭窄的地形特点，进行了一场作战效率极高的伏击战，击沉日军 2 艘重巡洋舰，重创 1 艘重巡洋舰。除了地形原因，日军舰队兵力部署也有重大缺陷，居然没有在舰队航行队形的前方布置驱逐舰，从而让美军潜艇轻松突入日军舰队队形，从容展开了攻击。最终美军仅仅付出了损失 1 艘潜艇的代价，而且这艘潜艇还不是被日军击沉的，是美军潜艇自己误入了未标注海域而搁浅，最后无法脱险才放弃的。如果这艘潜艇没有搁浅，很有可能会追上并击沉之前被重创而返航的“高雄”号重巡洋舰。

接着就是日军岸基航空兵在 10 月 24 日上午对美军第 38 特混舰队的攻击，日军先后出动 60 架次飞机，取得了击沉 1 艘轻型航母“普林斯顿”号的战果。日军攻击的成功率并不太高，“普林斯顿”号只挨了一枚炸弹，由于“普林斯顿”号是轻型航母，机库没有装甲防护，所以炸弹爆炸后造成的损害很大，最后火势蔓延到弹药舱引起大爆炸而无法挽救沉没。独立级轻型航母只有前两艘“独立”号和“普林斯顿”号是没有机库装甲防护的，从三号舰开始就都安装了机库装甲防护。不过后来实战证明，光有机库装甲防护还远远不够，飞行甲板有装甲防护才能有效抵御日军“神风特攻”的自杀撞击。而“普林斯顿”号也是

▲美军航母舰队。

▲ 满载舰载机的美军航母。

莱特湾海战中美军损失的最大吨位的军舰。这也从一个侧面证明，航空力量对军舰才是最具威胁的，日军以水面舰艇为主力发动“捷一号”作战，是注定难以成功的。

真正的大战是10月24日上午到下午的锡布延海战，这也是莱特湾海战中的第一场大规模海战。美军第38特混舰队对日军栗田舰队发动了5个波次的大规模空袭。请注意，这是完全由飞机对军舰的空对海攻击，双方的水面舰艇都根本没有任何接触。美军总共出动了260架次，击沉“武藏”号一艘战列舰，还击伤了多艘战列舰和巡洋舰，美军仅仅损失了18架飞机。

“武藏”号是迄今为止人类历史上吨位最大，主炮口径最大的超级战列舰，但在飞机一波接一波的攻击下，连招架之力都没有，完全是任人宰割，最终葬身海底，也再次证明了飞机对军舰压倒性的不对称优势。

24日晚到25日凌晨的苏里高海战，是莱特湾海战的第二场大规模海战，纯粹的水面舰艇之间的炮战，没有飞机参战。美军第七舰队对日军西村舰队，美军不仅拥有军舰数量上的优势，而且还充分利用苏里高海峡的地形特点，部署了多道拦截线。特别是最后的战列舰，更是占据了水面舰艇炮战最有利的T字横头阵，简直是教科书式的完美。但实际上反而不是美军战列舰起到了决定性的作用，而是驱逐舰取得了非常辉煌的战果。美军20艘驱逐舰分批从两翼展开鱼雷攻击，击沉1艘战列舰和2艘驱逐舰，重创1艘驱逐舰，击伤1艘战列舰和1艘巡洋舰。而美军只有

苏里高海战日美双方参战及损失情况表

	日军（西村舰队）				美军			
	参战数	吨位	损失数	吨位	参战数	吨位	损失数	吨位
战列舰	2	6.94万吨	2	6.94万吨	6	26万吨		
重巡洋舰	1	1.2万吨	1	1.2万吨	4	6.4万吨		
轻巡洋舰					4	4.8万吨		
驱逐舰	4	8 000吨	3	6 000吨	28	8.4万吨		
鱼雷艇					39	2 350吨	1	60吨
小计	7	8.94万吨	6	8.74万吨	81	45.835万吨	1	60吨

注1：日军志摩清英舰队数据未列入本表。
注2：美军还有1艘驱逐舰和9艘鱼雷艇负伤。

▲ 航行中的美军舰队。

1 艘驱逐舰遭到双方炮火夹击而受伤。随后美军战列舰和巡洋舰不过是打扫战场，将已经受伤的战列舰、巡洋舰和驱逐舰各 1 艘击沉。这也是美军完胜的一场海战，美军的代价极为轻微，而日军西村舰队除了 1 艘驱逐舰“时雨号”逃脱外，其余 2 艘战列舰、1 艘巡洋舰和 3 艘驱逐舰全部被击沉。

25 日上午的萨马岛海战是第三场大规模海战，日军栗田舰队 4 艘战列舰、6 艘重巡洋舰、2 艘轻巡洋舰、11 艘驱逐舰对阵美军第七舰队第 77 特混舰队第 4 大队第 3 分队的 6 艘护航航母、3 艘驱逐舰和 4 艘护卫舰，日军参战舰艇的排水量是美军舰艇的 8 倍，火力上的优势更大。这场从纸面上看毫无悬念的海战，结果日军却阴差阳错撤退了。美军虽然付出了 1 艘护航航母、2 艘驱逐舰和 1 艘护卫舰被击沉的代价，但栗田舰队也有 1 艘巡洋舰被击沉，4 艘巡洋舰被击伤，其中 3 艘后来因伤势过重而被日军自行击沉或者被美军击沉，总共损失 4 艘巡洋舰，返航途中又有 3 艘驱逐舰被击沉，还有多艘战舰受伤。日军的损失甚至比美军都大，实在令人大跌眼镜！

萨马岛海战结束不久，日军岸基航空兵又对美军第 3 分队进行了“神风特攻”，击沉 1 艘护航航母。

萨马岛海战日美双方参战及损失情况表

	日军				美军			
	参战数	吨位	损失数	吨位	参战数	吨位	损失数	吨位
大型航母								
轻型航母								
护航航母					6	6 万吨	1	1 万吨
战列舰	4	18 万吨						
重巡洋舰	6	7.8 万吨	1	1.3 万吨				
轻巡洋舰	2	1.2 万吨						
驱逐舰	11	2.2 万吨			3	9000 吨	2	6000 吨
护卫舰					4	5200 吨	1	1300 吨
小计	23	29.2 万吨	1	1.3 万吨	13	7.42 万吨	4	1.73 万吨

注：本表仅计算 10 月 25 日上午在萨马岛海域作战的情况，未列入之后损失舰艇。

▲ 已经遭到重创的“瑞鹤”号。

莱特湾海战中第四场大规模海战是恩加诺角海战，美军第38特混舰队对日军小泽的机动舰队。虽然小泽舰队中有1艘大型航母、3艘轻型航母和2艘航空战列舰，但舰载机只有18架，简直可以忽略不计，所以说起来是航母对决，但通常都把这场海战列为航母对航母，本质其实和锡布延海战别无二致，就是飞机对军舰的屠戮，美军先后发动了5个波次空袭，总共出动了541架次飞机，击沉了3艘航母和1艘驱逐舰，重创1艘航母，击伤1艘巡洋舰，美军仅损失20架飞机。随后美军巡洋舰驱逐舰编队进行了追击，将被舰载机击伤的1艘航母和1艘巡洋舰击沉，另外再击沉1艘驱逐舰，又是一场干净利落的完胜。

在整个莱特湾海战中，日军总共被击沉1艘大型航母、3艘轻型航母、3艘战列舰、6艘重巡洋舰、3艘轻巡洋舰和10艘驱逐舰，损失吨位34.3万吨，作战飞机损失超过200架，人员阵亡失踪超过1万人。

美军1艘轻型航母、2艘护航航母、2艘驱逐舰、1艘护卫舰、1艘潜艇和1艘鱼雷艇被击沉，损失吨位3.835万吨，作战飞机损失约50架，人员阵亡失踪约

莱特湾海战日美双方参战及损失情况表

	日军				美军			
	参战数	吨位	损失数	吨位	参战数	吨位	损失数	吨位
大型航母	1	32万吨	1	3.2万吨	8	26.4万吨		
轻型航母	3	3.3万吨	3	3.3万吨	8	8.8万吨	1	1.1万吨
护航航母					16	16万吨	2	2万吨
战列舰	7	31.2万吨	3	13.2万吨	12	52万吨		
航空战列舰	2	6.4万吨						
重巡洋舰	13	16.9万吨	6	7.8万吨	9	14.4万吨		
轻巡洋舰	11	6.6万吨	3	1.8万吨	15	18万吨		
驱逐舰	31	6万吨	10	2万吨	143	43万吨	2	6000吨
护卫舰					25	3.37万吨	1	1350吨
小计	68	102.4万吨	26	31.3万吨	236	181.97万吨	6	3.835万吨

注：美军的参战舰艇只列入了第38特混舰队和第七舰队。

1 100 人。

从双方损失来比，日军的损失几乎是美军的十倍，而且除了沉入大洋的战舰，即使回到基地的军舰也有多艘带伤，可以说联合舰队遭到了灭顶之灾。

正如美军第三舰队司令哈尔西向尼米兹和金上将提交的战报中所说：“由于本舰队和第七舰队的出色作战，一、彻底粉碎了日本企图重新占领菲律宾的计划，二、决定性地打败了日本舰队，三、消除了未来数个月海军作战的威胁。”

这个战报还是比较客观，“决定性的胜利”绝对不是夸大之辞，一向“大嘴巴”的哈尔西这次还是说得比较谦虚，不是“未来数个月”，而是“永远”。从此以后，日本海军就再也不是一支可以对美军构成威胁的力量了。用日本海军大臣米内光政海军大将在听到莱特湾海战的结果之后所说的“这就是终结”来评价莱特湾海战，真是再贴切不过了。

附 录

附 1 美军第 38 特混舰队航母和舰载机明细表

航母	舰长	舰载机大队	大队长	舰载机数量
第 1 大队				
“黄蜂”号	奥斯卡·韦勒上校	第 14 舰载机大队	小沃尔特·温加德中校	战斗机 53 架 俯冲轰炸机 25 架 鱼雷机 16 架
“大黄蜂”号	奥斯汀·多伊尔上校	第 11 舰载机大队	（空缺）	战斗机 50 架 俯冲轰炸机 22 架 鱼雷机 19 架
“汉考克”号	弗雷迪·迪基上校	第 7 舰载机大队	约翰·拉马迪中校	战斗机 41 架 俯冲轰炸机 23 架 鱼雷机 19 架
“考彭斯”号	赫伯特·泰勒上校	第 22 舰载机大队	妥玛蒂·詹金斯中校	战斗机 26 架 鱼雷机 9 架
“蒙特利”号	斯图亚特·英格索尔上校	第 28 舰载机大队	罗杰·梅尔中校	战斗机 23 架 鱼雷机 9 架
第 2 大队				
“勇猛”号	约瑟夫·博尔杰上校	第 18 舰载机大队	爱德华·墨菲中校	战斗机 43 架 俯冲轰炸机 23 架 鱼雷机 19 架
“邦克山”号	不详	不详	不详	不详
“独立”号	爱德华·尤恩上校	第 41 舰载机大队	特纳·考德威尔中校	战斗机 19 架 鱼雷机 7 架
“卡伯特”号	斯坦利·迈克尔上校	第 29 舰载机大队	威拉德·埃德中校	战斗机 21 架 鱼雷机 9 架
第 3 大队				
“列克星敦号	欧内斯特·里奇上校	第 19 舰载机大队	西奥多·温特斯中校	战斗机 38 架 俯冲轰炸机 30 架 鱼雷机 18 架
“埃塞克斯”号	卡洛斯·威伯上校	第 15 舰载机大队	戴维·麦肯贝尔中校	战斗机 50 架 俯冲轰炸机 25 架 鱼雷机 18 架
“普林斯顿”号	威廉·伯拉克上校	第 27 舰载机大队	弗里德里克·巴德沙尔中校	战斗机 25 架 鱼雷机 9 架
“兰利”号	华莱士·狄龙上校	第 44 舰载机大队	马尔科姆·沃德尔中校	战斗机 25 架 鱼雷机 9 架
第 4 大队				
“富兰克林”号	詹姆斯·休梅克上校	第 13 舰载机大队	理查德·基比中校	战斗机 38 架 俯冲轰炸机 21 架 鱼雷机 18 架
“企业”号	卡托·格洛弗上校	第 20 舰载机大队	达尼尔·史密斯中校	战斗机 40 架 俯冲轰炸机 34 架 鱼雷机 19 架
“贝劳森林”号	约翰·佩里上校	第 21 舰载机大队	文森特·凯西中校	战斗机 25 架 鱼雷机 9 架

续表

航母	舰长	舰载机大队	大队长	舰载机数量
“圣哈辛托”号	迈克尔·克诺德尔上校	第51舰载机大队	查尔斯·摩尔中校	战斗机19架 鱼雷机9架

附2 莱特湾海战日美双方损失舰艇明细表

舰名	排水量	被击沉情况
日军		
北路舰队（小泽治三郎机动舰队）		
“瑞鹤”号航母	25675吨	10月25日恩加诺角海战
“瑞凤”号轻型航母	11262吨	10月25日恩加诺角海战
“千岁”号轻型航母	11190吨	10月25日恩加诺角海战
“千代田”号轻型航母	11190吨	10月25日恩加诺角海战
“多摩”号轻巡洋舰	5870吨	10月25日恩加诺角海战
“若月”号驱逐舰	2700吨	10月25日恩加诺角海战
“初月”号驱逐舰	2700吨	10月25日恩加诺角海战
中央舰队（栗田健男第一游击部队）		
“爱宕”号重巡洋舰	13160吨	10月23日巴拉望水道
“摩耶”号重巡洋舰	13160吨	10月23日巴拉望水道
“武藏”号战列舰	64170吨	10月24日锡布延海战
“筑摩”号重巡洋舰	11215吨	10月25日萨马岛海战
“鸟海”号重巡洋舰	13160吨	10月25日萨马岛海战
“铃谷”号重巡洋舰	12400吨	10月25日萨马岛海战
“能代”号轻巡洋舰	6652吨	10月26日返航途中
“早霜”号驱逐舰	2077吨	10月26日返航途中
“野分”号驱逐舰	2077吨	10月26日返航途中
“藤波”号驱逐舰	2077吨	10月27日返航途中
南路舰队（西村祥治第一游击部队第三部队）		
“扶桑”号战列舰	34700吨	10月25日苏里高海战
“山城”号战列舰	34700吨	10月25日苏里高海战
“最上”号重巡洋舰	12400吨	10月25日苏里高海战
“朝云”号驱逐舰	1960吨	10月25日苏里高海战
“山云”号驱逐舰	1960吨	10月25日苏里高海战
“满潮”号驱逐舰	1960吨	10月25日苏里高海战
南路舰队（志摩清英第二游击部队）		
“若月”号驱逐舰	2033吨	10月26日返航途中
“阿武隈”号轻巡洋舰	5170吨	10月27日返航途中
“爱爱”号驱逐舰	1720吨	10月27日返航途中

续表

舰名	排水量	被击沉情况
美军		
哈尔西第三舰队		
“海鲫”号潜艇	2424 吨	10 月 23 日巴拉望水道
“普林斯顿”号轻型航母	11000 吨	10 月 25 日吕宋岛以东海域
金凯德第七舰队		
“冈比亚湾”号护航航母	9800 吨	10 月 25 日萨马岛海战
“圣洛”号护航航母	9800 吨	10 月 25 日萨马岛海战
“约翰斯顿”号驱逐舰	3050 吨	10 月 25 日萨马岛海战
“霍埃尔”号驱逐舰	3050 吨	10 月 25 日萨马岛海战
“塞缪尔 · 罗伯茨”号护卫舰	1350 吨	10 月 25 日萨马岛海战

附 3 莱特湾海战大事记

时间	事件
1944 年 9 月 20 日至 10 月 18 日	美军第三舰队空袭菲律宾北部
10 月 15 日至 10 月 16 日	美军第七舰队从各集结地启航
10 月 17 日	美军第七舰队在苏禄安岛、霍蒙宏岛和迪纳加岛登陆
10 月 18 日 8 时 09 分	日军联合舰队下达“捷一号”作战预先号令
10 月 18 日上午	日军第一游击部队从林加锚地启航，前往文莱湾
10 月 19 日 0 时	日军大本营下令发动“捷一号”作战
10 月 19 日上午	美军第三舰队在菲律宾以东海域展开
10 月 20 日 10 时	美军第 6 集团军在第七舰队支援下在莱特岛登陆
10 月 20 日 14 时	美军西南太平洋战区总司令麦克阿瑟登上莱特岛并发表《我回来了》演讲
10 月 20 日下午	日军第一游击部队到达文莱湾
10 月 20 日晚	日军机动舰队（小泽治三郎）从本土启航
10 月 22 日 8 时	日军第一游击部队本队（栗田健男）从文莱湾启航
10 月 22 日上午	日军第二游击部队（志摩清英）从中国台湾马公启航
10 月 22 日 15 时	日军第一游击部队第三部队（西村祥治）从文莱湾启航
10 月 22 日下午	美军第 38 特混舰队第 1 大队、第 4 大队前往乌利西环礁
10 月 23 日 0 时 16 分	美军潜艇在巴拉望水道发现日军栗田舰队，并击沉日军 2 艘、重创 1 艘重巡洋舰
10 月 23 日上午	美军第三舰队司令哈尔西召回前往乌利西环礁补给的第 38 特混舰队第 4 大队
10 月 23 日上午	栗田舰队进入锡布延海
10 月 24 日 8 时 30 分	哈尔西召回前往乌利西环礁补给的第 38 特混舰队第 1 大队
10 月 24 日 9 时 06 分	西村舰队进入苏禄海，随即被美军侦察机发现
10 月 24 日 10 时 25 分至 15 时 50 分	栗田舰队在锡布延海遭到美军第 38 特混舰队 5 个波次空袭，“武藏”号战列舰被击沉
10 月 24 日 11 时 55 分	志摩舰队到达卡加延群岛附近海域，随即被美军侦察机发现
10 月 24 日下午	美军第七舰队司令金凯德命令在苏里高海峡展开战斗部署
10 月 24 日 15 时 30 分	栗田舰队在锡布延海暂时掉头西撤返航
10 月 24 日 15 时 40 分	小泽舰队被美军第 38 特混舰队第 4 大队侦察机发现
10 月 24 日 17 时 15 分	栗田舰队重新掉头东进
10 月 24 日 20 时 22 分	哈尔西率第三舰队北上追击日军小泽舰队
10 月 24 日 21 时 15 分	美军侦察机发现栗田率队进入圣贝纳迪诺海峡
10 月 24 日 23 时	西村舰队在保和岛附近海域遭到美军鱼雷艇攻击

续表

时间	事件
10 月 25 日 0 时 30 分	栗田舰队通过圣贝纳迪诺海峡
10 月 25 日 2 时至 4 时	西村舰队在苏里高海峡遭到美军驱逐舰攻击，数艘军舰被击沉击伤
10 月 25 日 3 时 25 分	志摩舰队遭到美军鱼雷艇攻击
10 月 25 日 3 时 50 分至 4 时 10 分	西村舰队遭到美军战列舰巡洋舰炮击，除“时雨”号驱逐舰逃脱外其余全部被击沉
10 月 25 日 25 分	志摩舰队在进入苏里高海峡后主动撤退，没有与美军交战
10 月 25 日 6 时 48 分	栗田舰队在萨马岛附近海域发现美军第七舰队第 77 特混舰队第 4 大队第 3 分队，护航航母部队
10 月 25 日 7 时至 9 时	萨马岛海战，美军第七舰队第 77 特混舰队第 4 大队第 3 分队被击沉 1 艘护航航母、2 艘驱逐舰和 1 艘护卫舰，但成功阻止了栗田舰队突入莱特湾
10 月 25 日 8 时至 18 时	恩加诺角海战，小泽舰队遭到美军第 38 特混舰队攻击，小泽舰队 4 艘航母、1 艘轻巡洋舰和 2 艘驱逐舰被击沉
10 月 25 日 8 时 48 分	哈尔西命令第 38 特混舰队第 1 大队驰援萨马岛
10 月 25 日 9 时 10 分	栗田停止对第 77 特混舰队第 4 大队第 3 分队的攻击，集合部队转向北进
10 月 25 日 10 时	中太平洋战区总司令尼米兹发电报询问哈尔西第 34 特混舰队的位置
10 月 25 日 10 时 55 分	哈尔西率第 38 特混舰队第 2 大队和战列舰部队回援萨马岛，米切尔指挥第 3、第 4 大队继续追击小泽舰队
10 月 25 日 11 时	美军第 77 特混舰队第 4 大队第 3 分队遭到日军“神风”自杀机攻击，“圣洛”号护航航母被击沉
10 月 25 日 13 时 10 分	栗田舰队放弃突进莱特湾开始返航
10 月 25 日 21 时 40 分	栗田舰队通过圣贝纳迪诺海峡返航
10 月 26 日 1 时	哈尔西舰队追到圣贝纳迪诺海峡，击沉日军“野分”号驱逐舰，停止追击
10 月 26 日上午到下午	栗田舰队不断遭到美军第 38 特混舰队第 1、第 2 大队舰载机和岸基飞机攻击，所幸没有大的损失
10 月 27 日上午	志摩舰队残存军舰回到中国台湾马公
10 月 27 日 12 时	小泽舰队残存军舰回到冲绳
10 月 29 日 3 时	栗田舰队残存军舰回到文莱湾